岳麓書社

读名著　选岳麓

古典名著普及文库

明夷待访录

[明] 黄宗羲 撰　孙卫华 导读 注译

岳麓書社 · 长沙

出版说明

中国古典名著是中华优秀传统文化的重要载体，今天人们要学习传统文化，如果说有所谓捷径可寻，那恐怕就是直接阅读古典名著了。长期以来，为大众读者出版古典名著的普及读物一直是本社的重要使命。约三十年前，我们便出版了“古典名著普及文库”，收书五十余种，七十余册，蔚为大观。这套书命名为“普及”，首先是因为采用了简体字横排的排版方式。当时的古典名著图书，以未经整理的影印本和繁体竖排本居多，大众读者阅读有障碍，故本文库的推出，确有普及之效。其次，我们提出要让读者“以最少的钱买最好的书”，定价远低于当时同类型品种。基于此，这套“普及文库”迅速流向读者的书架，销量极大，功在普及不浅。

当年这套书，所收各书都是文言文全本，无注释，无翻译，对于今天的大众读者来说，已经很难起到普及作用了。而且，读者如果仅仅出于品鉴、入门的需要，也无须通读大部头的全本古籍。因而，我们推出这套全新的“古典名著普及文库”，在选目上广泛听取国内名校学者们的建议，收录经、史、子、集四部之中第一流的名著一百余种，邀请学有专攻的学者精心注释、翻译，并加以导读。篇幅长的经典，精选菁华，篇幅适中的出版全本，个别篇幅短的，则将主题相近的品种合刊为一册。

我们希望有更多的人能够买得起、读得懂中国的古典名著，接受中华优秀传统文化的滋养。这一套轻松好读又严谨可靠的普及文库，便是我们努力实践这一理念的结果。

前 言

太史公在《论六家之要指》中说："夫阴阳儒墨名法道德，此务为治者也。"先秦诸家虽立论的角度不同，但在太史公看来，诸家所论宗旨则同，即"务为治"。以讨论治国安邦之策为宗旨的这一著述传统被延续下来。从秦朝统一天下到清朝灭亡，这期间出现了大量的此类政治著作。《明夷待访录》就是生活于明清递嬗之际的黄宗羲撰写的一部政治著作，它与顾炎武的《日知录》、王夫之的《黄书 噩梦》、唐甄的《潜书》等著作一道，被称为早期启蒙之书。鸦片战争爆发前，清廷施行了较为严苛的文字狱，此书只在少数士人中秘密传播，影响并不大。鸦片战争爆发后，清廷疲于应付内忧外患，文网松弛，此书受到维新人士以及革命人士的推崇，以梁启超、谭嗣同为代表的维新派和以孙中山为代表的革命派都将之作为宣传品，秘密宣传各自的政治主张，极大地推动了晚清维新运动和革命运动的发展。辛亥革命以后，该书的《原君》《原臣》等篇被选入初高中乃至师范类院校的教科书，对民国青年人的影响自不待言。从诸方面看，侯外庐先生、萧蓮父先生将《明夷待访录》称作 17 世纪"中国的《人权宣言》"，确为不刊之论。

该书还受到国外汉学家们的高度重视，被译成了日、英等国文字。岛田虔次、沟口雄三、小野和子等都对《明夷待访录》有精深的研究，西田太一郎、山井湧对《明夷待访录》作了日译和注释。岛田虔次的论文译注了其中一部分。（参见佐野公治：《日本的黄宗羲研究概况》）小野和子还专注于搜集《明夷待访录》的资料，孙中山先生送给南方熊楠的《原君》《原臣》原件就是她发现的。1958 年，美国的汉学家狄百瑞将该书翻译成了英文。这些都为西方学人研究此书提供了便利条件。

为了帮助大家读懂此书，先对之做些简要的介绍。

一、“知人论世”：黄宗羲及其时代

按照知人论世的读书方法，要想读懂弄通《明夷待访录》，需要先搞清黄宗羲政治思想形成的个人成长过程和所处的时代背景。

1. 知人：黄宗羲的特殊人生经历

黄宗羲，字太冲，号南雷，世称梨洲先生，浙江余姚黄竹浦人。生于明万历三十八年（1610），卒于清康熙三十四年（1695），享年八十六岁。族孙黄炳垕编撰的《黄宗羲年谱》一书的扉页上印有梨洲自画像。在画像旁的自题中，梨洲这样概括自己的一生：“初锢之为党人，继指之为游侠，终厕之于儒林。其为人也，盖三变而至今。”这段话对于我们理解黄宗羲“家祸国难、备尝艰苦”的一生所经历的三次变化，探寻其思想发展轨迹，甚有帮助。

所谓“初锢之为党人”，是指在 1644 年以前，黄宗羲从事了一些与奄宦斗争的活动。幼时的黄宗羲就与众不同，异常聪慧，力大能举鼎，相貌如古人，额角上左右各长一个铜钱般大小的红痣，说话有些口吃。少年的黄宗羲跟随父亲黄尊素读书，表现出强烈的求知欲望，好窥群籍，不琐守章句。其父黄尊素曾任安徽宁国府推官，后升任山东道监察御史。当时，逆奄魏忠贤窃政，独霸朝纲，于是，党论大兴。黄尊素常与东林党人等一道议论国事，黄宗羲独在侧侍候，故而能早早地知晓朝局的清浊。十七岁时，父亲被奄党迫害致死，黄宗羲悲痛万分，一面读书击剑，伺机报仇；一面在家奉养祖父、母亲，以孝闻于乡里。崇祯即位后，朝廷下诏为死于奄宦之手的官员昭雪。黄宗羲写诉状，进京为父伸冤。在与逆奄对簿公堂时，他用铁锥刺伤魏忠贤爪牙许显纯、李实，名声显于京师，这年黄宗羲刚十九岁，祖父和他因黄尊素的死难而荫子、赠官。父亲的冤仇被洗雪后，黄宗羲谨遵父亲遗命，开始不分昼夜地发愤读书，《十三经》《二十一史》《道藏》《佛藏》及天文、历算之书，无不涉猎，并拜刘宗周为师问学。

为了与奄宦逆党继续作斗争，黄宗羲参加了复社，并被推为领袖。崇祯十一年（1638），黄宗羲与东林后裔顾皋等撰写《留都防乱公揭》，声讨阮大铖；崇祯十五年（1642），黄宗羲被举荐为中书舍人，但他力辞不就。1644年，清军入关，攻陷北京，崇祯皇帝于煤山自缢殉国。之后，进入南明小朝廷统治时期。福王初立时，阮大铖伺机而起，欲报《公揭》之仇，要将黄宗羲等全部杀掉，还未得手，南都即被清军攻破，黄宗羲躲过党祸一劫。

所谓“继指之为游侠”，是指崇祯皇帝殉国后，黄宗羲参与了南明小朝廷的一些抗清活动，直至康熙元年（1662），抗清无望后转而授徒著述为止这一段时期。躲过党祸以后，黄宗羲潜回老家，与两个弟弟一道，组织黄竹浦民众数百人，号称“世忠营”，起兵浙东，抗击清兵。鲁王监国时，起用黄宗羲，授职方主事，后又授御史兼职方主事。无奈当时乱兵四起，明军纪律涣散，各部之间争权夺利，不能与清军争衡，南明小朝廷无奈退至海上。己丑年（1649），黄宗羲追寻鲁王监国至海上，任左佥都御史，再晋左副都御史。不久南明灭亡，黄宗羲不得不重返故里，侍奉母亲。

所谓“厕之于儒林”，是指康熙元年至康熙三十四年黄宗羲逝世止，黄宗羲以遗老自居，潜心著述，教书授徒，直至去世。其一生著作甚多，内容涉及儒学、史学、历算、地理学、天文学等方面，先后撰写了《明夷待访录》《易学象数论》《南雷文定》《思旧录》《孟子师说》《子刘子行状》《子刘子学言》《明儒学案》等，还精心筹划撰写《宋元学案》，未果，于1695年去世。1908年9月，光绪皇帝下诏，准允黄宗羲和顾炎武、王夫之三儒从祀文庙。

从以上三个阶段来看，党人和游侠的生活可以说为黄宗羲撰写

《明夷待访录》提供了诸多思想上的准备。而“厕身儒林”这一时期似与《明夷待访录》没有什么关系，实则不然，它是梨洲先生思想轨迹发展的必然结果。《孟子师说》《破邪论》等著作的思想都与《明夷待访录》较为一致。

2. 论世：黄宗羲生活的时代是一个“天崩地解”的时代

在政治领域，一方面皇权高度集中。自洪武十三年（1380）朱元璋废置丞相一职后，附着于皇权的宦官日渐成为政治的毒瘤，以致晚明出现了魏忠贤独霸朝纲的局面。另一方面，官僚士大夫及在野文人的政治热情持续高涨，清议之风盛行。晚明出现“外论所是，内阁必以为非；外论所非，内阁必以为是”和“内阁所是，外论必以为非；内阁所非，外论必以为是”的怪现象。

在经济领域，为了增加税收，明朝中期实施了“一条鞭法”。“一条鞭法”实施之初，确实利于朝廷增税，便于管理，但好景不长，许多弊端慢慢地滋生出来。由于加派不断增多，繁重的赋税令民众不堪重负。到朱明王朝的最后几年，连续数年的自然灾害，一些地方出现了饿死人乃至杀害婴儿、人相食的现象。而经济领域的种种弊端导致贫富悬殊，穷人无片瓦立锥之地，富人骄奢淫逸，民众与朝廷、穷人与富人、士人与奄宦等矛盾日益突出。

在文化领域，明朝中后期，阳明心学逐步占据主导地位。阳明学在追求“内圣”方面固然起到了应有的作用，但随着阳明学后学的分化，一些末流变得愈加空疏了。再加之农民起义所带来的社会心理震撼与清军入侵所带来的恐惧、仇恨相互交织，以及与西方传教士带来的异域文化相汇合，导致了学风的转变。而工商业日趋繁荣，流于空疏的学风已经不能适应当时社会发展的具体实际。这使晚明学风开始从空疏转向“经世致用”。

二、《明夷待访录》的篇章架构

黄宗羲目睹了朱明王朝的没落、灭亡，从这个意义上讲，《明夷待访录》就是为了反思明朝诸多制度中存在的种种弊端而撰写。下面，我们再来看该书的撰写过程及其篇章架构。

六十四岁时，黄宗羲追忆："癸巳秋，为书一卷，留之箧中。后十年，续有《明夷待访录》之作，则其大者多采入焉，而其余弃之。甬上万公择谓尚有可取者，乃复附之《明夷待访录》之后，是非余之所留也，公择之所留也。"癸巳，即1653年，这一年黄宗羲四十四岁。"为书一卷"，即为《留书》。从"后十年，续有《明夷待访录》之作"可知：《留书》是《明夷待访录》的草稿，《明夷待访录》是《留书》的完成稿。

1653年3月，鲁王自去监国称号，浙东抗清运动也以失败而告终。这对于有着极高的抗清热情的黄宗羲无疑是泼了一盆冷水，《留书》就是在这样一种背景下写成的一部著作，但毕竟当时黄宗羲的生活还处于颠沛流离的状态，其思考还比较粗糙。当然这种思考并未就此结束，它只是因新的抗清活动而暂时中断。

1662年发生了很多大事：4月，吴三桂于云南缢杀朱由榔，桂王政权瓦解；5月，郑成功卒；9月，明鲁王死于金门。面对这种态势，黄宗羲一方面深感复明无望，另一方面又坚信胡翰十二运之说，认为"向后二十年交入大壮，始得一治，则三代之盛，犹未绝望也"。残酷的现实与对治乱的独特理解，让黄宗羲内心充满矛盾。从蓝溪返回故居以后，黄宗羲的生活开始稳定下来，萦绕在脑际的明朝灭亡教训挥之不去。再加上经过十年的风雨历练，黄宗羲的思想更加成熟。带着一种失去故国的痛苦，他最终在儿子的劝说之下，将《留书》进行了改写，汰去原书中语词比较激烈的内容，并于次年完成了这部《明夷待访录》。《留书》最初有八篇，其中《田赋》《制科》《将》三篇并入到《待访录》中，现在见到的《留书》由《文质》《封建》《卫所》《朋党》《史》等五篇组成。

比较《留书》和《明夷待访录》，可以看出，《明夷待访录》是对《留书》的提升和深化。《明夷待访录》关注的问题既有像《留书》那样的对一些具体问题的反思，又有《留书》尚缺乏的对政治问题的根本性总结。所谓“条具为治大法”一语，道出了黄宗羲对《明夷待访录》中一些带有根本性问题的大法的自信。比如，如果说《文质》篇还是倡导“圣贤救世”的传统做法的话，那么，《原君》篇中透露出黄宗羲已将圣贤看作常人，按照“人各自私”“人各自利”的人情设定，他们都具有“好逸恶劳”的共性。那么，尧舜禹不同于常人的地方在哪呢？他们皆以公心，在其位，谋其政，尽其职，这些才是黄宗羲推崇和赞颂的。还比如，《封建》篇清晰可见黄宗羲当时具有的狭隘且强烈的民族主义情绪，他当时虽有了“天下为主”的意识，但并未明确地表述出来，而《明夷待访录》中已经少了些民族情绪，更多的是一种理性的分析，将“天下为主，君为客”明确地表达出来，并将其作为标准贯穿于反思各种具体制度之中。下面我们再看看《明夷待访录》。

通行的《明夷待访录》由《题辞》和十三个话题二十一篇组成。这十三个话题分别为《原君》《原臣》《原法》《置相》《学校》《取士（上、下）》《建都》《方镇》《田制（一、二、三）》《兵制（一、二、三）》《财计（一、二、三）》《胥吏》《奄宦（上、下）》。也有一些版本还另将顾炎武给黄宗羲的信置于正文前，以充当序。对于这十三个话题二十一篇内容，学界有不同的层次分类。比如，邱汉生认为前四篇为第一组，《学校》《取士（上、下）》三篇为第二组，《田制》三篇为第三组，《兵制》三篇为第四组，《财计》三篇为第五组，《建都》《方镇》《胥吏》《奄宦（上、下）》四题五篇散列。（参见邱汉生：《读黄梨洲〈明夷待访录〉札记》）时亮则将其分为六大类。（时亮：《民本自由说》）这些层次的分类都有一定的道理，但所分过于琐碎。笔者将其分为两个层次，即前三篇为黄宗羲的政治哲学，具有总纲性质；后面十八篇皆为黄宗羲政治哲学的落实而形成的具体政治制度构想，内容涉及政治、文化、经济、军事以及朝廷与地方关系、土地制度、财计制度、兵制、胥吏和奄宦等问题。

《原君》《原臣》两篇最受关注，黄宗羲从“人各自私”“人各自利”的理论出发，重新界定了君职和臣职，猛烈批判“君为主，天下为客”的现实，大胆提出“天下为主，君为客”的光辉主张。这一主张强调政治权力不可被一家一姓所私有，而应为满足天下人之私利为依归。那么，既然“天下之大，非一人之所能治”，因此就要“分治之以群工”。要达到此目的，君臣之间既非如父子关系，也非如主奴关系，而应如共曳木的合作关系。君臣共治天下，当如师友；臣出仕，是为了天下、万民，而非为君、一姓。《原法》篇主要讨论了治国所应遵循的规则问题。从人性论出发，黄宗羲提出了“三代以上有法，三代以下无法”“有治法而后有治人”的观点，批驳了“法祖为孝”“天下之治乱不系于法之存亡”“有治人无治法”等俗论。

如果说《原君》《原臣》《原法》是从政治哲学的角度探讨了君、臣、法的本意的话，那么，接下来的内容都是黄宗羲针对存在大量弊端的具体政治制度而设计的理想政治制度。

《置相》探讨丞相在治国中所起的巨大作用和意义。此篇最大的特色就是黄宗羲不再把“正德”作为最主要的价值加以提倡，而更加重视“立制”。黄宗羲的“立制”以“天下为主”为出发点，构想了一套以权力制约权力的做法。这种做法直接挑战君权的至高无上性与权威性，是具有近代议会制特征的“议事”制度。《学校》设想学校除了教育之外，更有议政和批评政府的权力，同时也是文化和学术的管理者。此设想就是要打破国家重大政务由君主钦定的状况，大胆地提出了“天子之所是未必是，天子之所非未必非”的主张，含有政治自主意识增强的意味。

其余的八个话题十六篇，既有专门针对明代政治的弊病提出的具体改革方案，也有针对两千年君主专制统治的弊端提出的带有整体性的思考。

《取士》分上下两篇，与《留书·制科》有密切关系。上篇讨论明朝取士之弊端，下篇提出解除弊端的新举措。黄宗羲分析了唐宋取士的优劣，认为当时取士的弊端主要体现在时文，即帖书、墨义等做法之中。在下篇中，黄宗羲对比了古今两种取士的优劣。他十分向往三代时期取士、用士的做法，痛感当时取士之难。为此，他提出了多种取士方法，或谓“宽取士之法”。

在反思明朝灭亡的原因时，黄宗羲把明朝建都的失算纳入其中。他认为以往每个朝代几乎都曾出现过都城遭围的情况，而最终都能够顺利地、平安地消除危机，唯独明朝一乱就无治，个中原因即在建都于北京的失算。故而，黄宗羲认为建都金陵方为上策，这样不仅可以免受北方外患的直接冲击，也可以缓解江南的财赋负担；要真正解决好建都问题，巩固政权，还要与解决好边疆问题相配合，为此，黄宗羲在《方镇》篇中提出了强化边防单位的自主权，甚至允许其统帅世袭的新设想。此篇与《留书·卫所》关系密切。

政权的稳固，边疆的安宁，都需要一系列的具体政策来保障。黄宗羲从“天下为主”的原则出发，对田制、兵制、财计、胥吏和奄宦等问题进行了专门论述。《田制》三篇应是根据《留书·田赋》改写而来。从田制的历史沿革看历朝的土地制度的改革，在继承前人的思想和总结历代田制制度得失的基础上，黄宗羲提出了旨在富民的“井田可复”的田制思想。他深刻剖析了有明的赋税之弊，指出明朝存在“有积累莫返之害”“有所税非所出之害”“有田土无等第之害”三种“暴税”。

《留书·将》经过扩充，成为《明夷待访录·兵制》。在《兵制》三篇中，黄宗羲考虑更多的则是，如何建立合理的兵制，减少民众负担，使民众从繁重的兵役、赋税中解脱出来，实现富民目的。

在《财计》三篇中，黄宗羲把货币政策当作是使国家安定、百姓富足的一个重要举措，并把它上升到法的高度，以“天下之法”反对“一家之法”，反对财富归君主一人一家所有，倡导万民的共同富足。针对因天下银力不足而造成朝廷在征税的过程中用折银的办法盘剥百姓的历史事实，黄宗羲提出了“废金银”、辅用纸钞的金融制度。

有治法而后有治人，也就是说，即使有善治，若没有可治之人，亦难将善治推行。田制、兵制以及财计等具体制度，即使是真正让民众受益的善治，还要看官制是否合理。然而，明朝的官制却坏于两头：奄宦坏官制，重在上；胥吏坏官制，重在下。针对胥吏之害，黄宗羲在《胥吏》中设想，“欲除奔走服役吏胥之害，则复差役；欲除簿书期会吏胥之害，则用士人”。至于奄宦之害，黄宗羲在《奄宦》上篇中认为，奄宦得势而为害天下的主要原因是师友之道混同于奄宦之道。为此，他在《奄宦》下篇提出裁减奄宦的设想，其目的是要削减后宫的规模，限制皇帝的私欲。

三、《明夷待访录》的思想性质

对于经典，读者或研究者往往因眼光不同而会有不同的看法。比如《红楼梦》，按照鲁迅先生的说法：经学家看见《易》，道学家看见淫，才子看见缠绵，革命家看见排满，流言家看见宫闱秘事，等等。《明夷待访录》这部经典，读者或研究者之间存在分歧也是不可避免的。此书最初名叫《待访录》，郑性在刊刻此书时，根据黄宗羲所写的类似题辞的文字中的讲法，即“吾虽老矣，如箕子之见访，或庶几焉。岂因‘夷之初旦，明而未融’，遂秘其言也”，故加“明夷”二字，这是否符合黄宗羲的本义，目前学界仍聚讼不已。但从历史的发展来看，这个题目基本上被广泛认可。“明夷”是《周易》第三十六卦，下离上坤，象征“光明殒伤”。《周易正义》说：“此卦日入地中，‘明夷’之象，施之于人事，暗主在上，明臣在下。不敢显其明智，亦‘明夷’之义也。”明夷卦以“日入地中”为喻，展示了政治昏暗、光明泯灭之世的情状以及“君子”自晦其明、守正不移的品质。卦辞“利艰贞”之义，强调在艰难中维护正道，在“自晦”中期待着转衰为盛，重见光明。题名《明夷待访录》正说明黄宗羲认为自己所处的时代是政治昏暗、光明泯灭之世。他虽然期望“箕子之见访”，但他所期待的到访对象到底为谁，也聚讼不已。有的认为（比如章太炎、胡发贵）黄宗羲所待访对象是康熙或清王朝，凡是后世质疑黄宗羲气节的，多持此观点。梁启超认为黄宗羲“正欲为代清而兴者说法”。高准认为他是天下为公的真豪杰。有的直接认为黄宗羲待访的就是郑成功，还有的认为所待访的是孙中山，等等，不一而足。

要回答上述问题，就必然要涉及该书的思想性质问题。撇开改革开放以前的一些研究不论，仅就最近一二十年的研究来说，专门针对《明夷待访录》的研究，就有“民本的极限”说（张师伟）、“新民本”说（冯天瑜、谢贵安、吴光）、“返本开新”说（孙宝山）、“圣贤救世”说（张永忠）、“近代民主的开端”说（孙卫华）、“民本自由说”（时亮）等等。造成诸种不同认识的原因，既有各自的立场问题，也有研究范式的问题；既有现实的政治问题，也有研究者各自学养的问题。那么，如此一来，诸种认识并非都是对文本思想的揭示，其中一定有对其真精神比较接近的诠释，当然也免不了存在一些误读。那么，如何评判这些说法呢？自然需要有一个标准设定的问题。而此标准不是研究者自己的设定，而应是文本自身所设定。从这个角度讲，我们就应从黄宗羲的文本中找到某些根据来。实际上，黄宗羲本人就对自己的著作中的思想性有足够认识。比如《留书·自序》云：“吾之言非一人之私言也，后之人苟有因吾言而行之者，又何异乎吾之自行其言乎？”显然，黄宗羲已经认识到自己所言不合时宜，不能为当时所用，只能留待后来之人行之。不合时宜的言论无外乎两种：一是落后于时代，二是超前于时代。前者显然不是，若落后于时代，那后人谁愿意去行黄宗羲之言呢？如此一来，唯有后者才符合黄宗羲的真意。既然黄宗羲认为自己的言论有超越时代的内容，显然不完全是与君主专制政治相一致的民本思想，那么，超越民本的是一种什么样的思想呢？黄宗羲并未给予明确的回答。这正是后来者根据不同于君主专制的时代，给予的不同回答。黄宗羲对《留书》尚有如此自信，那作为《留书》的完成稿《明夷待访录》，其中含有超越时代的思想就无须多言了。

黄宗羲生活在经学独断的传统之中，这种传统是以儒家宗法伦理与君主专制构成的一体化的结构。要突破这种传统，必须对维护其存在的核心价值及其理念进行彻底的、革命性的颠覆。在《明夷待访录》中，黄宗羲反对君为臣纲，倡导君臣平等，共治天下；反对“以君为主，天下为客”，倡导“天下为主，君为客”；反对天下以天子的是非为是非，倡导以学校的是非为是非；等等。

以往儒家往往用“格君心之非”、灾异儆戒等方式来制约君主的权力，而黄宗羲则抛弃掉这套具有道德理想主义的做法，设计了具有近代民主政治特征的以权力制约权力的做法去制衡君权，从而建立起了以“万民福祉”为目标的政治观念。黄宗羲所构想的以权力制约权力的方式与自秦以来的历代王朝所使用的以权力制约权力的方式有着本质的不同。君主专制王朝的以权力制约权力的理论基础是法家的一整套理念，是为了保证王朝内部权力不失衡而设计的，其目的是确保王朝政权的稳固，其权力的总舵手是君主，其服务的对象亦是君主。黄宗羲设想的以权力制约权力则是具有近代民主政治思想的一整套新理念，它既不属于法家，也与传统儒家观念不同。它是以“天下万民的忧乐”为旨归的，其目的是确保天下万民的幸福安康，其权力的总舵手是民众，其服务的对象亦是民众。从这个意义上讲，黄宗羲在《明夷待访录》中，构想的是一种以士人为中心，庶民参与，“天下为主”的政治蓝图。此无疑是一种崭新的新型政治蓝图。这可从以下四个方面体现出来：

1. 提出“天下为主，君为客”的思想

《明夷待访录》有一条一以贯之的思想主线，即“天下为主”。在黄宗羲之前的一千八百年里，专制君主们均把天下视为自己的财产，刘邦得天下后，情不自禁地问其父：“某业所就，孰与仲多？”刘邦将天下作为自己私产的豪情溢于言表。在黄宗羲看来，君主把天下当作私产是有悖于儒家思想传统的。《礼记·礼运》篇说：“大道之行也，天下为公，选贤与能，讲信修睦。”孙希旦如此解释：“天下为公者，天子之位传贤不传子也。”天子之位，传贤不传子的时代恰恰是在三代以上，而黄宗羲多次将“三代以上”与“三代以下”作比较，以借古喻今的方式表达了自己的政治思想。

黄宗羲“天下为主”思想是针对以皇帝“一家之私”统治天下的历史事实而言的。从思想渊源的角度看，这一思想来自先秦儒家，但又不完全与先秦儒家思想相同。在先秦儒家那里，“天下为公”是作为一种可望而不可即的最高社会理想而出现的，它往往是人们所渴望的社会发展的终极目标。而在黄宗羲的政治构想中，“天下为主”是一种以士人为中心的新型政治的核心精神。黄宗羲将其作为制度建构的逻辑起点，构想了具有近代民主启蒙意义的政治制度。它已经不再是远期的理想社会蓝图，而应当是一种触手可及的社会形态。

先秦儒家的“天下为公”思想与传统的崇圣观念相联系，是圣人统治下的理想社会，“大道之行”主要靠圣人的无偏私而实现。黄宗羲的“天下为主”思想与他的“人各自私”“人各自利”的人性论相联系，在充分满足社会每一个成员自私自利的需求以后，达到“人各得自私也，人各得自利也”的理想状态。它不完全依靠圣人的治理，摆脱了圣人权威的奴役，与现代的公民社会有了更多的相通、相似之处。

2. 提出“贵不在朝廷，贱不在草莽”的平等思想

秦汉之后，传统的君主专制政治是以尊卑等级为前提的。在森严的等级制度下，社会成员被划分为尊者与卑者、主人与奴仆这样相互对立的两极，他们之间是服从与被服从、统治与被统治的关系，无平等可言。

“三纲五常”作为君主专制政治的社会意识形态，其中蕴涵的等级观念造成的不平等，给天下万民带来无穷的伤害，它是君主专制的总根源。黄宗羲清醒地看到了这点。

他猛烈地批判君主专制制度的不合理之处，表现出敢于冲破传统思想罗网的勇气。他提出了“君与臣，共曳木之人也”“岂知臣之与君，名异而实同耶”等一些振聋发聩、石破天惊的具有现代意味的平等思想。他的关于君主专制合理性与合法性的反思极具叛逆色彩，可以说达到了他那个时代的思想所能达到的高度。

黄宗羲从人性出发进行考察，认为古之人君和古之民在人性的起点上讲都是平等的。分析许由、务光、尧、舜、禹等各自为君的不同结果，他得出了“好逸恶劳，亦犹夫人之情也”(《明夷待访录·原君》) 的结论。在他看来，好逸恶劳是人的共性，并不存在谁比谁天生德行高或劣。这种人性论思想是对把君主的德行天然地看作高于民众的说法的一种反动。在很大程度上，它动摇了君主之所以为君主的伦理基础，是从新的人性论角度对君主专制统治合法性的一种彻底否定，并动摇了专制政治与等级制的人性基础，具有深刻的反专制性质和较朦胧的近代民主意识。

3. 提出君臣关系与传统伦理相分的思想

君主专制的社会有一整套完整的维护君主专制统治的政治伦理。这种政治伦理的特点是：以儒家的血缘亲情为基础，表现出“家国同构”的格局。在人类早期，由于生产力水平低下，个人离开群体难以生存。于是，有着一定血缘关系的人群往往几代甚至几十代生活在一个相对固定的地方。在这些聚居处，依靠尊者、长者、辈分进行统治的宗法制模式逐渐形成。到周武王克商以后，封国建邦，等级制国家中的等级名分确定，宗法制最终形成。宗法制统治的合法性与合理性经过儒家的理论努力被确定了下来。早期的儒家为这种需要设计出了一种“家国同构”的统治模式。在“家国同构”的宗法制的政治模式中，其伦理基础实质上就是血缘伦理。这种统治模式在《大学》一文有比较详细的论述：要治理好国家，首先在于齐家，而齐家则首先在于修身。为了达到修身的目的，《大学》中还阐明了一套修身方法。这样长者、尊者就可以依靠自己辈分、年龄对晚辈、年幼者进行管教。在这种独特的政治格局中，家中的家长，辈分最高的老者往往是家中的最高统帅。以此类推，在一个家族中就会有一个族长，他是这个家族的权威或最高统治者；而国家的最高统治者——国君成为各诸侯的总家长。家长或国君既是最有力的政治力量的代表，又是最具修养的伦理力量的代表。他们既是政治统帅，又是道德楷模，“君师合一”。

黄宗羲考察历史时洞见到人君虽然是政治统帅，但并非都是道德楷模。在考察君民关系时，黄宗羲认为，君主的职责本应当是“为天下兴其利而除其害”，而事实却是“以我之大私为天下之大公”，君主丧失自己的职责，君师并非合一，这样用父子关系来比拟君民关系就不恰当了。从社会分工的角度出发，黄宗羲构想了君臣“分治之以群工”的新的政治理想，坚决反对用父子关系比拟君臣关系。君臣关系和父子关系之间并不存在必然的联系，它们不具有实质性的共性。黄宗羲把父子之间的自然伦理关系与君臣之间的社会政治关系进行了严格的区分。

从某种意义上说，黄宗羲已经从“家国同构”的传统政治思想中走出来了，打破了将政治社会关系看作血缘关系的传统观念，意味着天下为家（私）的政治模式将被另一种模式取代。黄宗羲构想的“天下为主”的政治，是以新伦理为基础的、初步具有近代民主政治意识的新型政治，含有用契约关系代替血缘伦理关系的思想倾向。新型政治中暗含的君臣平等思想意识，预示了中国社会将走向近代的历史方向，在精神努力的方向上指向近代的公民政治。

4. 提出“公其非是于学校”的民主议政思想

中国文化传统历来重视价值判断的优先性而相对轻视事实判断，往往容易导致价值判断与事实判断相混淆。在君主专制社会，“定一尊”是君主“自为非是”的前提。天子的言行具有法律效力，而且能够凌驾于法律之上，道德领域的是非也以“一尊”为衡量尺度。这几乎成了一种不可更改的铁律。

黄宗羲对一千八百年来一直奉行的标准问题重新进行审视。他提出了“公其非是于学校”的观点，也就是说，朝廷欲要施行某种重大决策，需要交给学校集体讨论，学校议政的成员主要是士人。他们共同议政的结果将决定其是否可行，可行则取，不可行则去。其最终所采用的评判标准是以“公论”为准，而不以君主的是非观为准。这种设想表现出黄宗羲政治思想中的平民化政治的倾向。实际上，学校议政方式是对宋代所开创的士大夫与君主共治天下的精神传统的继承和拓展。虽然从理论上来说，“公其非是于学校”理论还比较粗糙，但在尚未引进西方“三权分立”思想的前提下，在缺乏民主传统的君主专制制度统治下，黄宗羲能够提出如此具有较强民主意识的思想，不能不说这是一个具有天才构想力的政治方案。

以上几点只能概括《明夷待访录》中的黄宗羲政治思想的主要特质，而非全部。其表达方式是古色古香的，但其蕴含的思想已经表现出了冲决罗网的超时代特征。说它古色古香，主要是因为黄宗羲的政治思想依然以三代以上、三代以下相比较的形式出现，仍是使用公与私、利与害、治与乱、本与末等一系列中国传统哲学中的理论范畴建构起来的，似乎未能走出传统的泥淖。但是，如果从黄宗羲对待三代以上所谓的圣君的态度考察，就会发现其中实质上的区别。在黄宗羲看来，尧、舜、禹与常人无异，都有“好逸恶劳”的人之常情。那么，我们该如何理解《明夷待访录》中的政治思想与传统政治思想的区别呢？传统中有许多东西是以神话的形式展现给世人的，其神圣性具有无上权威。三代以上的统治就是中国古人的神话。黄宗羲一方面力图冲破传统的偏见，另一方面又要借助传统为其论述寻找其权威的支持。故仍旧采用传统叙述方式来表达与传统有较大冲突的思想，在策略上是比较稳妥的，也是容易被人接受的。职是之故，我们不可被其思想中的传统形式所蒙蔽，应在相同语言的背后寻觅所要表达的“意义”，这才是我们能否正确把握黄宗羲政治思想中超越时代的、具有现代意义的关键之所在。

有学者习惯于把没有否定君主政体当作黄宗羲政治思想的局限性而加以批评。实际上，这是受现代民主政治思维定式的影响，是一种典型的“以西释中”的诠释方式。即使按照西方思想家的观点，民主政治也不是最优的。亚里士多德曾指出，民主政治若没有很好的教养，就会变成暴政。它和君主制、寡头制、贵族制等作为政治体制，各有优劣，无所谓谁更为先进、更为落后。发达资本主义国家英国现在仍旧保留着王室，它们实行的君主立宪制其实是一种民主制与君主制相结合的混合政体方式，王室的存在并不一定与民主政治相冲突。所以我们并不能简单地把黄宗羲不否定君主制看作是其思想的局限或不足。

四、《明夷待访录》的读法

运用正确的读书方法，往往能事半功倍，不至于误入歧途。古人有很多读书方法，值得吾人借鉴。除了前文已经介绍的知人论世的方法外，本人根据自己的研究心得，特向读者推荐以下一些读法。

（一）借助注本，理解文句。尽管《明夷待访录》只有两万余字，但其知识的丰富性，非现代的一些著作所能比。说它字字有根据，句句有来历，毫不为过。因古人写作还没有当代学术规范，没有注释。这就给我们今人阅读造成了一定的困难。要真正读懂《明夷待访录》，既要有一定的文学功底，又要有一定的史学功底；既要熟悉官制的沿革，还要对历朝的某些制度有所了解。否则，在对某些文句的来历不清楚的情况下，仅凭字面意思去理解，往往会犯望文生义的错误。对一些版本中出现的错误，要特别谨慎。这些错误就是传抄者或出版者不明晓字义而导致的，后来很多版本以讹传讹，误导读者。比如“君长”还是“长君”，“看详”还是“详看”就是属于这类文字。所以，从这个角度讲，借助考证较为翔实的注译本作为参考书，是十分必要的。这里向各位读者推荐我的《明夷待访录校释》或《明夷待访录注译》。前者是我在查访了北京各大图书馆，参阅了二十多个不同版本后，进行的一些考证。虽然有些烦琐，但对于理解黄宗羲的思想，我自信应对大家会有所帮助。后者是我在前者的基础上，参照了已有的几个译文本，根据自己的理解对原文重新进行的翻译。

（二）比较的读法。我所指的比较的读法既有纵向比较，也有横向比较。具体到阅读《明夷待访录》时，纵向比较要有两个维度：一是将黄宗羲不同时期的有关阐发政治的著作进行比较。比如要将《留书》《孟子师说》《破邪论》等与《明夷待访录》进行比较，这样可以看出黄宗羲政治思想发展的逻辑进程；一是将《明夷待访录》与孔子、孟子、邓牧、方孝孺、刘宗周、吕留良等思想家的政治思想进行比较，从中发现黄宗羲政治思想与前人思想之间的关联性或继承性，同时发现他们的相异性以及黄宗羲思想中的超越性。横向比较也有两个维度：一是指将《明夷待访录》与同期的相关著作，如《日知录》《黄书 噩梦》《潜书》等比较着读，从中可以看到同期不同的思想家，在面对较为一致的社会现象时，所进行的具有共性的思考；一是指还可以将《明夷待访录》与西方近代的一些思想家思想进行比较，比如与卢梭的《社会契约论》、洛克的《政府论》等思想家的著作进行比较，从中可以看到黄宗羲政治思想与西方政治思想之间的相近或相似之处，以及《明夷待访录》中蕴含的近代性或现代性。

（三）问题研读法。本着古为今用的原则，读书时要立足当下，面对未来，带着问题去读，尤其是带着古代传统优秀文化如何实现创造性转化和创新性发展，永葆其思想的活力这些问题去读。不仅读《明夷待访录》要如此，我们在阅读任意一本经典时，也都要如此。我们认为将《明夷待访录》放入“传统”向“近代”转型的大背景中来读，较符合当前传统文化要实现“两创”的努力方向。尽管有些研究者对当前的《明夷待访录》研究在传统与现代中打转，很不以为然，甚至持批评态度，但就目前的研究来看，尚无一种更优的解释进路来取代它。另外，前文曾指出，《明夷待访录》在清末得以广泛传播，但并未作深入的分析。对此，读者可根据该书的传播史，带着这一问题进行思考，自己从中去寻找答案。透过《明夷待访录》的传播，我们或可寻找到儒学近代转型的规律。

此外，读者若有余力，还可以读读明史、晚明史、中国制度史、中国政治思想史等，比如吴晗的《明史简述》、崔瑞德和牟复礼的《剑桥中国明代史》、司徒琳的《南明史（1644—1662）》、萧公权的《中国政治思想史》等相关参考资料。当我们将《明夷待访录》放在明史、中国政治史等的大背景中去理解时，收获定会更多，理解将更深入。当然，无论采用哪种方法或哪几种方法，重要的是学贵自得，不可人云亦云。这样才能把经典读活，才可从中受益。

五、译注说明

《明夷待访录》的版本非常多，各版本间的差异亦非常大。为此，本次译注首先对各版本中文字差异较大者，给予了辩证；明显错误，随文注释。采用的体例是：错讹字用圆括弧（ ），改正字用方括弧[ ]。下面谈谈考证所使用的版本情况：

选择一个好的善本，是译注工作成功的关键。本次点校以乾隆年间郑性二老阁刻本（以下简称“二老阁本”）为底本。按：中国科学院文献信息中心藏有文如居士邓之诚先生所藏二老阁本两种。其一：封面题名为《黄梨洲先生明夷待访录》的刻本与《思旧录》刻本合装在一起，《黄梨洲先生明夷待访录》封面上写有：“五石斋藏二老阁刻本。二老阁刻本《南雷诗历》《明夷待访录》《思旧录》，今于遂初重刻《亭林集》，此极难得。予见即收之。不以重本为嫌也。己亥七月九日文如居士识于成府村居。”其二：《南雷文约》八卷，封面有：“黄宗羲撰，五石斋藏本。此书原附思旧、待访二录，皆郑性所刻。今文约尚有传本二录，杳不可得，《思旧录》原刻本流传尤罕，今偶并获之，固足珍矣。戊子七月十有六日，文如居士识于成府村居。”另附方形印，上有“文如居士”字样。书盒内其中一本为《思旧录一卷明夷待访录一卷》。附小字：“黄宗羲撰，五石斋藏原刻本。郑氏二老阁所刻此二录今传本极稀，《思旧录》颇有异同，应以刻本为正，惜此本有忌讳者皆刬去，重较补之，文如居士。”

有重大影响的版本也值得高度重视，本次译注选用了以下几个具有代表性的善本作为参照本：邓之诚先生藏抄本（此本封面有“五石斋藏本。此本讳玄丘而不讳弘字，似是乾隆以前旧钞”。简称“邓先生藏本”）、《四部备要》第五十九册海山仙馆本（子部，为上海中华书局据海山仙馆丛书校刊本，杭县高时显、吴汝霖辑校。此书前无“顾宁人书”。简称“海山仙馆本”）、道光刻本（原书版框高一四四毫米，宽二二〇毫米。道光十九年岁次己亥金山钱熙祚、锡之甫校梓，简称“金山钱氏刻本”）、番禺孟鸿光校本（前面无《顾宁人书》。简称“番禺本”）、成都官书局校印本（族孙承乙校梓，前有傅怀祖重刻序，后有黄承乙识。按：国家图书馆目录索引中注：余姚黄承乙，清光绪五年［1879］。简称“成都本”）、晋华书局刊于京师本（按：此书前有《顾宁人书》，亦为族孙承乙校梓，后有黄承乙所写的识。此识同于成都官书局校印本。此本略小于今32开本。简称“京师本”）。此外，还有翁心存校抄本（咸丰四年六月，翁心存根据粤东潘氏海山仙馆新刊本对勘而得的精抄本）等。

再谈谈文后的附录。

附录一收录了一些目前很多版本没有收进去的跋或简单的校读随感，通过这些资料可窥见此书的流传情况。

附录二收录了清末李滋然撰写的《明夷待访录纠谬》，此书是研究《明夷待访录》思想的不可多得的资料。目前仅能在国家图书馆普通古籍馆、中国科学院文献研究中心等处看到此书。此书共有两个版本，即1909年和1911年两个刻本，本次所用的是1911年的刻本。因此书尚未有单行本出版，故译注者对此书进行了标点，附录于后，供研究者参考、比照。因个人水平有限，标点错误在所难免，希望同仁批评指正。

附录三是译注者对其流传进行的考证，收录进来，一是可使读者对此书的影响有较为直观的理解；二是提供给研究者们批评，以此推动此书版本流传及其思想的研究。

附录四，收录了《留书》。

附录五，《黄宗羲年谱简编》。此年谱简编着重记录黄宗羲一生与政治较为相关的事件，帮助读者更清晰地了解黄宗羲政治思想的发展轨迹。

《明夷待访录》一书篇幅并不长，但给此书做校释、导读以及翻译的难度却不小。本次在翻译原文过程中，不仅得到了岳麓书社刘文先生、张丽琴女士的指点，还得到了我的研究生袁用武、胡向磊、鄢志江三君的帮助，在此深表谢意。由于学识与时间的关系，书中不当处定然存在，还请方家不吝指正。

目 录

顾宁人书

导读

此段文字是顾炎武给黄宗羲的信。二老阁本将之放在正文的最前面,刻者的用意可能是以此篇文字作为序。顾炎武是乾嘉考据学者公认的大学问家,用其书信作为序,无疑会推动《明夷待访录》的传播,扩大其影响。顾炎武在信中说“炎武以管见为《日知录》一书,窃自幸其中所论,同于先生者十之六七”,进一步证明了《明夷待访录》与《日知录》之间诸多见解的不谋而合。鉴于顾炎武在清朝学者中的学术地位及影响,刻书者将此信作为序置之文首,是很有深意的。

顾炎武在信中首先讲述了自己曾打算到浙东拜访黄宗羲,但因故未能成行,表达了无缘相见的遗憾和对黄宗羲的无限思念之情。顾炎武向黄宗羲介绍了十五年来自己所从事的事业及其得失。他周行边塞,遍访陈迹,远离友人,如同粗鄙之人。虽然年逾六十,仍恨无所收获。这主要是因为早些时候自己所做的无外乎是一般文人所乐此不疲的吟风弄月之事。对此,顾炎武做了深刻反思。近些年来,他将实地考察获得的大量的第一手资料,参之圣贤六经之旨、国家治乱之原、生民根本之计,始略有领悟,但仍“恨未得就正有道”。当然,这应为顾炎武的谦辞。

其次,顾炎武向黄宗羲述说了自己读《明夷待访录》的感受。他说:“读之再三,于是知天下之未尝无人,百王之敝可以复起,而三代之盛可以徐还也。”我们知道，在清朝统治者统治中原之初，顾炎武和黄宗羲一样，都以遗老自居，采取了与统治者不合作的态度。在身遭国破的剧痛以后，他们都不约而同地开始探讨国家治乱、民生根本。他们所著的书都是为了“待后”，渴望“有王者起，得而师之”。

复次，顾炎武结合自己的研究心得，比照黄宗羲的《待访录》，有同声相应之感。同时，顾炎武也发表了自己的看法，他不赞成黄宗羲在《建都》一章中所主张的金陵建都的看法。通过自己的实地考察，他认为在关中建都更为合适。这充分显示了顾炎武作为一个伟大学者实事求是、不盲目苟同别人观点的科学态度。

最后，顾炎武将自己的几本著作寄给黄宗羲，渴望得到批评指正。其言辞之恳切，态度之真诚，令今人读来无不感佩。这两位明末清初著名的大思想家，都有著作闻名于世，而他们在著作中讨论的主题却极其相似，且又相互切磋，相互教益，相互砥砺，实乃为古代士人求真知的一大奇观。

原文

辛丑[1]之岁，一至武林[2]，便思东渡娥江[3]，谒先生之杖履[4]，而逡巡[5]未果。及至北方，十有五载，流览山川，周行边塞，粗得古人之陈迹。而离群索居，几同伧父[6]，年逾六十，迄无所成，如何如何！伏念炎武自中年以前，不过从诸文士之后，注虫鱼[7]，吟风月而已。

译文

十五年前，我途经杭州灵隐山时，便想着东渡曹娥江去拜谒您，但因故未能成行。之后，我到了北方，十五年来，周览山川，探访边塞，寻访古人旧迹而略有所得。这些年远离友人，如同伧父一般的孤独生活，而今年过六旬，仍一无所成，怎么办啊！现在回忆自己年轻之时，大好时光都浪费在了跟着那些文士们研习虫鱼之类的琐碎之学，作一些吟风弄月之类的诗歌而已。近年来，深入探求古今之事，方知治学要考镜源流，积少成多；

积以岁月，穷探古今，然后知后海先河[8]，为山覆篑；而于圣贤六经之旨，国家治乱之原，生民根本之计，渐有所窥，恨未得就正有道[9]。

对于圣贤六经的精义，国家治乱的根本，民生根本之计这些方面也开始略有所悟，只恨未能向您这样的贤达请教。

注释

1 **辛丑**：指顺治十八年(1661)。

2 **武林**：地名，即今浙江杭州市西霞隐山。后多用以指杭州。

3 **娥江**：即今浙江上虞的曹娥江，此江古称舜江，后为纪念孝女曹娥而得名。

4 **杖履**：古礼五十岁老人得扶杖。又古人入室，鞋必脱于室外。为尊敬长辈，长者可入室后脱鞋。后遂用“杖履”为敬老之词，不指其人，以示敬意。

5 **逡巡**：迟疑徘徊，欲行又止。

6 **伧父**：鄙贱之夫。南北朝时，南人讥骂北人的话。

7 **虫鱼**：泛指名物和典章制度，有时含讥其繁琐之意。

8 **后海先河**：指祭祀时，先祭河神，后祭海神。比喻做事要先本后末。顾炎武用此指治学要弄清源流之意。

9 **就正有道**：向有学问和有道德的人请教。

原文

顷过蓟门[1]，见贵门人[2]，具稔[3]起居无恙。因出大著《待访录》[4]，读之再三，于是知天下之未尝无人，百王之敝可以复起，而三代[5]之盛可以徐还也。天下之事，有其识者未必遭其时，而当其时

译文

不久前，逗留京师时，见到您的弟子们，获悉您身康体健，起居无恙，甚为快慰。又拜读了您的大著《待访录》，反复琢磨，坚信世间并非没有贤者，群雄逐鹿的乱世定会重来，唐虞三代的盛世也会慢慢来到。天下之事，有见识的人往往生不逢时，而逢时之

者或无其识，古之君子所以著书待后，有王者起，得而师之。然而《易》："穷则变，变则通，通则久。"[6] 圣人复起而不易吾言，可预信于今日也。炎武[7]以管见[8]为《日知录》[9]一书，窃自幸其中所论，同于先生者十之六七。唯"奉春"一策[10]，必在关中，而秣陵[11]仅足偏方之业，非身历者不能知也。但鄙著恒自改窜，且有碍时未刻。其已刻八卷及"钱粮论"[12]二篇，乃数年前笔也，先附呈[13]大教。倘辱收诸同志之末，赐以抨弹，不厌往复，以开末学之愚，以贻后人，以幸万世，曷胜祷切！同学弟顾炎武顿首[14]。

人又未必有见识，因此，古代的君子著书立说，期待有朝一日能有位明君贤主出现，得读此书，如此一来其所设计的治国方案就可以施行于天下了。恰如《周易·系辞传》所说："穷则变，变则通，通则久。"我敢说，即使圣人复生也会同意我所说的话。我将我的浅见整理成《日知录》一书，令我窃喜的是我的观点与先生的大体吻合。不过，在都城的选址上，我经过实地考察后，认为定在关中最为合适，故而不敢苟同您认为宜在金陵建都的观点。拙作经常修改，大多尚未刊刻完毕。已刻的《日知录》八卷和《钱粮论》二篇，均是数年前所作，今先寄给您过目，希冀您不吝赐教。如果先生能视我为志同道合之人，对我的著作予以评论，不厌烦与我通信往来，以启发我的愚钝，这将是后人之福，万世之幸，我急切等待先生的回信！愚弟炎武顿首。

注释

1 **蓟门：**指京师。今北京海淀区有蓟门桥。

2 **贵门人：**指黄宗羲的两个弟子，一个叫陈锡嘏，一个叫万季野。此二人当时正在京师参与编修《明史》。贵，敬辞，尊称与对方有关的事物时用。门人，弟子。

3 **稔：**古代谷物一年一熟，因称年为稔。此为获悉之义。

4 **《待访录》：**即《明夷待访录》。黄宗羲写作此书时，原本没有"明夷"二字，后郑性刊刻此书时，根据文前的说明文字引有《周易》的明夷卦的卦辞"夷之初旦，明而未融"而加。

5 **三代：**指夏、商、周三代。儒家以三代以上为治世，三代以下为乱世。儒家理想就是要努力恢复三代的善治。

6 **穷则变，变则久，久则通：**引自《周易·系辞下》。指事物到了尽头就要发生变化，变化了就会继续向前发展。穷，穷尽，困窘。

7 **炎武：**即顾炎武(1613—1682)，初名为绛，字宁人，号亭林，江苏昆山人。南明鲁王起兵时，曾官兵部职方郎中。明亡，嗣母王绝食死，遗命勿事二姓，因改名炎武。曾十谒明陵，遍游华北，所至以书自随。晚年定居陕西华阴县。康熙时，诏博学鸿儒科，荐修《明史》，皆不就。学问渊博，于经史、典制、郡邑掌故、天文、仪象、河漕、兵农，莫不穷究原委，开清代朴学之风。著述甚多，有《日知录》《天下郡国利病书》《肇域志》《音学五书》《亭林诗文集》等。

8 **管见：**喻见识狭小。

9 **《日知录》：**顾炎武撰，共三十二卷。为作者读书心得、随笔札记，故以"日知"为名。内容涉及经义、政事、史地、艺文、兵事、天象、术数等方面。顾氏集三十余年之力成此书，自称平生之志与业尽在此中。此书不专为考订而作，而考证精审，颇多可取。

10 **"奉春"一策：**指国家建都问题，此处系用汉高祖接受娄敬建议建都长安，娄敬封"奉春君"的典故。事见《史记·刘敬叔孙通列传》。

11 **秣陵：**地名，在今江苏南京市江宁区。黄宗羲在《建都》篇中主张后之王者应将都城置于金陵。顾炎武在信中对之表达了不同看法，他认为应建都关中。

12 **钱粮论：**指《亭林文集》中的《钱粮论》上下两篇。

13 **附呈：**寄送的意思，在这里是一种谦称说法。附，捎、寄。呈，旧时下级送报上级叫呈。

14 **顿首：**周礼九拜之一，头叩地而拜，后常用于书信的开头或结尾。

题　辞

导读

二老阁本无“题辞”二字，后来有很多版本刻有此二字，此次译注亦保留之。

此部分内容包括三层意思：

其一，交代了撰写此著的缘由。当时正值“天崩地解”的时代，黄宗羲深刻反思历史，开始对孟子的“一治一乱”之言有些怀疑。在撰写《易学象数论》时，黄宗羲就曾精研了胡翰的十二运之说，并对此说深信不疑。根据胡翰之说，黄宗羲使用“大壮”“明夷”等易学思想来阐释其对历史的看法。黄宗羲正处于乱世，胡翰的说法似乎给了他无限的信心，使他认为“三代之盛犹未绝望也”。故而为了迎接二十年后将要到来的治世，黄宗羲积极地思考如何改变以往政治制度的弊端，并通过制度的建构，以权力制约权力，从而达到美好的治世。

其二，交代了撰写此著的经过。此著的写作，前后经历了三年时间，即从 1662 年开始写起，在儿子（普遍认为是黄百家）的催促下于 1665 年最终完成止。期间，黄宗羲经历了家遭大火而不得不搬家等人生遭际。

其三，交代了撰写此著的意图。黄宗羲不希望此著像王冕仿《周礼》著书那样未能流传下来，而希望此著不但能够流传下来，而且能在交入“大壮”成为治世之时，其设想能被后之明主采用。同时，黄宗羲感叹，虽然自己老了，被明主征召的可能性很小了，但并不能因此而隐藏自己的见解。

原文

余常疑孟子一治一乱之言[1]，何三代而下之有乱无治[2]也？乃观胡翰[3]所谓十二运[4]者，起周敬王甲子[5]以至于今，皆在一乱之运。向后二十年交入“大壮”[6]，始得一治，则三代之盛犹未绝望也。

译文

我常对孟子“天下之生久矣，一治一乱”的话存有疑问，如果孟子说的是对的话，为什么自三代以来世道有乱而无治呢？带着这一疑问，我深入研究了胡翰所提的十二运之说，胡翰认为从周敬王甲子年到现在，都处在乱世之运中。再过二十年，进入“大壮”，世道就从“男女交亲之运”转到“阳晶守政之运”，治世才开始。若真像胡翰所说，恢复三代的盛世还是有很大希望的。

注释

1 **常：**成都本与二老阁本皆作“常”。指海本、番禺本、道光金山钱氏刻本、海山仙馆本亦作“尝”。**孟子：**名轲，字子舆，邹（今山东省邹城市）人，战国时的思想家、政治家、教育家。受业于子思的门人，自称为孔子的私淑弟子。游历齐、宋、滕、魏等诸侯国，一度受到齐宣王的器重，任客卿，但终因政见不合，退而与弟子万章、公孙丑等著书立说，有《孟子》七篇传世。他主张“民为贵，社稷次之，君为轻”，劝告君主实行仁政，保民而王。对于残暴的君主，人民可以推翻他。后世称孟子为“亚圣”。**孟子一治一乱之言：**指孟子的关于历史治乱循环的那些话。比如《孟子·公孙丑下》：“五百年必有王者兴，其间必有名世者。”《孟子·滕文公下》：“天下之生久矣，一治一乱。”

2 **有乱无治：**黄宗羲认为秦朝变封建为郡县以后，君主将天下视为一家一姓的私产，导致天下陷入了争夺皇位的厮杀之中。从秦朝到明朝，天下均处于乱运之中。

3 **胡翰：**字仲申，一字仲子，浙江金华人。入明，除官衢州教授，聘修《元史》。因长居长山之阳，学者称曰长山先生。著有《春秋集义》《胡仲子集》等。

4 **十二运:**此为胡翰提出的关于天下治乱的时运规律的学说。在《胡仲子集·衡运》中,胡翰认为人类历史是十二个阶段的循环,一个阶段就是一"运",并将十二运分为六十四个时代,分别用《周易》六十四卦命名。十二运为天地否泰之运、男女交亲之运、阳晶守政之运、阴毳权衡之运、资育还本之运、造化符天之运、刚中健至之运、群愚位先贤之运、德义顺命之运、惑妒留天之运、寡阳相搏之运、物极元终之运。十二运,上下一万一千七百八十年。

5 **周敬王甲子:**就是周敬王四十三年(前477)。周敬王,姓姬,名匄,东周天子,在位四十四年(前519—前476)。

6 **交入"大壮":**黄宗羲认为从周敬王甲子(前477)到《明夷待访录》成书(1663),再往后二十年(1683),这段时间正合"男女交亲之运"所统年数。大壮为胡翰十二运的第三运"阳晶守政之运"的首卦,预示着治运的开始。大壮,《易》第三十四卦名。乾下震上,阳刚盛长之象。

原文

前年壬寅[1]夏,条具[2]为治大法[3],未卒数章,遇火[4]而止。今年自蓝水[5]返于故居,整理残帙,此卷犹未失落于担头舱底,儿子某某[6]请完之。

译文

去年(1662)夏天,我撰写了几条治国的根本原则,刚写了几章,住所却相继发生火灾,无奈只好辍笔。今年,我从蓝溪返回老宅,整理残存的手稿时,惊喜地发现去年的稿子还在,原以为可能在搬家途中失落了。儿子黄百家知道此稿尚在后,建议我能将它续写完。

注释

1 **壬寅:**指清康熙元年(1662)。

2 **条具:**分条开列,分条陈述。

3 **为治大法:**治理天下的根本原则。

4 **遇火:**指黄宗羲的龙虎山堂和黄竹浦故居相继发生的火灾。《黄梨洲先生年谱》康熙元年壬寅载:"(清康熙元年)二月壬子八日,龙虎山堂灾。五月乙亥三日故居又灾。公诗所云‘半生滨十死，两火际一年’是也。”

5 **蓝水**：亦称蓝溪，即今浙江省余姚市陆埠镇。《蓝溪流翠映陆埠》载，镇旁有洋溪—蓝溪流过，故而得名。上称蓝溪，下称洋溪。

6 **儿子某某**：黄宗羲有三个儿子：黄百药、黄正谊和黄百家。其中黄百家能传其学，所以一般认为此处的“儿子某某”当指黄百家。清翁心存校抄本中“某某”为空格。

原文

冬十月，雨窗削笔[1]，喟然[2]而叹曰：昔王冕[3]仿《周礼》[4]著书一卷，自谓“吾未即死，持此以遇明主，伊、吕事业，不难致也”，终不得少试以死。冕之书未得见，其可致治与否，固未可知。然乱运未终，亦何能为“大壮”之交，吾虽老矣，如箕子之见访[5]，或庶几[6]焉。岂因“夷之初旦，明而未融”[7]，遂秘其言也！癸卯[8]，梨洲老人[9]识。

译文

冬十月的雨天，我在窗前修改原稿，深有感触，不禁慨叹：昔日王冕曾效仿《周礼》写了一部书，自称“我若一时死不掉，倘能遇到明主，按我书中之法去治理国家，成就伊尹、姜太公那样的丰功伟绩，也不是难事”，但是王冕还没有遇到明主就死了。王冕的书我没有见到过，按其书中之法究竟能否治理好天下，也就无从知晓了。现在乱世还未结束，又怎能很快进入“大壮”这一治运呢？我虽年老，遇到箕子那样被明主访问，请教治国之道的机会还是有的。岂能因为未来的治世还不明朗而不敢公开自己的主张呢！癸卯年，梨洲老人识。

注释

1 **削笔**：亦作笔削。古代无纸，书写于竹简木札上，遇到讹误，则以刀削去，并用笔改正之。后世因称修改文字为笔削。

2 **喟然**：叹气的样子。《论语·先进》：“夫子喟然叹曰：‘吾与点也！’”

3 **王冕:**字元章,浙江诸暨人。元代著名画家、诗人、书法家。著有《竹斋集》《墨梅图题诗》等。

4 **《周礼》:**书名。原名《周官》,也称《周官经》。西汉末列为经而属于礼,故有《周礼》之名,分《天官》《地官》《春官》《夏官》《秋官》《冬官》六篇。西汉时,河间献王得《周官》,缺《冬官》,补以《考工记》。但《周官》与周时制度多不合,今文家以为此书是王莽时刘歆伪作。

5 **箕子:**生卒年不详,为商纣的叔父,封国于箕,故称箕子。纣暴虐,箕子谏,不听,乃披发佯狂为奴,为纣所囚。周武王灭商,释箕子之囚,以箕子归镐京。**见访:**见,助动词,表示被动,尊称他人的访问。相传周武王伐纣后,救出箕子并向其求教治国方略。见《尚书·洪范》。

6 **庶几:**或许,也许。

7 **夷之初旦,明而未融:**《左传·昭公五年》:"明夷之谦,明而未融,其当旦乎?"《后汉书·党锢传》:"以为天子当贞观二五,利见大人,不谓夷之初旦,明而未融,虹霓扬辉,弃和取同。"

8 **癸卯:**指清康熙二年(1663)。

9 **梨洲老人:**黄宗羲的号。

原 君

导读

《原君》篇是黄宗羲批判君主专制制度最为激烈，也是最为重要的一篇文章。原，古代议论文体的一种。《原君》就是要探究君主产生的问题。黄宗羲在此篇中提出了“天下为主，君为客”的著名论断。

黄宗羲开篇即提出了自己对人性的看法，他说：“有生之初，人各自私也，人各自利也。”这种提法，显然与我们所熟悉的以往很多思想家的观点有很大的不同。孔子没有直接谈到人性问题，他只说“性相近，习相远也”，这为后世留下了很大的诠释空间。之后，出现了许多种人性论主张，比如孟子的“性善”说，荀子的“性恶”说，墨子的“性自私自利”说，道家的“性自然”说，法家的“性好利”说，告子的“性无善无不善”说，等等。若从儒家占主导地位的人性论观点来看，大概持“性善”说的居多。黄宗羲将人性定位为“自私”“自利”，似乎与墨子的主张极其相似，但他并非提倡“兼爱”，而仍旧以儒家思想为主体。与传统儒家思想所不同的是：黄宗羲的思想跃出了秦汉以来维护君主专制统治的儒家“纲常”的范围，而在义利问题上又表现出对传统儒家的崇义抑利思想的反对。

以“人各自私”“人各自利”的人性论为理论基础，黄宗羲对君主的起源进行了推理。在他看来，只有那些为天下人兴公利、除公害，任劳任怨而又不享其利者，方可胜任君主一职。以这个标准去衡量尧、舜，尧、舜也不适合做君主。由此,他得出结论:好逸恶劳乃人之常情。可见,黄宗羲认为为君是十分困难的,这就为后文批评后世之人为争夺皇位而忘记为君之道,致使民众遭离散、被屠毒的不仁行为埋下了伏笔。

黄宗羲认为后世君主的做法完全颠倒了古之设君的初衷。他认为"古者以天下为主,君为客",而今却成了"君为主,天下为客"。进而,他提出了一个十分大胆的结论:"为天下之大害者,君而已矣。"如果没有君主的话,或许天下人人各得其私,各得其利了。也就是说,天下人的一切痛苦的总根源皆由君主专制统治导致。

黄宗羲批判君主专制的力度是空前的。对设君之意的分析也很有新意。正因为如此,清末革命派与维新派都将此文与《原臣》一道印成宣传小册子,广为散布。

原文

有生之初[1],人各自私也,人各自利也。天下有公利[2]而莫或[3]兴之,有公害而莫或除之。有人者出[4],不以一己之利为利,而使天下受其利,不以一己之害为害,而使天下释其害。此其人[5]之勤劳必千万于天下之人,夫以千万倍之勤劳而己又不享其利,必非天下之人情所欲居[6]也。故古之人君,量而不欲入[7]者,许由、务光是也[8];入

译文

人类产生之初,人人都自私自利。天下的公利公害都无人顾及,没有人去发展公利,也没有人去铲除公害。后来,出现了这样一个人,他不把对自己一个人有利的事情当做好事,而是把对天下人有好处的事情当做好事,努力让天下人都从中受益;不把对自己一个人有害的事情当做坏事,而是把对天下人有害的事情当做坏事,努力使天下人都免受其害。这个致力于为天下人谋公利去公害的人,他的辛苦程度一定是天下人的千万倍。付出如此多的辛苦,而他却享受不到一点好处,这样做一定是不符合人之常情的。所以古代有权衡之后不愿做君主的,比如许由、务光;有做了君主又让出来的,比如

而又去之者，尧、舜是也；初不欲入而不得去者，禹是也。岂古之人有所异哉？好逸恶劳，亦犹夫人之情也。

尧、舜；还有开始就不愿做，做了之后无法退出的，比如禹。难道古人和今人有什么差异吗？没有什么差异，好逸恶劳是人之常情啊。

注释

1 **有生之初**：人类之始。有，发语词。

2 **公利**：指天下人共同的利益，与“公害”相对，

3 **莫或**：没有哪个人。

4 **有人者出**：有一个有公心、能干的人出来。这句话的大意是，有这么一个人出来（为天下人兴公利、除公害），他（或她）不把个人的好处当作私利，而是尽力使天下人都能得到好处；不仅仅把只对自己有害的事才当作祸害，而是尽力去免除那些对天下人不利的种种祸害。

5 **此其人**：指代前文的“有人者”。

6 **居**：处于，位于某种位置。

7 **入**：当指就君位，做国君。

8 **许由、务光**：传说中的上古高士，前人多以许由、务光不愿意做君主为品格极高尚之人。许由，亦作“许繇”。相传尧欲让位给他，他拒不接受，隐居箕山，自耕而食。务光，夏时人。传说商汤要让位给他，他力辞，后负石自沉于蓼水。

原文

后之为人君者[1]不然，以为天下利害之权皆出于我[2]，我以天下之利尽归于己，以天下之害尽归于人，亦无不可。使天下之人不敢自私，不敢自利，以我之

译文

后世做君主的就不同了。他们认为分配天下利害的大权都掌握在自己手中，好处归自己，害处给别人，这也没有什么不可以的。让天下人都不敢有自己的私利，把君主一个人的私利当做天下的公利。一开始这样做时，君主们

大私为天下之公。始而惭焉，久而安焉，视天下为莫大之产业，传之子孙，受享无穷。汉高帝[3]所谓“某业所就，孰与仲多”[4]者，其逐利之情不觉溢之于辞矣。此无他，古者以天下为主，君为客，[5]凡君之所毕世而经营[6]者，为天下也。今也以君为主，天下为客，凡天下之无地而得安宁者，为君也。是以其未得之[7]也，屠毒[8]天下之肝脑，离散天下之子女，以博我一人之产业，曾不惨然！曰“我固为子孙创业也”。其既得之也，敲剥天下之骨髓，离散天下之子女，以奉我一人之淫乐，视为当然，曰“此我产业之花息[9]也”。然则为天下之大害者，君而已矣。向使[10]无君，人各得自私也，人各得自利也。呜呼！岂设君之道固如是乎？

还有点愧疚，时间久了，慢慢地也就心安理得了，于是将天下看作是自己的私人财产，传给子孙，享受无穷无尽的荣华富贵。“我所挣的家业，与二哥比，究竟谁的更多？”汉高祖这句问父亲的话，追逐私利之情溢于言表。这并无其他缘由，只因古时候君主以天下人为主人，自己为客人，君主毕生治理天下，都是为了让天下人享公利免公害。而如今则截然相反，君主视自己为主人，天下人为客人，因为君主这样，普天之下也就没有一处能够得到安宁了。打江山时，他大肆杀戮，导致天下人父母妻子离散，这样做只是为了自己一个人能挣下大产业。对此，他何曾感到过悲惨！还大言不惭地说“我不过是为子孙创业而已”。得到江山后，他又残酷地榨取民脂民膏，导致天下人不得安居，这样做就是为了供自己一个人荒淫享乐，并视之为理所当然，还说什么“这些都是我产业的利息呀”。如此看来，君主就是天下最大的祸根。假使没有君主，人人都还能维护各自的私利。唉！难道设立君主的本意就是这样的吗？

注释

1 **后之为人君者：**指三代以后的人君，本文主要指自秦至明诸朝的皇帝。

2 **我:**后之为人君者的自称。

3 **汉高帝:**指汉高祖刘邦。刘邦(前256—前195),秦朝泗水郡沛县(今江苏沛县)人。汉朝开国皇帝,谥号高皇帝。

4 **某业所就,孰与仲多:**语出《史记·高祖本纪》。某,我也,汉高祖刘邦自称。仲,排行第二。古人以伯仲叔季为兄弟排行之称,这里指刘邦的二哥。

5 **天下为主,君为客:**天下,此指天下之人。"主"有主宰、主人、主要之意,"客"有辅助、宾客、次要之意。

6 **经营:**这里指治理国家。

7 **其未得之:**人君没有得到君位。之,代指君位。

8 **屠毒:**毒害,残害。

9 **花息:**利息。

10 **向使:**假使。

原文

古者天下之人爱戴其君,比之如父,拟之如天,[1]诚不为过也。今也天下之人怨恶其君,视之如寇仇[2],名之为独夫[3],固其所也。而小儒[4]规规[5]焉以君臣之义无所逃于天地之间[6],至桀、纣之暴,犹谓汤、武不当诛之,[7]而妄传伯夷、叔齐[8]无稽之事,乃兆人万姓[9]崩溃之血肉,曾不异夫(首)[腐]鼠[10]。岂天地之大,于兆人万姓之

译文

古时候天下人都爱戴他们的君主,把他比作父亲,拟作上天,着实不算为过。而如今,天下人都怨恨他们的君主,视之如仇敌一般,称其为"独夫",这也在情理之中。而有些鄙陋的小儒,认为君臣关系存在于天地之间,永远也无法逃脱,甚至还说,像夏桀、商纣那样的暴君,商汤、周武王也不应该诛伐他们,妄传伯夷、叔齐谏止武王伐纣那些无从考证的事,还说诛伐导致无数民众的血肉崩溃,这是视民众的生命与腐臭的死鼠没有什么两样。既然天地这样大,难道非要在千千万万的民众之中,只眷顾君主一人一姓吗?所以说周武王是圣人,孟子的话也是圣人的言论。后

中，独私其一人一姓乎？是故武王，圣人也；孟子之言，圣人之言也。[11] 后世之君，欲以如父如天之空名，禁人之窥伺者[12]，皆不便于其言[13]，至废孟子而不立[14]。非导源于小儒乎！

世君主，想凭着如父亲、如上天这类的空名来杜绝别人觊觎自己的君位，认为孟子的有些话对自己保住君位不利，甚至将他的牌位移出孔庙。这些都是因那些鼓吹君臣之义存在于天地之间的鄙陋小儒而导致的啊！

注释

1 **比之如父，拟之如天：**意思是说，古时候的老百姓爱戴他们的君主，像爱自己的父亲、敬畏上苍一样。

2 **寇仇：**贼寇，仇敌。

3 **独夫：**指残害万民、众叛亲离而不被民众拥护的国君。

4 **小儒：**指眼光狭小的愚陋读书人。

5 **规规：**浅陋拘泥貌。也作睍睍。

6 **君臣：**清翁心存校抄本作“君父”。**无所逃于天地之间：**意思是说，（君臣之义）是天经地义的。《二程全书·遗书》：“父子、君臣，天下之定理，无所逃于天地之间。”

7 **至桀、纣之暴，犹谓汤、武不当诛之：**意思是说，即使是桀、纣这样暴虐的君主，汤武也不应当诛伐他们。

8 **伯夷、叔齐：**二人生卒年不详，传说为孤竹君两子。孤竹君欲立叔齐为君，逝世后，叔齐让位给伯夷。伯夷推让说父命难违。但叔齐坚持让位，伯夷于是逃走，后来叔齐也弃君位而逃。后周武王平定殷乱，伯夷、叔齐以归顺周朝为耻，不食周粟，饿死首阳山。

9 **兆人万姓：**千千万万的民众。兆，数词，一百万为一兆。

10 **（首）［腐］鼠：**腐烂的死鼠，比喻轻贱之物。二老阁本、邓先生藏本原作“首鼠”，翁心存校抄本作“鼠首”。本处据番禺本、成都本、海山仙馆本、《梨洲遗著汇刊》本改。

11 **孟子之言，圣人之言也：**这里的圣人之言当指“一夫”之类的话。《孟子·梁惠王下》载，齐宣王问曰：“汤放桀，武王伐纣，有诸？”孟子对曰：

"于传有之。"曰:"臣弑其君,可乎?"曰:"贼仁者谓之贼,贼义者谓之残,残贼之人谓之一夫。闻诛一夫纣矣,未闻弑君也。"

12 **窥伺者:**指觊觎君位,欲取而代之的人。

13 **皆不便于其言:**统治者都感到孟子的话不利于他们的统治。

14 **废孟子而不立:**古代孔庙中除立有孔子外,还立有颜子、子思、曾子、孟子四人,共同加以祭祀。朱元璋读《孟子》,至"草芥""寇仇"等语,"谓非臣子所宜言",想罢其配享,因大臣反对,"孟子配享亦旋复"。后朱元璋两次下诏修订《孟子》,删改其中不利于统治的章节。

原文

虽然[1],使后之为君者果能保此产业,传之无穷,亦无怪乎其私之[2]也。既以产业视之,人之欲得产业,谁不如我?摄缄縢,固扃鐍,[3]一人之智力,不能胜天下欲得之者之众,远者数世,近者及身,其血肉之崩溃,在其子孙矣。昔人愿世世无生帝王家[4],而毅宗[5]之语公主,亦曰:"若何为生我家!"[6]痛哉斯言!回思创业时,其欲得天下之心,有不废然摧阻者乎![7]是故明乎为君之职分,则唐、虞之世[8],人人能让,许

译文

尽管如此,如果后世君主果真能守住自己的产业,永远传给子孙,也不用责怪他将天下当作私有。可是,既然将天下视作产业,那么,人人想得产业的念头,谁不像我一样呢?即便是捆牢箱笼,锁固宫室,严防偷盗,一人一姓的智慧和力量也难以抵挡天下那么多想抢夺它的人。远的也许可传几代,近的就应验在自己身上,争夺君位的血肉崩溃之祸还殃及子孙。过去有人说愿世世代代都不要投生到帝王家,而明毅宗对公主也说"你为什么偏要生在我皇家!"这话是多么地沉痛啊!回想他们祖上创业之时,有志在夺得天下的雄心,(若知道子孙有今日的亡国之命运,)哪能不颓废沮丧呢?所以说,明晓做君主的职责,就能像唐尧、虞舜时代那样,人人都能以天下相让,许由、务光也算不上什么超凡绝俗的人;不明晓做君主的职责,那么市井之间,人人都

由、务光非绝尘[9]也；不明乎为君之职分，则市井之间，人人可欲，许由、务光所以旷后世[10]而不闻也。然君之职分难明，以俄顷淫乐不易无穷之悲，虽愚者亦明之矣。

想争夺君位，这就是类似许由、务光的人为什么后世再也未出现过的原因。虽然君主的职分难以明晓，但不能用片刻的荒淫享乐来换取无穷的悲哀，这是愚蠢之人也能明白的道理啊。

注释

1 **虽然：**即使这样，尽管如此。

2 **私之：**"之" 指帝业、天下，即把天下当成了自己的私有财产。

3 **摄缄縢，固扃鐍：**语出《庄子·胠箧》。摄，收紧。缄，封闭。縢，绳子。扃，门闩。鐍，锁钥。当涂夏燮文江官廨刻本此 "鐍" 作 "钥"。

4 **昔人愿世世无生帝王家：**语出《资治通鉴 · 齐记一》。昔人，指南朝宋顺帝刘准。据载，顺帝升明三年(479)，萧道成迫其下诏禅位，"帝泣而弹指曰：'愿后身世世勿复生天王家！'"

5 **毅宗：**指明朝最后一位皇帝崇祯帝朱由检(1611—1644)，光宗朱常洛第五子，熹宗朱由校之弟。熹宗死后继位。

6 **若何为生我家：**语出《明史 · 公主传》："长平公主，年十六，帝选周显尚主。将婚，以寇警暂停。城陷，帝入寿宁宫，主牵帝衣哭。帝曰：'汝何故生我家！' 以剑挥斫之，断左臂，又斫昭仁公主于昭仁殿。"

7 **"回思" 句：**废然，沮丧失望的样子。这句话的意义是：回想他们祖上创业之时，有志在夺得天下的雄心，(若知道子孙有今日的亡国之命运，)哪能不颓废沮丧呢?

8 **唐、虞之世：**尧、舜统治的时代。

9 **绝尘：**奔走快速，后人无法追及。

10 **旷后世：**旷绝后世，即后世再也没有了。

原 臣

导读

《原君》篇讨论了为君之道，而《原臣》篇则重点讨论了为臣之道。此篇猛烈地批判了“君为臣纲”对为臣之道的严重扭曲，这导致为臣者背离了为臣之道，成了君主压迫民众的帮凶。

后世小儒们所认为的臣应当以“视于无形，听于无声”，或者“杀其身以事其君”的做法，都遭到黄宗羲的否定。在黄宗羲看来，这些做法表现为君尊臣卑，失去了设臣之本意。因为天下是天下人的天下，此天下太大，仅靠一人的力量难以治理好，必须将天下事分配给诸大臣共同承担。从这个意义上说，臣与君只是权位不同，在为天下人服务的职责方面都是一样的，故而二者也应是平等的。黄宗羲认为：“我之出而仕也，为天下，非为君也；为万民，非为一姓也。”从此观点出发，黄宗羲又说，君主非其道，君以形声强我，我也不屈从；即使立身于其朝，我也不答应。只有这样，才算是尽了臣道。然而，在君尊臣卑的君主专制时代，又能有多少君主及大臣能够恪守君臣之道呢？

针对后世不明为臣之道的现象，黄宗羲给予了与世俗观点截然不同的解答，他提出了具有平等意味的“分治之以群工”的思想。他认为：“天下之治乱，不在一姓之兴亡，而在万民之忧乐。”按照这一标准，桀、纣之亡，天下可以称之为治世；秦政、蒙古之兴，天下可以算作为乱世，至于晋、宋、齐、梁的兴亡更替，可以说无关乎天下的兴衰成败。为臣子的如果不顾民众的利益，漠视民众的灾难，即使能够跟随君主治理天下，无论天下是兴还是亡，都是背离臣道的。黄宗羲将君臣共治天下形象地比喻成两个工人共同曳大木，二者必须通力合作，方能曳走大木。任何一个都不得只做旁观者，否则，曳大木的事情就难以完成。

此外，黄宗羲还针对世俗之见，即臣与子并称的看法予以批驳。他一反传统儒家一贯混淆以君臣关系的政治伦理与以父子关系的家庭伦理，而试图将二者严格区别开来。黄宗羲这一区分，可以说是对“君为臣纲”的挑战。他认为君臣关系如同师友关系，这更是对传统君尊臣卑的政治现实的颠覆，严重动摇了“三纲五常”的理论基石。

原文

有人焉，“视于无形，听于无声”[1]，以事其君，可谓之臣乎？曰：否。杀其身[2]以事其君，可谓之臣乎？曰：否。夫视于无形，听于无声，资于事父[3]也；杀其身者，无私之极则[4]也，而犹不足以当之，则臣道如何而后可？曰：缘夫天下之大，非一人之所能治，而分治之以群工。[5]故我之出而仕也，为天下，非为君也；为万民，非为一姓也。吾以天下万民起见，非其道，即君以形声强我，未之敢从也，况于无形无

译文

如果在君主要变脸或说话之前，就能够揣摩迎合他的心思，能够这样侍奉君主的人可以叫作“臣”吗？答案是：不可。如果能牺牲自己的生命来侍奉君主，这样的人可以叫作臣吗？答案是：不可。观察脸色、揣摩心思，这是儿女侍奉父母的态度；愿意牺牲生命，这是无私的最高表现。但用这种态度来侍奉君主还不足以称之为臣，那么，到底怎样做才算叫作臣呢？愚以为：因为天下如此之大，单靠君主一人是难以治理好的，所以必须由百官来共同分担治理天下的重任。因此，人臣之所以出仕为官，为的是天下人，而不是君主一人一姓。人臣从天下万民的利益着想，如果君主不是这样，即使君主严词厉色强迫人臣，人臣也不能遵从，更何况君主还

声乎？非其道，即立身于其朝，未之敢许也，况于杀其身乎？不然，而以君之一身一姓起见，君有无形无声之嗜欲，吾从而视之听之[6]，此宦官宫妾之心也。君为己死而为己亡[7]，吾从而死之亡之，此其私昵者[8]之事也。是乃臣不臣之辨也。

没有表现出辞色呢？如果君主不是为了天下人着想，即使在朝为官，人臣也不敢答应，更何况是献出自己的生命呢？如果不这样想，人臣以君主的一身一姓着想，去揣摩迎合君主那些尚未显露出来的欲望和喜好，这是宦官和宫女的心思。君主为求一己私利死掉，人臣也跟从死掉，这是受君主宠幸之人的分内之事，而不是人臣应做的。这些就是"臣"与"不臣"的区别所在。

注释

1 **视于无形，听于无声：**是侍奉父母亲的礼，语出《礼记·曲礼上》。意思是说，父母的心思尚未表露出来，做子女的就能够体察到父母亲的心思。

2 **杀其身：**语出《论语·卫灵公》："志士仁人，无求生以害仁，有杀身以成仁。"

3 **资于事父：**语出《孝经·士章第五》："资于事父以事母，而爱同。资于事父以事君，而敬同。"资，用。

4 **极则：**最高的准则。

5 **"缘夫"句：**缘，因为。群工，百官。工，指官员。这句话的大意是：因为天下如此之大，单靠君主一人是难以治理好的，所以必须由百官共同来分担治理天下的重任。

6 **吾从而视之听之：**指臣下听任君主满足其无节制的欲望，视而不见，听而不闻。

7 **"君为"句：**此句为晏子的话，语出《左传·襄公二十五年》："君死，安归！君民者，岂以陵民，社稷是主，臣君者，岂为其口实？社稷是养。故君为社稷死，则死之，为社稷亡，则亡之。若为己死而为己亡，非其私昵，谁敢任之？"

8 **私昵者：**指亲幸，宠爱的人。

原文

世之为臣者昧于此义，以谓[1]臣为君而设者也。君分吾以天下而后治之，君授吾以人民而后牧之[2]，视天下人民为人君橐中[3]之私物。今以四方之劳扰，民生之憔悴，足以危吾君也，不得不讲治之牧之之术。苟无系于社稷[4]之存亡，则四方之劳扰，民生之憔悴，虽有诚臣[5]，亦以为纤芥之疾[6]也。夫古之为臣者，于此乎？于彼乎？[7]

译文

世上做人臣的不懂此理，认为臣位就是为君而设。君主把天下分一块地方让其统治，把民众分一部分由其治理，他们把所治理的土地和民众视为君主的私人财产。如今，天下混乱，民生憔悴，足以危及君主的宝座，于是，人臣不得不讲究治理天下、管理百姓的方式方法了。如果这种状况还未威胁到君主的江山社稷，那么，即使是所谓的忠臣，也认为这是无伤大雅的小问题罢了。古代的人臣是专为人君效力呢？还是在为天下人民效力呢？

注释

1 **以谓：**以为、认为之意。指海本作“以为”。

2 **牧之：**治理民众。

3 **橐中：**袋子里。橐，指有底的口袋。

4 **社稷：**社指土地神，稷指五谷神。后来社稷成为国家的代名词。

5 **诚臣：**忠臣。北齐颜之推《颜氏家训·归心》：“诚臣徇主而弃亲，孝子安家而忘国，各有行也。”王利器集解：“诚臣即忠臣，避隋讳改。”

6 **纤芥之疾：**比喻不必在意的小毛病。纤芥，极细微之意。芥，芥菜的种子，颗粒很小。

7 **于此乎？于彼乎：**意思是：（古代的人臣）是专为人君效力呢？还是在为天下人民效力呢？

原文

盖天下之治乱，不在

译文

天下的治乱，不在于某一个君主的兴

一姓之兴亡，而在万民之忧乐。是故桀、纣之亡，乃所以为治也；秦政[1]、蒙古[2]之兴，乃所以为乱也；晋、宋、齐、梁之兴亡，无与于[3]治乱者也。为臣者轻视斯民之水火[4]，即能辅君而兴，从君而亡，其于臣道固未尝不背[5]也。夫治天下犹曳大木然，前者唱邪，后者唱许。[6]君与臣，共曳木之人也。[7]若手不执绋[8]，足不履地，曳木者唯娱笑于曳木者之前[9]，从曳木者以为良，而曳木之职荒矣。

亡，而在于民众的忧乐与否。所以，夏桀、商纣的覆灭，却意味着治世的到来；秦王朝与元朝(蒙古)的兴起，却导致天下大乱；至于晋、宋、齐、梁这些短命王朝的兴废更迭，根本就影响不到天下的治乱。做人臣的如果不把民众的灾难当回事，即使他能辅佐君主使之兴盛，追随君主而一同身亡，也未尝不是对人臣之道的背离。治理天下就好比是共同拖拽大木那样，前呼后应(前头唱“邪”，后头就和“许”)。君主和人臣共同治理天下，就如同一起拖拽大木，如果手上不拿着绳子，脚也不踩稳在地上，只在别的认真曳木之人面前嬉笑娱玩，那些跟着曳木的人还觉得这样很好玩，那么，曳大木的职责就荒废了。

注释

1 **秦政：**指秦王嬴政。

2 **蒙古：**指元朝，这里或许也暗指清朝。

3 **无与于：**不参与，不相干。与，参与。

4 **水火：**指水灾、火灾。俗称水火无情，比喻大的灾难。

5 **背：**当涂夏燮文江官廨刻本作“倍”。

6 **邪、许：**皆为象声词。劳动时，众人一起用力时所发出的号子声。《淮南子·道应训》：“今夫举大木者，前呼邪许，后亦应之。此举重劝力之歌也。”

7 **君与臣，共曳木之人也：**人君和臣子是共同抬大木头的合作伙伴关系。

8 **绋：**指大绳。

9 按：当涂夏燮文江官廨刻本在第二个“曳木者”前有“从”字。

原文

嗟乎！后世骄君自恣，不以天下万民为事。[1]其所求乎草野[2]者，不过欲得奔走服役[3]之人。乃使草野之应于上者[4]，亦不出夫奔走服役，一时免于寒饿，遂感在上之知遇[5]，不复计其礼之备与不备，跻[6]之仆妾之间而以为当然。万历[7]初，神宗之待张居正[8]，其礼稍优，比于古之师傅[9]未能百一[10]。当时论者骇然居正之受，无人臣礼[11]。夫居正之罪，正坐[12]不能以师傅自待，听指使于仆妾[13]。而责之反是[14]，何也？是则耳目浸淫于流俗之所谓臣者以为鹄[15]矣！又岂知臣之与君，名异而实同耶？

译文

哎！后世的君主骄横自恣，不把治理天下和民众当回事。他们从民间选拔人才，只不过是想选拔一些易于驱使效劳的人而已。那些从民间被选拔出来的人，也无外乎是一些供君主差遣效劳之人，俸禄使他们幸免于一时的寒冷、饥饿，于是，他们就对君主的知遇而感恩戴德，不再计较君主对自己是否合乎礼制，跻身于仆隶、宫妾之间而以为理所当然。万历初年，神宗对张居正礼遇稍微有些优厚，这种优待不足古时候天子的师傅所受礼遇的百分之一。当时谈论此事者皆惊骇于张居正所受礼遇已不像人臣的样子了。其实，张居正的罪过恰恰在于他不能以天子的师傅自居，而像仆妾一样听从于太监冯保等的指使。然而，当时指责他的恰恰相反，这是什么缘故呢？这是因为他们听惯了、看惯了世俗所谓的人臣，并把那作为人臣之为人臣的标准！他们又怎能知人臣与君主只不过是称呼有异而实质相同呢？

注释

1 **“后世”句：**自恣，放纵自己，不受约束。这句话的大意是：后世的君主，骄横自恣，不把治理天下和百姓当回事。

2 **草野：**原意指乡野，民间。这里指民间之人，与在朝为官者相对应。

3 **奔走服役：**此指供君主驱使，为君主效劳。

4 **应于上者：**指为君命奔走服役之人。

5 **在上之知遇：**因受到人君的赏识而被提携重用。在上，指在上面的人，即人君。知遇，赏识宠遇。

6 **跻：**登也。跻身，置身。

7 **万历：**明神宗朱翊钧年号(1573—1620)。

8 **张居正：**字叔大，号太岳，明朝江陵(今属湖北)人，明代有名的政治家、改革家，被誉为"宰相之杰"。

9 **师傅：**官职名。古代有太师、太傅、太保、少师、少傅、少保等，统称为师傅。

10 **未能百一：**未能达到百分之一。

11 **人臣礼：**即臣礼，为人臣的礼节。

12 **坐：**介词。因，由于。

13 **听指使于仆妾：**指张居正被太监冯保、李太后指使。据《明史·张居正传》载，张居正当政，多得力于冯保和神宗生母李太后(穆宗贵妃)的帮助。但张居正的政治主张和措施，并非冯保、李太后所"指使"。

14 **责之反是：**是，代词，指代不能以师傅自待，听指使于仆妾。这句话的意思是：人们不责备他不以师傅自待，听指使于仆妾；相反地，人们责备他接受人君应有的礼遇。这是无人臣礼。

15 **浸淫：**浸染、濡染。**流俗：**指流行的习俗，多含贬义。**鹄：**原为鸟名。古人射箭，与幕布中心画鹄为目标，后来引申为箭靶的中心。多喻为目标、标准。这句话的大意是：这就是耳朵听惯了，眼睛看惯了一般习俗所说的臣子，所以把张居正作为攻击的箭靶子。习惯于流俗的臣子的普遍看法是，臣子比人君的地位低，不应该接受人君如此隆重的礼遇。

原文

或曰：臣不与子并称乎？[1]曰：非也。父子一气[2]，子分父之身而为身。

译文

有人会问：臣不是与子并称为"臣子"吗？愚以为，不能这样说。父亲和儿子本来同出一气，儿子的身体是从父亲的身体故孝子虽异身，而能日近其气，久之无不通矣；不孝之子，分身而后，日远日疏，久之而气不相似矣。君臣之名，从天下而有之者也。[3]吾无天下之责，则吾在君为路人[4]。出而仕于君也，不以天下为事，则君之仆妾也；以天下为事，则君之师友也。夫然谓之臣，其名累[5]变，夫父子固不可变者也。

中分出来的。所以孝子的身体虽然不同于其父的身体，当他能够每日与父亲亲近，久而久之，父子间就可气性相通了；不孝顺的儿子分得父亲的身体以后，因与父亲日益疏远，久而久之，两人的气性就不相似了。而君主和人臣的名分则是从共同治理天下而有的。如果人臣没有治理天下的责任，那么，对于君主来说，人臣与君主就是陌路人。人臣到君主那为官，如果不把天下人的事情当回事，那么，人臣就是君主的仆妾；把天下人的事情当回事，那么，人臣就是君主的师友。也就是说，是否叫作“臣”，是根据人臣所从事的事情的变化而变化的，至于父子之间的名义则是永远无法变化的。

注释

1 **臣不与子并称乎**：在流俗的观点看来，人臣也称为“臣子”，所以说“与子并称”。

2 **气**：指人的血气或气性。

3 **君臣之名，从天下而有之者也**：君臣的名称，是从治理天下之后才有的。黄宗羲提出此观点，意在说明，在君臣出来治理天下之前，并没有贵贱之分。

4 **路人**：喻彼此无关的人。

5 **累**：多次，连续。

原 法

导读

《原法》篇主要讨论了治国所应遵循的规则问题。从人性论出发，黄宗羲比较了三代以上之法和三代以下之法。开篇就提出“三代以上有法，三代以下无法”的观点，将三代以下各朝代统治人民的法彻底否定了，可谓语出惊人。为什么呢？

黄宗羲认为，二帝三王统治时期，君主们主要解决了民众的吃、穿、教育等问题，并在此基础上，用伦理规范人们的交往行为，用卒乘之赋保障人们的权利不受侵犯。二帝、三王所设立的法都是从保障民众的利益出发的，没有一毫为自己谋私利。所以说“三代之法，藏天下于天下者也”。此种法，不用担心山泽之利不被自己所取得，也不用担心刑赏之权旁落于他人之手。无论是居于庙堂，还是避处山野，人与人之间都是平等的，无贵贱之分。这样，天下之人，既看不到居上位者有什么爱好，又看不到居下位者有什么厌恶的东西，人们就不会因争夺而导致社会混乱，自然就不需要用法进行治理，这样，法也就自然无须繁密。从这个意义上讲，三代以上的法并不繁密，近乎无法，但因社会秩序良好，人人相安无事，如同有法。

相比之下，黄宗羲认为后之人主，得了天下以后，为了防止天下人觊觎天下，确保江山社稷传之万代，子孙世世代代保有，都制定了一系列的苛法。在黄宗羲看来，这些统治方式，都是从统治者的私利出发的应急之策，根本没有充分考虑民众的利益。所以他认为，“后世之法，藏天下于筐箧者也”。从这个意义上说，后世虽有很多繁密的大法，但并不能用之治理好天下，有法等同于无法。

最后，黄宗羲从“天下为主”的思想出发，批驳了当时流行的关于“法”的错误论调。针对这些“法祖”论，黄宗羲指出，“法祖”论完全为“俗儒之剿说”。“法祖”论的观点也就是一些论者所坚持的“天下之治乱不系于法之存亡”的看法。对此，黄宗羲以秦、元二朝为例，批驳了此说的荒谬。与“法祖”论相类似的还有“有治人，无治法”的论调。“有治人，无治法”最早是由荀子提出的。荀子主张治人贵于治法，国家有治人，即君子来治理就不会出乱。黄宗羲主张“有治法而后有治人”。一反“人治高于法治”的传统，提倡治法先于治人，即良法优先存在。也就是说，要想治理好天下，制定具有公心的能治之法是前提条件。也就是说，要先有良法，然后才需要能治之人。黄宗羲从总体上揭露“今之法令”是为专制帝王服务的本质，否认其为真正的公法，显示了锐利的批判精神。黄宗羲对法的批判是有针对性的。他批判当时所设施的科条出于胥吏之手，认为：“凡今所设施之科条，皆出于吏，是以天下有吏之法，无朝廷之法。”(《明夷待访录·胥吏》)这说明当时的朝廷既缺乏良法，也缺乏良吏。郭齐勇教授在其编著的《中国哲学史》中评价黄宗羲这一观点时说：“这是法制高于人治的思想。在中国传统的人治社会中，这种突出法制的思想是非常可贵的。这也说明，黄宗羲已经看到了人治社会的种种怪圈，只有实行法制，才是走出怪圈的必由之路。”

原文

三代以上有法，三代以下无法。何以言之？二帝[1]、三王[2]知天下之不可无养也，为之授田[3]

译文

三代以上有法，三代以下无法。为什么这么说呢？尧、舜、夏禹、商汤、文王等古代圣王，明晓天下的民众不能没有饭吃，于是，分配土地给他们种植庄稼和桑麻；明晓以耕之;知天下之不可无衣也,为之授地以桑麻[4]之;知天下之不可无教也,为之学校以兴之,为之婚姻之礼[5]以防其淫,为之卒乘之赋[6]以防其乱。此三代以上之法也,固未尝为一己而立也。后之人主,既得天下,唯恐其祚命[7]之不长也,子孙之不能保有也,思患于未然以为之法。然则其所谓法者,一家之法而非天下之法也。是故秦变封建而为郡县[8],以郡县得私于我[9]也;汉建庶孽[10],以其可以藩屏[11]于我也;宋解方镇之兵[12],以方镇之不利于我也。此其法何曾有一毫为天下之心哉,而亦可谓之法乎?

天下的民众不能不教化,于是,开办学校以教化之,制定婚姻之礼以防男女淫乱,征收卒乘赋税以防叛乱。这就是三代以上的法,它并不是为了维护君主一己之私而制定的。后世的君主打下天下后,唯恐皇位不能长久,子孙不能持续继承,于是制定了一些防患于未然的法。然而,他们制定的所谓法,只是君主一家的法,并非天下人的法。所以,秦始皇废除封建制而施行郡县制,是因为郡县制比封建制更有利于维护嬴氏的私利;西汉初年刘氏子孙被封为诸侯王,是因为诸侯王们可以拱卫刘氏天下;宋朝解除方镇的兵权,是因为方镇不利于赵氏江山的稳定。这些所谓的法,何曾有丝毫为天下人着想的呢,而这也叫作法吗?

注释

1 **二帝:**指唐尧、虞舜。

2 **三王:**通常指夏、商、周三代的开国君主,即夏禹、殷汤、周文王。

3 **授田:**古时按户分田的制度。如夏的贡法,殷的助法,周的彻法。田为公有,受田者向国家纳税。年老及身故,还田。唐代亦实行授田法,其制有异前代。

4 **桑麻:**名词作动词用,指栽桑种麻。

5 **婚姻之礼:**是先王为行王道所设的男女娶嫁之礼。

6 **卒乘之赋:**指朝廷向民众征收的用来供养军队的赋税。卒乘,指士兵与战车，后来多泛指军队。

7 **祚命：**上天赐给帝王的福禄，指一姓君主统治天下的时间长短。

8 **秦变封建而为郡县：**古代帝王把爵位、土地分封给诸侯，诸侯在封地内建立邦国，称为封建。周代封建制度趋于完备，诸侯爵位有公、侯、伯、子、男五等，地有百里、七十里、五十里之别。秦初并天下，用廷尉李斯的建议，废止周朝分封子弟同姓的做法，将天下分为三十六郡，郡置守、尉、监。后来增为四十多郡，郡下设县。郡县长官均由朝廷任免，并受朝廷监督。

9 **得私于我：**被我所占有，成为我的私产。

10 **汉建庶孽：**本文指继承君位的嫡长子之外的其余诸王子。汉朝建立以后，鉴于秦朝短祚，采取了封建和郡县相结合的治国方略。在郡县之外，又分封了燕、代、齐、赵、梁、楚、荆、吴、淮南九个同姓诸侯王，希望以此利用亲族关系维护中央权力，结果酿成了"七国之乱"。庶孽，旧时称媵妾之子，或称"庶子"，与嫡相对。嫡出为正支，庶孽为旁支。

11 **藩屏：**原指屏障。这里是捍卫的意思。

12 **方镇：**古代指掌握一方兵权的军事长官，也称藩镇。如晋持节都督、唐节度使之类。北宋建立以后，宋太祖以"杯酒释兵权"的方式，解除了诸方镇节度使的兵权，改用文臣带京官衔外出，掌握地方政权，从而加强了中央集权。**兵：**番禺本、海山仙馆本、当涂夏燮文江官廨刻本作"权"。

原文

三代之法，藏天下于天下[1]者也。山泽之利不必其尽取，刑赏之权[2]不疑其旁落。贵不在朝廷也，贱不在草莽也。[3]在后世方议[4]其法之疏，而天下之人不见上之可欲，不见下之可恶，法愈疏而

译文

三代之法，是把天下当作天下人的天下。君主不会贪婪地攫取山川、湖泽的出产，也不会狐疑刑赏的大权旁落。不以身处朝廷而为贵，也不以生活于乡野而为贱。后世普遍议论三代之法过于空疏，而当时的民众不能从中看到君主的欲求，也看不到民间的人有什么不好。法越空疏，而天下人越不发生叛乱，这就是所谓的无

乱愈不作，所谓无法之法也。后世之法，藏天下于筐箧[5]者也。利不欲其遗于下，福必欲其敛于上；用一人焉则疑其自私，而又用一人以制其私；行一事焉则虑其可欺，而又设一事以防其欺。天下之人共知其筐箧之所在，吾亦鳃鳃然[6]日唯筐箧之是虞[7]，故其法不得不密。法愈密而天下之乱即生于法之中，所谓非法之法也。

法之法。后世之法则非如此，它把天下当作君主一家的私产，如同藏在箱子里一样生怕被窃夺。将天下所有的好处和福分都收归于己，根本不愿分给民众；任用一个臣子，怀疑他可能会谋求私利，于是又任用一个臣子来制约他谋私；施行一个政令，疑虑它是否会滋生欺诈，于是又设置一个政令去防止其滋生欺诈。天下人都知道君主的私产所在，君主也整日忧惧自己的江山被攘夺，所以这种防止天下人攘夺皇位的法不得不更加严密。法越严密越易导致叛乱，这就是所谓的非法之法啊。

注释

1 **藏天下于天下**：语出《庄子·大宗师》。第一个“天下”，指天下之利；第二个“天下”，指天下的人民。这句话的大意是：让天下之利成为天下人的共同利益。

2 **刑赏之权**：惩罚与奖励的大权。

3 **贵不在朝廷也，贱不在草莽也**：不以在朝廷为官为尊贵，也不以在偏僻的乡间为民为低贱。

4 **方议**：普遍议论。方，副词，周遍。

5 **藏天下于筐箧**(qiè)：把天下当作私有财产。筐箧，原指用竹枝等编制的狭长形的箱子，这里指私人收藏财物的地方。

6 **鳃鳃然**：恐惧的样子。

7 **虞**：担心，恐惧。指海本、邓先生藏本、道光金山钱熙祚刻本皆作“虑”。

原文

论者谓一代有一代之法,子孙以法祖为孝[1]。夫非法之法,前王不胜其利欲之私以创之,后王或不胜其利欲之私以坏之。坏之者,固足以害天下,其创之者,亦未始非害天下者也。乃必欲周旋于此胶彼漆之中[2],以博宪章[3]之余名[4],此俗儒之剿说也[5]。

译文

有人认为,一个朝代有一个朝代的法,后之君主以效法祖宗的成法为孝。这些非法之法,原是前王为了满足其无尽的私欲而创制的,其后继者或又因该法不能满足其当下的私欲而又破坏之。破坏前王之法固然会为害天下,创新的法也未必就对天下人有什么好处。一定想拘泥于前王之法,以博得法祖为孝的美名,这只不过是俗儒的人云亦云而已。

注释

1 **子孙以法祖为孝:**子孙后代以效法祖宗的成法为孝。

2 **必欲周旋于此胶彼漆之中:**这句话的大意是说,(后来人)完全陷入了“坏之者”和“创之者”之间的权衡较量中而无法做出选择,不得已而依然以法祖为标准。周旋,应酬,打交道。此胶彼漆,拘泥于已有的成法,不知变通。

3 **宪章:**效法,守其法。《礼记·中庸》:“仲尼祖述尧舜,宪章文武。”

4 **余名:**身后留下的名声。当涂夏燮文江官廨刻本作“虚名”。

5 **俗儒:**指以学习时文而博得功名的人。**剿说:**剽窃别人的言论作为自己的说法。

原文

即论者谓天下之治乱不系于法之存亡。夫古今之变,至秦而一尽,[1]至元而又一尽[2]。经此二尽之

译文

又有人说,天下治乱与否,无关于法的存亡。法的古今变化有两次,即到秦代是一次巨大的变化,到元代又发生了一次巨大的变化。经过这两次巨大的变

后，古圣王之所恻隐爱人而经营者，荡然无具[3]。苟非为之远思深览，一一通变[4]，以复井田[5]、封建、学校、卒乘之旧，虽小小更革，生民[6]之戚戚[7]终无已时也。

化，古圣王据其恻隐爱人之心而实行的为天下人兴公利、除公害之法已彻底破坏了。如果不为之深谋远虑，采取因时因地制宜的变通方式，以恢复井田、封建、学校、卒乘的旧制，若只是小小的更改或革新，则往往收效甚微，而民众的忧伤困苦永没有结束之时。

注释

1 **古今之变，至秦而一尽：**古今法的变化，在秦朝有一次巨大的变迁。此种变迁主要指秦始皇变封建为郡县。

2 **至元而又一尽：**古今法的变化，在元朝又有一次巨大的变迁。这次变迁主要是指忽必烈统一全国以后，改变了以往的一些统治制度，建立起包括行省在内的各项对汉族民众更为苛刻的新制度。

3 **荡然无具：**彻底地遭到了破坏。荡然，完全破坏。无具，完全没有。邓先生藏本作"荡然无异"。

4 **通变：**犹变通。不拘常规，适时变动。

5 **井田：**即井田制，相传是殷周时期施行的一种土地制度。古代土地国家公有，由国家将每方里土地按"井"字形划成九区，每区百亩，分配给农民耕种，中间一区为公田，其他八区为私田，分给八家。公田由八家共同耕种，全部收成缴给统治者。成年男子授田，老死还田。

6 **生民：**指人民。

7 **戚戚：**忧惧、忧伤的样子。

原文

即论者谓："有治人，无治法。"[1]吾以谓有治法而后有治人。自非法之法桎梏[2]天下人之手

译文

这就是有人认为的："总有善于治理天下的人，没有总能奏效的法律。"我以为要先有治理好天下的良法，然后才是善于治理天下的人。自从非法之法束缚

足，即有能治之人，终不胜其牵挽嫌疑之顾盼[3]，有所设施[4]，亦就其分之所得[5]，安于苟简[6]，而不能有度外[7]之功名。使先王之法而在，莫不有法外之意[8]存乎其间。其人是也，则可以无不行之意；其人非也，亦不至深刻[9]罗网[10]，(文)［反］[11]害天下。故曰：有治法而后有治人。

了天下人的手脚，即使有善治之人，最终也不能摆脱只为维护一家一姓江山之稳固，而不为天下人着想的非法之法的束缚，疑虑重重，即使有人臣有所作为，也不过是其谨守职分而为，安于苟且简略，而不能建立超凡之功业。倘若先王之法还在的话，那么，在法之外还存有为天下人兴公利、除公害之意于其中。如果是一个坚守臣道的人执行此法，那么他就可以自由施展其治理天下的才能；反之，即使是一个庸臣，他也不至于生搬硬套地执行法，刑罚严厉苛刻，反而为害天下。所以说：先要有良好的治法，然后才会产生善于治理的人。

注释

1 语出《荀子·君道》。"论者"是否指荀子，尚有争议。

2 **桎梏**：脚镣手铐，古代用来拘系罪人手足的刑具。这里名词作动词用，束缚。

3 **牵挽嫌疑**：由于相互掣肘牵制而产生猜疑。主要指人主对人臣的不信任和猜度。**顾盼**：原指向两旁或周围看来看去，盖心中有疑虑，不敢轻易做事。本文指被人左右。

4 **设施**：安排布置，行事。

5 **就**：迁就，依从。此处作"按照"解。**分**：本分。指海本作"外"。

6 **苟简**：苟且简略。

7 **度外**：法度之外。指不按常法或不遵常礼。

8 **法外之意**：法中所蕴含的言外之意。这里指古圣王的恻隐爱人的精神。

9 **深刻**：严峻刻薄。本文指刑罚严厉苛刻。

10 **罗网**：原指捕鸟的工具。后以喻法网、世网、名利网等。本文指法网。

11 二老阁本、邓先生藏本、道光金山钱熙祚刻本、成都本、指海本均作“文”。本处番禺本、海山仙馆本改。

置　相

导读

如果说《原君》《原臣》《原法》是从政治哲学的角度探讨了君、臣、法的本意的话，那么，接下来的内容都是黄宗羲对具体政治问题而进行的政治制度设计。

在政治机构中，除了君主外，职位最高的就要属宰相（亦称丞相）了。历朝都非常注重宰相的任用，一些贤明的君主对宰相往往是尊敬有加。在明朝以前，宰相作为最高的行政长官，其职权仅次于皇帝，可以说是“一人之下，万人之上”。由于宰相掌握重权，而皇帝担心自己的权力旁落，于是在宰相与皇帝之间就存在着权力的相互制衡问题，这种相互制衡导致宰相的地位不断发生变化。现代学者陈登原在《国史旧闻》中简明地描述了宰相在君主专制时代日趋卑下的状况。他说：“宰相有座无座，固已见唐宋政制之异。盖君主专制之局，秦固为一局面，宋亦为一局面。但在宋时，尚有圣旨、钧旨之似，不比明清，五跪九叩，臣更低低于下，君更高高于上也。”宰相的地位与君主的地位变化成反比，宰相日益卑微，君主日益尊贵。到明代，君臣之间的关系变得越来越糟糕了。从理论上讲，宰相是帮助皇帝治理天下的，相权维护皇权，是皇权的一种延伸。朱元璋当了皇帝以后，他与宰相之间的权力斗争日益白热化，直至变得越来越紧张。最终，以胡惟庸被废而宣告相权的彻底失败。洪武二十八年(1395)，为保护朱家天下的大权不致旁落到外人手中,朱元璋立下政治遗嘱说:“朕罢丞相,设府、部、都察院分理庶政,事权归于朝廷,嗣君不许复立丞相,臣下敢以请者置重典。”胡惟庸被废也说明了相权最终被君权所剥夺,皇权吞并了相权,君主专制的中央集权发展到极致状态。朱元璋罢相造成明朝前期的有为君主独断专行,而明中后期,君主无能,皇权操纵于太监手中,致使明朝逐渐孱弱,最终被清朝所取代。

黄宗羲怀着满腔的忧愤,发出了“有明之无善治,自高皇帝罢丞相始也”的感叹。在黄宗羲看来,宰相被废有如下之弊端:首先,皇权过重,易于导致君主滥用刑罚,君臣关系畸形。他认为内阁大学士根本不能等同于宰相,而没有宰相之后的朝廷实权则掌握在太监手中。其次,群臣无首,朋党滋生。宰相本为群臣之首,一旦被罢,群臣为争夺权力,会出现不同的利益集团,相互倾轧、钩心斗角的朋党之争难以避免。再次,宰相被废,若君主不贤,“尚赖宰相传贤,足相补救”的可能性没有了。

《置相》篇最大的特色就是黄宗羲不再把“正德”作为最主要的价值加以提倡,而更加重视“立制”。他已经不再把灾异儆戒、“格君心之非”作为前提,甚至不再像以前的儒家高唱道德理想主义,而将“立制”作为最主要的任务。黄宗羲的“立制”以“天下为主”为出发点,设计了一套以权力制约权力的做法。这种做法直接挑战君权的至高无上性与权威性。黄宗羲构想了具有近代议会制特征的,由天子参与,宰相和众官员一起对国家大事进行决策的“议事”制度。这种“议事”制度,因其具有禅让和世袭相混合的特征,它一方面可以体现精英式的民主,充分发挥宰相的治理国家的才能,行使其行政决策权力;另一方面,也能起到维护君权的作用,使君主大权不至于旁落,避免由宫奴代替阁员行使权力的弊端。

黄宗羲猛烈批判君主专制制度,但并没有根本否定君主制度。固然这种制度存在很多弊端,但在黄宗羲生活的那个时代,他还难以提出其他的统治模式。针对此种状况,他只能寻找尽量保证这种制度更趋合理的统治形式。理想的政治统治，应该是君主与宰相都很贤德，但现实并非如此。在“家天下”的君主统治之下，皇权维护“家天下”的局面总是难以改变。鉴于皇权难以改变的现实，黄宗羲认为只能改变相权了。通过不断更换宰相，这个群臣的最高长官方能始终保持贤德。只有这样，在君主不贤德的情况下，贤德的宰相多少能够补救这个不足。

原文

有明之无善治[1]，自高皇帝罢丞相始也[2]。

原夫作君之意[3]，所以治天下也。天下不能一人而治，则设官以治之。是官者，分身之君也。[4]孟子曰：“天子一位，公一位，侯一位，伯一位，子男同一位，凡五等。君一位，卿一位，大夫一位，上士一位，中士一位，下士一位，凡六等。”[5]盖自外而言之[6]，天子之去公，犹公、侯、伯、子、男之递相去；自内而言之，君之去卿，犹卿、大夫、士之递相去。非独至于天子遂截然无等级也。昔者伊尹[7]、周公[8]之摄政[9]，以宰相而摄天子，亦不殊于大夫之

译文

明朝纲纪的窳败，是从太祖朱元璋废除丞相一职开始的。

设置君主的本意就是为了治理天下。天下不能只由君主一个人治理，因而又设置官员来共同治理。官员的职责，就是分担君主的部分职责。孟子说：“天子一位，公一位，侯一位，伯一位，子男同一位，这是天下五等班爵之制。君一位，卿一位，大夫一位，上士一位，中士一位，下士一位，这是诸侯国六等班爵之制。”从整个天下而言，天子和公的关系，如同公、侯、伯、子、男之间职位依次递减的关系；从各个诸侯国之内而言，君与卿的关系如同卿、大夫、士之间职位依次递减的关系。并非单单到了天子这一级，就完全没有等级之分了。以前，伊尹、周公代管国政时，他们以宰相的身份代理天子的职权，与以大夫的身份行卿的职权、士的身份行大夫的职权也没有什么区别。

摄卿,士之摄大夫耳。后世君骄臣谄,天子之位始不列于卿、大夫、士之间,而小儒遂河汉[10]其摄位之事,以至君崩[11]子立,忘哭泣衰绖之哀[12],讲礼乐征伐[13]之治,君臣之义未必全,父子之恩已先绝矣。不幸国无(君长)[长君][14],委之母后[15],为宰相者,方避嫌而处,使其决裂败坏,贻笑千古,无乃[16]视天子之位过高所致乎?

后世的君主骄横,人臣谄媚,天子的职位开始不与卿、大夫、士的职位同列,而一些鄙陋的读书人觉得伊尹、周公代理天子之事是荒诞虚无的,以至于君主驾崩以后,其子立即登基,完全把丧父之哀痛置之脑后,徒讲礼乐征伐之类的国家大事,导致君臣之义未必得以保全,而父子之恩情已先断绝了。更不幸的是,刚即位的国君尚未成年,无法亲理朝政,只好将治国大权委任于皇太后,而做宰相的要避擅权之嫌,宁愿听任朝政决裂败坏,让千秋万代的人耻笑,也不愿担负处理国政的重任,这岂不是将天子之位看得过高所导致的吗?

注释

1 **善治:**国家治理得很好。

2 **高皇帝:**指明太祖朱元璋(1328—1398),濠州钟离(今安徽凤阳东北)人,幼名重八,参加元末农民起义军后改名元璋,字国瑞,明朝开国皇帝(1368年至1398年在位),谥号高皇帝,庙号太祖。**罢丞相:**明朝建国之初,官制承袭元代的旧制,设左、右丞相。后因左丞相胡惟庸谋反,洪武十三年(1380),朱元璋下诏废除丞相;十五年(1382)设殿阁大学士,在皇帝左右备顾问;二十八年(1395)朱元璋谕告群臣,不许复立丞相。

3 **作君之意:**设立君主的本意。语出《尚书·泰誓》:"天佑下民,作之君,作之师,惟其克相上帝,宠绥四方。"

4 **是官者,分君之身也:**这句话的意思是说,这个官的职责是从人君的职责中分出来的。是,代词,这个。

5 语出《孟子·万章下》。公、侯、伯、子、男是周王朝爵位的等级;君、卿、大夫、上士、中士、下士六等是诸侯各国爵位的等级。

6 **自外而言之:**是针对天子而言的,指朝廷之外。与下文的“自内而言之”,即就诸侯国而言相对,“内”指朝廷之内。

7 **伊尹:**商之贤相。

8 **周公:**即周公旦,周文王之子,武王之弟,曾协助武王伐纣而取得天下。

9 **摄政:**代君主处理国政。摄,代理。

10 **河汉:**本指银河,比喻夸诞迂阔、不着边际的言论。此处的意思是,小儒们把伊尹、周公摄政的事,说成是虚无缥缈的事。语出《庄子·逍遥游》。

11 **君崩:**天子死之称。《礼记·曲礼下》:“天子死曰崩,诸侯曰薨,大夫曰卒,士曰不禄,庶人曰死。”

12 **哭泣衰绖之哀:**父母死后,子女守丧之礼。衰绖,丧服。古人于丧服左胸前缀麻布,名衰,亦作“缞”。故此服为衰。围在头上和腰间的麻绳名绖。衰绖是丧服主要标志,故以此代指守丧之礼。

13 **礼乐征伐:**制作礼乐,出兵打仗。代指国家大事。

14 (**君长**)[**长君**]:指已经成年可以亲理政事的国君。二老阁本作“君长”。今据邓先生藏本、钱熙祚刻本、番禺本、成都本、海山仙馆本、《梨洲遗著汇刊》本改。

15 **委之母后:**委托国家政权给皇太后。

16 **无乃:**莫非,岂不是。表示委婉语气。

原文

古者君之待臣也,臣拜,君必答拜[1]。秦、汉以后,废而不讲。然丞相进,天子御座为起,在舆为下。[2]宰相既罢,天子更无与为礼者矣[3],遂谓百官之设所以事我[4]。能事我者,

译文

古代君主对待人臣的礼节是:臣拜君,君必须回拜臣。秦汉以后,这种礼节被废除而不提了。即使如此,当丞相朝见天子时,若天子坐在御座上,就要起身迎之;若天子坐在龙辇里,就要下辇迎之。自我朝太祖废宰相后,天子就更加不受什么礼法制约了,所以天子认为这些百官的设置就是用来服侍我的。能服侍我的,就以礼相待;不能服侍我的,就疏

我贤之；不能事我者，我否之。设官之意[5]既讹，尚能得作君之意乎？古者不传子而传贤[6]，其视天子之位去留犹夫[7]宰相也。其后天子传子，宰相不传子。天子之子不皆贤，尚赖宰相传贤，足相补救，则天子亦不失传贤之意[8]。宰相既罢，天子之子一不贤，更无与为贤者[9]矣，不亦并传子之意而失者乎？

远他。设官的本意既已被误解，哪能正确地理解设君的本意呢？古时圣王不传位给儿子，而禅让给贤德之人，这些圣王把天子之位的去留看作如同宰相之位的去留。后来，天子世袭，宰相不世袭。天子的继承人未必都贤德，还可以依靠宰相传贤的方式来补救，那么，天子也还算不失传贤的意愿。然而，宰相废除后，我朝天子的继承人一旦不贤德，那就再也没有贤德之人加以补救了。如此一来，这不就连传位于儿子的本意也荡然无存了吗？

注释

1 **答拜：**回拜。

2 **御座：**天子宝座。**舆：**原指车子，此指皇帝的龙辇。指天子起座下车迎丞相。

3 **宰相既罢，天子更无与为礼者矣：**这句话的意思是说，废除宰相一职后，再无与天子相互行礼的人了，亦即只有人臣向人君行礼而人君不用还礼了。

4 **所以事我：**使百官为我做事。

5 **设官之意：**设置官吏的本意。与“作君之意”类似。

6 **古者不传子而传贤：**指上古三代的禅让制。

7 **犹：**相似，相同。**夫：**语气词，无意义。

8 **则天子亦不失传贤之意：**这句话的意思是：天子也未失去将王位传给贤德之人的意愿。

9 **为贤者：**做贤德的人。

原文

或谓后之入阁办事[1]，无宰相之名，有宰相之实[2]也。曰：不然。入阁办事者，职在批答[3]，犹开府之书记也[4]。其事既轻，而批答之意，又必自内授之而后拟之[5]，可谓有其实乎？吾以谓有宰相之实者，今之宫奴也。[6]盖大权不能无所寄，彼宫奴者，见宰相之政事坠地不收[7]，从而设为科条[8]，增其职掌[9]，生杀予夺[10]出自宰相者，次第而尽归焉。有明之阁下[11]，贤者贷其残膏剩馥[12]，不贤者假其喜笑怒骂[13]。道路传之[14]，国史[15]书之，则以为其人之相业[16]矣。故使宫奴有宰相之实者，则罢丞相之过也。阁下之贤者，尽其能事，则曰法祖，亦非为祖宗之必足法也。其事位既轻，不得不假祖宗以压后王，以塞宫奴。祖宗之所行未必皆当，宫奴之黠者又复条举[17]其

译文

有人说，罢相后在内阁制中办事的大学士们，虽无宰相之官名，却有宰相之实权。我看不然。入阁办事的大学士们，其职责仅在于撰拟章奏的批复，犹如官署中担任抄写的书记官。他们的事权并不十分重要，而所撰拟的批复的意思又必定出自内府授意，然后再拟定，这可以说有宰相之实权吗？我以为拥有宰相实权的就是当时的宦官。罢相后，原属于宰相的大权不能没有人行使，那些宦官窥见这些大权暂没有人接管，于是，趁机设定各种掣肘的办法制度，来增加他们的职权，尤其是那些应由宰相掌握的生杀予夺的大权，逐渐被他们窃夺。明朝内阁大学士中，贤德的还保留点古代宰相的遗风，能从宦官手中据理力争点微不足道的权力，不良者凭借其嬉笑怒骂而博得一些美誉。他们的事迹民间传颂，国史载之，人们还以为他们是在行使相权，辅佐天子呢。所以说，宦官拥有宰相的实权，的确是废除丞相所造成的大错啊。贤德的阁臣是那些在尽其职权时就说“法祖”的，他们这样说，并不是因为祖宗之法足以效法。因为其事权职位已很轻，不得不假借祖法的名义以压制后之君主，堵住宦官之口。祖宗所施行的法未必都十分允当，宦官当中那

疵行，亦曰法祖，而法祖之论荒矣。使宰相不罢，自得以古圣哲王之行摩切[18]其主，其主亦有所畏而不敢不从也。

些狡黠者又多次举出阁臣们的种种劣行败政，也称之为法祖，至此，法祖之论彻底失去了效用。假使宰相不被废除，宰相就可以用古代圣王的言行事迹来对君主进行规劝，君主也就有所敬畏而不敢不从了。

注释

1 **入阁办事：**指担任殿阁大学士。阁，古代朝廷设置的中央官署名。明朝时设有中极殿、建极殿、文华殿、武英殿、文渊阁和东阁。

2 **无宰相之名，有宰相之实：**指明太祖洪武年间，初设殿阁大学士，仅在皇帝身边备顾问，品级为正五品。成祖即位，以翰林院编修、检讨、讲读等官，入阁参预机务。仁宗、宣宗两朝以后，殿阁权位渐高。嘉靖以后，大学士朝位班次，在六部尚书之上，被世人看作是真宰相。

3 **批答：**君主批示答复百官章奏的文辞。

4 **开府：**原指成立府署，自选僚属。**书记：**旧时指从事公文、书信工作的人。也专指担任抄写工作的人员。

5 **自内授之而后拟之：**指皇帝口传谕旨，由司礼监太监笔录，交殿阁大学士拟稿。第一个“之”，代指开府；第二个“之”，代指批答的文字。

6 **吾以谓有宰相之实者，今之宫奴也：**这句话的大意是：我认为真正有宰相实权的，是当今的宦官。宫奴，指宦官。其本职工作是在宫中供奔走服役，故称宫奴。

7 **坐地不收：**比喻宰相不能掌管政事之权。

8 **科条：**法令条文、章程。这里指宦官们为揽权而故意使用的掣肘的办法。

9 **增其职掌：**增加他们的职权。其，代指宫奴。职掌，职务、职权。

10 **生杀予夺：**指生死赏罚之权。

11 **阁下：**对入阁参预国家政务的人的称呼，即殿阁大学士。

12 **贷：**原指借债，这里引申为保留着。**其：**代指宫奴。**残膏剩馥：**亦作“残膏賸馥”，犹余泽，剩余的美好事物。残，剩余。膏，油脂。馥，香气。

13 **假其喜笑怒骂：**意为才思敏捷，不拘题材形式，都能任意发挥，写成好文章。假，假借，凭借。喜笑怒骂，即“嬉笑怒骂”。

14 **道路传之**：本文指在民间传播。

15 **国史**：国家的史官。

16 **相业**：辅佐大业。

17 **条举**：逐条举出。

18 **摩切**：规劝、勉励。

原文

宰相一人，参知政事[1]无常员。每日便殿[2]议政，天子南面[3]，宰相、六卿[4]、谏官东西面以次坐，其执事皆用士人[5]。凡章奏[6]进呈，六科给事中[7]主之，给事中以白宰相，宰相以白天子。同议可否，天子批红[8]。天子不能尽，则宰相批之，下六部施行[9]。更不用呈之御前，转发阁中票拟[10]，阁中又缴之御前，而后下该衙门，如故事[11]往返，使大权自宫奴出也。

译文

为此，应当设宰相一名，参知政事若干名，不必定额。每天在便殿共商国是时，天子面南而坐，宰相、六卿、谏官东西两侧依次而坐，执事都用士人充当。所有进呈给皇帝的奏章奏本，都由六科给事中负责，给事中阅后禀告宰相，再由宰相禀告天子。天子和宰相共同商议是否准奏，并由天子批红。天子用朱笔批阅奏章数本，其余的由宰相批阅，然后下发六部施行。更不用先呈到皇帝御前，再转至内阁学士进行预拟批答，然后又呈到皇帝御前准奏，最后才下发给所递章奏的衙门施行。按这种惯例行事，长此以往，大权就旁落到宦官手里了。

注释

1 **参知政事**：官名，简称“参政”，这里指宰相的副职。

2 **便殿**：别殿，古时皇帝休息宴饮的宫殿。

3 **南面**：古代以坐北朝南为尊位，故天子或诸侯见群臣，卿大夫见僚属，皆南面而坐。

4 **六卿:**《周礼》将执政大臣分为六官,亦称六卿。这里指吏、户、礼、兵、刑、工六部的长官。

5 **执事皆用士人:**这句话的意思:不要任用宦官做侍从,而要用士人做侍从。执事,指在左右侍奉的人。士人,指读书人,也是对中国古代官僚知识分子的统称。

6 **章奏:**臣下进呈皇帝的奏章奏本。

7 **六科给事中:**官名。明初,承前代制度,统设给事中,不分科,洪武六年(1373)分吏、户、礼、兵、刑、工六科,各设都给事中一人,正七品,左右给事中与给事中,均从七品,掌侍从、规谏、补阙、拾遗,辅助皇帝处理奏章,稽察六部事务。

8 **批红:**明制,群臣奏进文书,由皇帝亲批数本,其余由司礼监太监按阁票所拟字样照录或奉旨更改,用朱笔批之,称"批红"。

9 **下:**指公文书向次级机构传达。**六部:**隋唐以后,中央行政机构中吏、户、礼、兵、刑、工各部的总称。

10 **票拟:**明清两代,百官章奏先送达内阁,由内阁大学士预拟批答之词,书写在票签上,再呈君主定夺,谓之票拟。皇帝核准后,由司礼监太监承旨用红笔批复。

11 **故事:**旧例,旧日的典章制度。这里指明朝的惯例。

原文

宰相设政事堂[1],使新进士[2]主之,或用待诏[3]者。唐张说[4]为相,列五房[5]于政事堂之后:一曰吏房,二曰枢机房,三曰兵房,四曰户房,五曰刑礼房,分曹[6]以主众务,此其例也。四方上书言利弊者及待诏之人皆集焉,凡事无不得达。

译文

宰相开设政事堂,由新科进士主持,或者用翰林院待诏担任。唐朝张说做宰相时,在政事堂的后面分列五房:一是吏房,二是枢机房,三是兵房,四是户房,五是刑礼房,这五房各司其职,共同处理政务,这就是宰相治理天下的一个典型例子。天下上书指陈利弊的人以及待诏之人皆聚集于此堂,则无事不得以上达。

注释

1 **政事堂**:唐、宋时宰相处理政务的地方。

2 **进士**:本意为贡举的人才。始见于《礼记·王制》。唐代科目中有进士科、明经科。历代相沿,以进士为入仕资格的首选。明清时期会试考中者,经殿试后赐进士及第、进士出身、同进士出身者,皆称为“进士”。

3 **待诏**:官名,指已经决定任用而尚未派定官职,正在等待诏令的人。明清于翰林院中仍置有待诏,但地位低微。

4 **张说**:字道济,一字说之。历任凤阁舍人、兵部侍郎同中书门下章事、左丞相等官职,封燕国公。有《张燕公集》。

5 **房**:古代官署单位名。

6 **曹**:分职治事的官署或部门。西汉置尚书五人,其一为仆射,其余四人分为四曹。

学　校

导读

以传授知识、研究专门学问为主要内容的现代意义上的学校，在其雏形期分为官学和私学两类。商周时代，我国尚未有现代学校的雏形。大约在西周时期，中国社会开始形成了类似于现代学校的国学和乡学的教育体系。春秋之后，私学兴起。为了培养大批具有仁政思想的政治人才，孔子就开办了私学。当时，没有留下论及学校职能的相关文字，也没有一个经常的固定的教育机构。对学校制度及职能有比较清晰认识并将其记载下来的是孟子。孟子认为学校作为一种教育机构，它的基本职能就是"明人伦"。

西汉兴办太学，隋唐创制科举，学校作为一个培养士人的机构渐被确定下来，学校的基本功能已由先秦时期的"明人伦"而转变为"养士"。降至明朝，由于科举盛行，学校"养士"的职能已名存实亡。明朝中后期，学校所培养的士人只是把举业作为起家的一种手段而已，多是为朝廷奔走服役之人，当时学校"养士"职能已消失殆尽。明朝末年，学校所养之士的学识更是令人堪忧。当时学风浮躁，不务实用。应试者读书之少、范围之窄、模仿习气之顽固令人咋舌。黄宗羲痛心地指出："所谓学校者，科举嚣争，富贵熏心，亦遂以朝廷之势利一变其本领。"这样的学校完全成了名利角逐场和朝廷培养忠实奴仆的基地。

黄宗羲有感于此，认为学校不仅不能养士，还害士。从"天下为主"

思想出发,他提出学校还应具有“治天下之具”的重要功能,只有这样,“设学校之意始备”。也就是说,学校之精神或职能的真正要义在于提高士人的“治天下”能力。只有兼顾“养士”和“治天下之具”两种职能,方可恢复学校真精神。黄宗羲对学校职能的新认识已经超出了学校作为“明人伦”或“养士”场所的传统观念。

黄宗羲在总结清议传统的同时,还从以东林书院为中心的士人议政中得到了启发。基于对传统清议的理解和对东林党人议政活动的深刻体会,黄宗羲对三代以上和三代以下的学校进行了比较,进而提出了“公其非是于学校”的新构想。在黄宗羲的思想中,书院应隶属于学校。私办的书院通过官方化的形式,继续发挥议政职能,而并不因官方化而丧失作用,同时使其他学校机构亦受其影响,将“科举嚣争”的地方变为清议的场所。换言之,在黄宗羲看来,清议,即议政监督政府,才是学校主要的、真正的职能。君和臣都是为民服务的,而国家的决策权操纵在士人的手中,“公其非是于学校”就是把国家大是大非的决定权交由学校士人并由他们公议来解决。

学校议政的设想就是要打破国家重大政务由君主钦定的状况,黄宗羲以“颠倒千万世之是非”的勇气大胆地提出了“天子之所是未必是,天子之所非未必非”的主张,含有政治自主意识增强的意味。若学校真正能发挥其应有的作用,下一步必然是把对政治的关心从学校扩及整个社会。其最终结果势必推动全社会民主意识的增强。黄宗羲这一政治思想中蕴涵着扩大参与政策决策范围的倾向,这是对传统政治严格控制思想的大胆挑战,它试图在专制壁垒上打开一个缺口。从这个意义上说,黄宗羲政治思想具有近代民主的启蒙意义。

当然,黄宗羲的关于学校议政的思想中隐含着理想化的成分。他大概是希望士人们能够以天下为己任,秉持“天下为公”的道统,制衡旨在维护一家一姓之私的治统。一旦君主(或统治者)能够自觉地采用民主方式行政,则清议自熄。这种以权力制衡权力的设想具有了近代政治的某些特征,与传统的用道德力量来规范权力的做法显然不同。黄宗羲对学校议政的构想,在某种意义上讲,是对传统中国以皇帝为中心的行政组织兼任着价值的物质承担者的颠覆。换句话说,它打破了最高统治者的价值承担的传统,取消了他们的权威性,也就是说打破了"政教合一"的模式。政教开始发生偏离,这不能不说是黄宗羲的伟大洞见。从某种意义上说,黄宗羲的学校议政已经向近代迈进了一大步。

原文

学校,所以养士[1]也。然古之圣王,其意不仅此也,必使治天下之具[2]皆出于学校,而后设学校之意始备。非谓班朝[3],布令[4],养老[5],恤孤[6],讯馘[7],大师旅[8]则会将士,大狱讼[9]则期吏民[10],大祭祀则享始祖[11],行之自辟雍[12]也。盖使朝廷之上,闾阎[13]之细,渐摩濡染[14],莫不有诗书宽大之气。天子之所是未必是,天子之所非未必非,天子亦遂不敢自为非是,而公其非是于学校。是故养士为学校之一事,而学校不仅为养士而设也。

译文

学校是用来培养士人的地方。不过古时的圣王设立学校的本意并不仅如此,而是还要使治理天下的手段都出自学校,如此,设立学校的本意才算完备。这并不是指班朝、布令、养老、恤孤、讯馘以及出兵征伐前检阅将士,审理重要案件时召集官吏和民众,祭祀始祖等祭祀活动,这些重大事情都要在辟雍举行。这样做是为了使上至朝廷,下至民间,都能经过仪式和问学等活动的耳濡目染,相摩相荡,无不形成一种诗书宽大之气。天子认可的未必对,天子否定的未必错,于是,天子也就不敢自以为是,而只得把判别是非的任务交由学校士人公议。所以培养士人固然是学校的职责之一,而学校(还有公议的职责,)不仅仅是为了培养士人而设置的。

注释

1 **养士:**培养读书人,培养人才。

2 **治天下之具:**指治理国家的才能或才具。具,才能、才具。

3 **班朝:**正朝仪位次。

4 **布令:**颁布政令;发布命令。

5 **养老:**古礼。对老而贤者按时享以酒食,以示尊敬。

6 **恤孤:**存恤孤弱的人。

7 **讯馘:**指古代战争中的俘虏和已毙之敌。讯,鞫讯所获生俘;馘,割取死敌左耳以计功。

8 **师旅:**师、旅为古代军队编制。《诗经·小雅·黍苗》:"我徒我御,我师我旅。"郑玄笺:"五百人为旅,五旅为师。"后用以指军队。这里指战事。

9 **大狱讼:**道光金山钱熙祚刻本、指海本均作"有大狱讼"。狱讼,讼事、讼案。

10 **期吏民:**会合官吏、民众。

11 **享始祖:**祭献最早的祖先。享,祭献,上供。始祖,最早的祖先。

12 **辟雍:**周代称太学为"辟雍",即所谓"明堂"。

13 **闾阎:**即里巷,指代民间。阎,《说文》释为"里中门"。

14 **渐摩濡染:**这里指以仁义感化教育(众民)。渐,浸润。濡染,沾染,感染。多指言行的影响而言。

原文

三代以下,天下之是非一出于朝廷,天子荣之,则群[1]趋以为是;天子辱之,则群擿[2]以为非。簿书[3]、期会[4]、钱谷[5]、戎狱[6],一切委之俗吏[7]。时风众势之外,稍有人焉,便以为学校中无当于缓

译文

三代以后,天下的是非对错完全由朝廷来决定,天子褒扬的事,众人就都认为其是对的;天子贬抑的事,众人就都指认其是错的。文书簿册、约定期限、钱粮赋税、军政司法等等,一切重要的工作全部交由庸俗的官吏去处理。在这种风气之外,稍有才能的人,就以为学校公议与朝廷事务轻重无多大关系。他们所认为的

急[8]之习气。而其所谓学校者，科举嚣争[9]，富贵熏心，亦遂以朝廷之势利一变其本领[10]，而士之有才能学术者，且往往自拔于草野之间，于学校初无与也。究竟[11]养士一事，亦失之矣。

学校不过是为了科举考试而喧嚣争竞，醉心于争取功名而享受荣华富贵的场所，于是，他们就利用朝廷的权势和利益改变了学校的根本之意。那些真正有才能和学问的士人，往往来自民间，与学校的培养毫无关系。最终学校连培养士人的职能也完全丧失了。

注释

1 **群**：这里指群臣。

2 **擿**：揭露，指责。

3 **簿书**：官署中的文书簿册，此处作为官方文书的通称。

4 **期会**：约定期限，按规定的期限实行法令。

5 **钱谷**：钱币，谷物。指钱粮的会计、财政的管理。常借指赋税。

6 **戎狱**：泛指军政和司法等政务。戎，指军事，战争。狱，原指牢狱，这里泛指诉讼等司法事务。

7 **俗吏**：平庸无能的官吏。

8 **缓急**：原指快和慢、宽和严。这里指急切需要办理的或危急的事情。

9 **科举**：隋文帝废九品中正制，改由诸州岁贡三人。至炀帝，乃置进士等科。唐代科目多至五十余，故曰科举。其后宋用帖括，明清用八股试士，亦沿科举之称。科举行而荐举渐废。至光绪三十一年(1905)明令废科举。**嚣争**：喧闹竞争。

10 **本领**：本旨，要领。

11 **究竟**：犹言到底、最终。

原文

于是学校变而为书院[1]。有所非也，则朝廷必以为是而荣之；有所

译文

于是学校一变而为书院。对于天下事，书院中的士人认为不对的，朝廷必以为是正确而加以表扬；书院中的士人认为正

是也，则朝廷必以为非而辱之。[2]伪学之禁[3]，书院之毁[4]，必欲以朝廷之权与之争胜。其不仕者有刑[5]，曰：此率天下士大夫[6]而背朝廷者也。其始也，学校与朝廷无与；其继也，朝廷与学校相反。不特不能养士，且至于害士，犹然循其名而立之何与？

确的，朝廷又必以为是错误的而加以辱没。南宋禁止所谓的“伪学”，明末禁毁东林书院等，都是朝廷凭借政治权力来与书院士人争胜的结果。就连书院中不肯出来做官的士人，朝廷也要加以刑罚，指责说：这是带领天下的士大夫背叛朝廷的行为。刚开始，学校与朝廷没有什么关系；后来，朝廷跟学校事事相左。这样一来，学校非但不是培养士人的场所，反而成了残害士人的场所，如此因袭其空名，这与设立学校有什么关系呢？

注释

1 **书院：**本文主要指宋至清私人或官府所立讲学肄业之所，以研习儒家经典为主，有时也议论时政。

2 参见《明儒学案》卷五十八《东林学案一·端文顾泾阳先生宪成行状》。

3 **伪学之禁：**南宋宁宗时，韩侂胄手握大权，诬陷右相赵汝愚，使其遭贬，并排斥亲近赵汝愚的朱熹等人，指斥他们所倡的道学为“伪学”，加以禁止，并规定士人凡任官填履历，必须注明不习伪学方可授官。

4 **书院之毁：**指明末东林书院被魏忠贤所禁毁之事。明天启时，宦官魏忠贤擅权，唆使党羽上疏诬陷天下书院。于是熹宗下诏“都城书院改作忠臣祠，其东林、关中、江右、徽州一切书院俱着拆毁”。参见《明熹宗实录》卷六十二。

5 **不仕者有刑：**不愿意出仕为官的人，朝廷将治罪。

6 **士大夫：**古指居官有职位的人。这里指封建地主阶层的文人、士族。

原文

东汉太学[1]三万人，

译文

三万东汉的太学生，敢于不畏危难而

危言[2]深论，不隐豪强，公卿避其贬议。[3]宋诸生伏阙搥鼓，请起李纲。[4]三代遗风，惟此犹为相近。使当日之在朝廷者，以其所非是为非是，将见盗贼奸邪慑心[5]于正气霜雪[6]之下！君安而国可保也。乃论者目之为衰世之事，不知其所以亡者，收捕党人[7]，编管陈、欧[8]，正坐破坏学校所致，而反咎学校之人乎！

直言，发表抨击朝廷的深刻言论，即使面对豪强，从不隐瞒回避，公卿都畏惧他们的贬议。南宋的太学生跪伏于皇宫门外，击鼓上书，请求朝廷起用李纲。唯这两件事还算较为接近三代的遗风。若当时在朝廷当政的那些官员，认同太学生们的是非判断，那么将使盗贼奸邪者内心恐惧而屈服于高洁严正的气节！君位安稳，国可保全。可居然有论者将太学生的议政行为看成是衰世之事，却不知道东汉的灭亡正在于抓捕李膺、郭泰等所谓的"党人"，南宋的灭亡正在于贬谪流放陈东、欧阳澈等太学生，从而破坏了学校士人议政的传统所致，怎能反过来归罪于学校中的士人！

注释

1 **太学：**古学校名，即国学。古代贵族子弟读书的处所。相传虞设庠，夏设序，殷设瞽宗，周设辟雍，即古太学。汉武帝元朔五年(前124)，始置太学，立五经博士。隋初置国子寺，炀帝时改为国子监。唐设国子、太学、广文、四门、律、书、算七学，属国子监。宋也兼置国子监，在监读书的称太学生。历朝名称不一，制度亦有变化，汉代以来成为以传授儒家经典为主的最高学府。

2 **危言：**不畏危难而直言。

3 东汉桓帝时，由于嗣位君主年幼，国政遂为外戚、宦官所把持。名士出身的鲠直派大臣朱穆等因得罪宦官，被捕下狱，以刘陶为首的太学生到宫门外上书为其诉冤。此举得到以郭泰、贾彪为首的三千余名太学生的支持。他们联合鲠直派大臣陈蕃、李膺等评论朝政，褒贬人物。

4 **诸生：**明清时经省各级考试录取入府、州、县学者，称生员。生员有增生、附生、廪生、例生等名目，统称诸生。**伏阙**：拜伏于宫阙下。古代臣下向皇帝有所陈请时多用此语。**请起李纲**：李纲，字伯纪，宋邵武（今福建）人，累官至太常少卿。公元1126年，金兵侵宋。时任兵部侍郎、尚书右丞的李纲主战。宋钦宗听信投降言论，罢免了李纲的职务。陈东等数百名太学生上书请愿，要求复用李纲、种师道。时值金兵攻城，民众不期而至者达数十万人，呼声震天。钦宗迫于压力，被迫宣布恢复李、种二人原职。后李纲又被罢黜，其抗金措施，一概废除。太学生陈东、布衣欧阳澈上书请留李纲，均被杀害。

5 **慑心**：内心恐惧而屈服。

6 **正气霜雪**：高洁严正的气节。

7 **党人**：东汉末年，宦官专权，危害百姓，李膺、杜密、郭泰、张俭等联合起来抨击宦官集团。延熹九年，有人勾结宦官诬称李膺、杜密、郭泰、张俭等人"养太学游士，交结诸郡生徒，更相驱驰，共为部党，诽讪朝廷，疑乱风俗"。在各地大肆收捕党人，甚至株连门生故吏、父子兄弟及五族。结果二百多人被视为"党人"而被逮捕，"海内涂炭，二十余年，诸所蔓衍，皆天下善士"。这里说的党人，当指李膺、郭泰等人。参见《后汉书》党锢、窦武、陈蕃等传。

8 **编管**：宋代官吏得罪，轻者曰送某州居住，稍重者曰安置，又重者曰编管。编管者将被除去名籍，贬谪州郡，编入该地户籍，并由地方官加以管束。**陈、欧**：陈，指南宋太学生陈东；欧，指欧阳澈。参见《宋史·忠义传》。

原文

嗟乎！天之生斯民也，以教养托之于君。授田之法废，民买田而自养，犹赋税以扰之；学校之法废，民蚩蚩[1]而失教，犹势利以诱之。是亦不

译文

唉！上天生了民众后，把教化、养育他们的责任委托给君主。授田之法被废除后，民众只好自己买田耕种以养活自己，可君主还要征收赋税来搅扰他们；设立学校之法废除以后，民众敦厚质朴而未经教化，君主却用权势和财富去诱导他

仁之甚，而以其空名跻之曰君父、君父，则吾谁欺[2]！

们。君主这样做哪里还有一点仁爱之心啊，不仅如此，还用毫无实际的名称标榜自己为“君父，君父”，又能欺骗谁呢！

注释

1 **蚩蚩：**敦厚貌。

2 **吾谁欺：**宾语前置，即吾欺谁。

原文

郡县学官[1]，毋得出自选除[2]。郡县公议[3]，请名儒主之。自布衣以至宰相之谢事者[4]，皆可当其任，不拘已未仕也。其人稍有干于清议[5]，则诸生得共起而易之，曰：是不可以为吾师也。其下有五经师[6]，兵法、历算[7]、医、射各有师，皆听学官自择。凡邑之生童[8]皆裹粮从学，离城烟火聚落之处，士人众多者，亦置经师。民间童子十人以上，则以诸生之老而不仕者充为蒙师。故郡邑无无师之士，而士之学行成者，非主六曹[9]之事，则主分教之务，亦无不用之人。

译文

郡县里掌管教育的官员，不能出于朝廷的任命(，而应由民众公议选举产生)。选举时，请有名望的儒生主持。从没有功名的民众到已经卸任的宰相，都可担任此职，不必拘泥于是否当过官。这个学官的言行如果与公正的议论相抵触，那么学校的学生可以群起而要求撤换他，理由是：这种人不可以做他们的老师。学官之下再设教授五经的老师，另外，兵法、历算、医、射等各方面也设有专门的老师，他们都由学官自行选拔。凡是县邑之中的童生都要携带粮食，从师而习；离城较远的村落，如果士人较多，也设置教授经学的老师。民间孩童达到十人以上，就要选用年老而没有做官的诸生充当启蒙老师。如此一来，地方所有的士人都有老师教授，而士人中品学兼优的，不是掌管地方各部门的政务，就是担任教化的职责，无不人尽其用。

注释

1 **学官**:掌管学校教育的教官,也叫“校官”。

2 **出自**:邓先生藏本、道光金山钱熙祚刻本、指海本作“由自”。**选除**:选拔任用,道光金山钱熙祚刻本、指海本作“迁除”。

3 **公议**:公众的议论,舆论。

4 **谢事者**:辞去官职的人。

5 **清议**:公正的评论。这里指乡里或学校中对官吏的批评。

6 **五经师**:汉代教授《易》《书》《诗》《礼》《春秋》五经的学官。后来也用以称教授五经的老师。

7 **历算**:推算日月星辰之运行以定岁时节气的学问。

8 **生童**:即童生。明清时期,凡未考取生员以前,无论年龄老幼,皆称童生。

9 **六曹**:东汉尚书分三公曹、吏曹、二千石曹、民曹、主客曹,三公曹二人,故称六曹。后主客曹分为南主客曹、北主客曹,仍称六曹。隋尚书省分吏部、殿中(左户)、祠部、五兵、都官、度支六部。唐时改定为吏、户、礼、兵、刑、工六部。隋唐以前曹即为尚书,隋唐以后,曹成为尚书下属机构,如隋唐度支尚书统度支、仓部、左户、右户、金部、库部六曹。唐府州设功、仓、户、兵、法、士六曹,又叫六司,即司功、司仓、司户、司兵、司法、司士。此处指地方上的六曹,泛指地方胥吏。

原文

学官[1]以外,凡在城在野,寺观庵堂[2],大者改为书院,经师领之,小者改为小学[3],蒙师领之,以分处诸生受业。其寺产即隶于学,以赡诸生之贫者。二氏[4]之徒,分别其有学行者,归

译文

除了这些学校以外,不论是在城内还是在城外的寺庙、道观及庵堂,规模较大的改为书院,由经师主管;较小的改为小学,由蒙师主管,分别安排学生来从师学习。寺庙、道观及庵堂的资产全部归属于学校,用来供养那些家境贫寒的学生。佛教和道教的出家人中品学兼优的,留在学校以备任用,其余的让他们仍旧各自从事各自所熟悉的职业。

之学宫，其余则各还其业。

太学祭酒[5]，推择当世大儒，其重与宰相等，或宰相退处为之。每朔日[6]，天子临幸[7]太学，宰相、六卿、谏议[8]皆从之。祭酒南面讲学，天子亦就弟子之列[9]。政有缺失，祭酒直言无讳。

天子之子年至十五，则与大臣之子就学于太学，使知民之情伪[10]，且使之稍习于劳苦，毋得闭置宫中，其所闻见不出宦官宫妾之外，妄自崇大也。

太学祭酒，推举公选当世的大儒来担任，其地位与宰相同等，有时直接由卸任的宰相来充当。每月初一，天子亲临太学，宰相、六卿、谏议大夫等大臣皆陪同前往。祭酒面南而坐进行讲学，天子也坐在弟子的行列中听讲。对于朝廷治理中的缺失，祭酒直言不讳地批评。

天子的儿子年满十五后，应与大臣的儿子们一同入太学学习，使他们能够知晓民情的真伪，且让他们也稍微学习一些从事体力的劳苦活动，切不可把他们封闭在宫中，与外界隔绝，不然他们的所见所闻超不出宦官宫妾的范围，易于狂妄自大。

注释

1 **学宫：**学校，犹言学舍。旧时也称孔庙为学宫。

2 **寺观庵堂：**佛寺和道观。僧人所居称寺，道士所居称观，尼姑所居称庵，用于祭祀的祠堂称堂。

3 **小学：**古时对少年实施初等教育的学校。

4 **二氏：**指佛教、道教两家。儒家称佛、老两家为二氏。

5 **太学祭酒：**指国子监的长官。汉平帝时置六经祭酒，秩上卿，后置博士祭酒，为五经博士之首。晋初改为国子祭酒，隋唐以后称国子监祭酒，为国子监之主管官，至清末废除。

6 **朔日：**农历的每月初一日。

7 **临幸：**古时称皇帝到达某地为幸，皇帝亲临故称临幸。

8 **谏议：**即谏议大夫，官名。

9 **就弟子之列：**坐在弟子的行列中（听大儒讲解）。弟子，指学生。

10 **情伪:**真假。

原文

郡县朔望[1],大会一邑之缙绅[2]士子[3]。学官讲学,郡县官就弟子列,北面再拜[4]。师弟子各以疑义相质难。其以簿书期会不至者,罚之。郡县官政事缺失,小则纠绳[5],大则伐鼓号于众[6]。其或僻郡下县[7],学官不能骤得名儒,而郡县官之学行过之者,则朔望之会,郡县官南面讲学可也。若郡县官少年无实学,妄自压老儒而上之者,则士子哗而退之。

译文

每月初一、十五,地方的所有官员士子们就要集会听讲。学官负责讲学,郡县官居于弟子之列,面北向着学官恭敬行礼,聆听教诲。老师、弟子各自提出有疑惑的内容,互相质问辩难。若有郡县官借口处理文书、政务而故意不来者,要予以惩罚。郡县官政事中的缺失,如果是小缺失,学官就监督、纠正;大缺失,学官就击鼓声讨于众。那些偏远的郡县,如果一时间不能请到有名望的儒生,而郡县官的学问品行又较突出的,那么每月初一、十五的讲学之会,由他面南讲学也可以。如果郡县官既年轻又无实学,还妄自欺压年长儒生而自己硬上堂讲学的,那么士子可以鼓噪喧哗,把他轰下来。

注释

1 **望:**农历的每月十五。

2 **缙绅:**插笏于绅。缙,同"搢",插。绅,束腰的大带。古之仕者,垂绅插笏,故称士大夫为缙绅。

3 **士子:**有三义,一是指男子,多指青壮年。二指士大夫。三指对旧时应考的读书人的通称,即学子。本文指学子。

4 **北面:**旧时君见臣,尊长见卑幼,南面而坐,故以北面指向人称臣。这里就是指郡县官以弟子身份聆听学官讲学。**再拜:**古代一种礼节,先后拜两次,表示礼节隆重。

5 **纠绳：**督察纠正。

6 **伐鼓号于众：**语出《论语》，指大张旗鼓地让民众声讨谴责。

7 **下县：**秦汉时指郡四周之诸县。古代按县的户口、出产、形势等条件划分等级，如北齐分所属县为上、中、下三级，每等又有上、中、下的区别；唐分为赤、畿、望、紧、上、中、下共七等。

原文

择名儒以提督学政[1]，然学官不隶属于提学[2]，以其学行名辈相师友也。每三年，学官送其俊秀[3]于提学而考之，补博士弟子[4]；送博士弟子于提学而考之，以解[5]礼部[6]。更不别遣考试官。发榜[7]所遗之士，有平日优于学行者，学官咨于提学补入之。其弟子之罣黜，学官以生平定之，而提学不与焉。

译文

挑选名儒担任领导监督学校管理事务的提学，但是学官并不隶属于提学，他们之间根据各自学问、品行、名望和辈分，以师友相称。每三年，学官要选送才智出众的学生给提学进行考核，合格者补博士弟子；然后再送博士弟子到提学进行考核，优秀者才解送到礼部去考试。而朝廷不必另派其他专门负责考试的官员。朝廷发榜公布考取者之后，对于那些名落孙山者，如果平素品学较好，学官可向提学商议补人。学校对弟子的罣黜，由学官按其平日表现加以定夺，而提学不得干预。

注释

1 **提督：**本文可作"领导监督"解。**学政：**学校的教育行政。

2 **提学：**巡察教育情况的官员。

3 **俊秀：**指才智出众的人。

4 **博士弟子：**汉武帝设博士官，博士所教授的弟子称博士弟子，当时置弟子五十人，令郡国选送。唐以后也称生员为博士弟子。明清时，以博士弟子作为生员（秀才）的别称。

5 **解：**发送，解送。唐制，举进士者皆由地方发送入试，称为解。故科举时称中乡榜的人为发解，乡试也称解试。

6 **礼部：**官署名，为六部之一。掌礼乐、祭祀、封建、宴乐及学校贡举的政令。

7 **发榜：**科举时代揭示考试成绩的名词，谓之发榜。

原文

学历者能算气朔[1]，即补博士弟子。其精者同入解额[2]，使礼部考之，官于钦天监[3]。学医者送提学考之，补博士弟子，方许行术。岁终，稽其生死效否之数，书之于册，分为三等：下等黜之；中等行术如故；上等解试[4]礼部，入太医院[5]而官之。

译文

学习历法的弟子如果能测算节气晦朔，就补博士弟子。其学问精深者同样算在解试的名额之内，由礼部进行考核，通过者可在钦天监为官。学医的送到提学那里进行考核，通过者补博士弟子，然后方可行医。年末，考核他的医术是否有效验，有无救人性命或者致死的，记录在册，分为三等：下等的就免去行医资格；中等的允许其继续行医；上等则送至礼部考试，合格者入太医院为官。

注释

1 **学历者：**学习历法的人。历，即历法，推算日月星辰的运行以定岁时节候的方法。**算气朔：**计算节气、时令的具体时间。算，清翁心存校抄本中作"推算"。

2 **解额：**乡试也称为解试，因有一定的录取名额，故称解额。

3 **钦天监：**官署名，掌管天文、历法等。

4 **解试：**原意为科举时地方举行的初试，即乡试。这里指解送应试。

5 **太医院：**官署名。它是服务于皇家的御用医疗机构，亦掌管全国有关医药的政令。秦汉设太医令丞，隋朝设太医署，宋有太医局，元明清改称太医院。

原文

凡乡饮酒[1]合一郡一县之缙绅士子。士人年七十以上，生平无玷清议者，庶民年八十以上，无过犯者，皆以齿[2]南面，学官、郡县官皆北面，宪老乞言[3]。

乡贤名宦[4]，毋得以势位及子弟为进退。功业气节则考之国史，文章则稽之传世，理学则定之言行。此外，乡曲[5]之小誉，时文[6]之声名，讲章[7]之经学，依附之事功[8]，已经入祠者皆罢之。

译文

凡举行乡饮酒礼时，都要召集郡县的大小官吏和士子。年纪在七十以上，没有辱没过清正公论的士人，以及年纪在八十以上，没有什么过失的平民，均按年龄顺序依次坐北朝南，学官和郡县官则坐南朝北，向那些老人们求教善言以供改进治理之策。

凡乡贤祠和名宦祠的祭祀，不能以权势地位及门人弟子的关系为标准来确定入祠人选。入祠之人的功业气节要根据国家的史册进行考查，文章根据传世情况来稽考，理学造诣则依据其平日言行定夺。此外，那些在乡里有些小名声，比如或以所作帖括应试之文，或以解释经学的一些文章，或以依附别人而非自己独立建立的事功获得名声的，即使已经入祠，也都要从祠堂中移出来。

注释

1 **乡饮酒**：古之乡学，三年业成，考其德艺，将其贤能者荐举于君。时由乡大夫做主人，为之设宴送行，待以宾礼，饮酒酬酢，皆有仪式，称乡饮酒礼。

2 **齿**：指人的年龄。古时有齿德、贤德等说法。

3 **宪老**：以德高望重的老人为榜样。宪，效法。**乞言**：古代帝王及其嫡长子养一些德高望重的老人，以便向他们求教。

4 **乡贤名宦**：乡贤祠和名宦祠的合称。乡贤祠，指奉祀地方上品学为人所推重的已故乡贤的祠堂。名宦祠，指奉祀在本地任职的已故名宦的祠堂。此句《梨洲遗著汇刊》本作“凡乡贤名宦祠”。

5 **乡曲：**犹言乡下。以其偏处一隅，故称乡曲。后引申为乡里。

6 **时文：**科举应试之文，比如，明朝的八股文，相对于“古文”而言。

7 **讲章：**指对学生所参加的五经等考试科目所作的一般性解释经义的文字。这里指根据时文对经学进行的讲解，往往偏离了经义的真实意义。

8 **依附之事功：**依附别人而非自己独立建立的事功。

原文

凡郡邑书籍，不论行世藏家，博搜重购。每书抄印三册，一册上秘府[1]，一册送太学，一册存本学。时人文集，古文[2]非有师法[3]，语录[4]非有心得，奏议[5]无裨实用，序事[6]无补史学者，不许传刻。其时文、小说、词曲、应酬代笔，已刻者皆追板烧之。士子选场屋之文[7]及私试义策[8]，蛊惑坊市[9]者，弟子员[10]黜革，见任官[11]落职，致仕官夺告身[12]。

译文

凡是郡县中的书籍，无论是流行于世，还是收藏于家，都要广为搜集，重金求购。每种书抄录或刻印三册：一册上交秘府，一册送至太学，一册存入本地学校。当时士人的文集中，若古文没有师法，语录缺乏心得，奏议无益于实用，序事无补于史学，一律禁止传抄刊刻。而那些已刻的时文、小说、词曲、应酬代笔之作，一律追回刻板而烧毁。士子如果擅自选刻科考时文及临时考试时的经义策问，用来蛊惑市井人心的，一经发现，是弟子员的革去功名，是在任的官员要降职，是辞官归隐的也要收回委任官职的凭证。

注释

1 **秘府：**官署名，古代禁中藏秘籍之所。

2 **古文：**文体名，一般称秦汉之文为古文。六朝时盛行绮丽、颓废的骈俪文，唐初陈子昂主张发扬汉魏风骨，到中唐韩愈、柳宗元等更大力倡导，以针对当时流行的浮艳文风。后来古文成为散文的专称。

3 **师法：**老师传授的学问和技能。这里特指汉代的经学传授，汉代某一经的大师，被立为博士后，他的经说便叫“师法”。

4 **语录**：文体名。自唐以来，僧徒记录师语，以所用多口语，故沿称语录。后来宋儒师弟传授亦常采用此体。如朱熹《语录》四十三卷即是。

5 **奏议**：古代官吏向皇帝上书陈事、条议是非的章奏的通称，包括表、奏、疏、议、上书、札子、封事、弹章、对策等。

6 **序事**：指作者自叙的传记，也称“序传”“叙传”。

7 **场屋之文**：指科举时文。场屋，也称科场，旧时科举考试的地方。

8 **私试**：唐宋时聚集进士定期举行的临时考试。多与“公试”相对。**义策**：经义和策问的简称。经义是以儒家经典文句为题，要求申论其义理。明清经义的考试即八股文。策问，提出有关经义或政事等问题，由考生加以阐发作答。明清乡试、会试，均考策问。

9 **坊市**：街市，指代民众。

10 **弟子员**：汉代称太学生为弟子员。明清称县学生员为弟子员。

11 **见任官**：指在任的官员。

12 **致仕官**：指辞官归隐者。**告身**：委任官职的文凭。

原文

民间吉凶[1]，一依《朱子家礼》[2]行事。庶民未必通谙[3]其丧服之制度，木主[4]之尺寸，衣冠[5]之式，宫室[6]之制，在市肆工艺者，学官定而付之；离城聚落[7]，蒙师相其礼以革习俗[8]。

凡一邑之名迹及先贤陵墓祠宇，其修饰表章，皆学官之事。淫祠[9]

译文

凡民间吉凶之礼，一律依照《朱子家礼》来操办。平民未必熟知《朱子家礼》中丧服的制度、牌位的尺寸、衣冠的样式、房屋的规格，学官就制定好相关规定，然后交给集市上的工艺师傅们依规制作；那些偏远的村落，蒙师要帮助乡民按照《朱子家礼》的规定，来移风易俗。

凡地方上的名胜古迹及先贤陵墓祠堂的修缮、表彰，皆是学官的职责。不合礼制的祠庙虽按通行做法修建，也要拆毁，只留土祠和谷祠，设立神主祭祀。因此，当进入通行拆毁，但留土谷[10]，设主祀之[11]。故入其境，有违礼之祀，有非法之服，市悬无益之物，土留未掩之丧，优歌在耳[12]，鄙语满街[13]，则学官之职不修[14]也。

一个地方的辖区内，如果看到有违背礼制的祭祀，有不合礼法的服饰穿着，集市上售卖没有实用价值的物品，土中遗留未掩埋好的死人，低迷的歌声萦绕耳畔，鄙薄粗俗的话语充斥耳膜，这定是学官没有尽职尽责的缘故。

注释

1 **吉凶**：指吉礼和凶礼，泛指各类礼制仪式。

2 **《朱子家礼》**：书名，南宋朱熹撰，共有五卷，附录一卷。亦有人认为是后人托朱子而作。在吉事和凶事上，南宋以后都遵照此书行事。

3 **通谙**：通晓，熟悉。谙，熟悉。

4 **木主**：为死者立的木制牌位，即神主牌。用木为之，书写死者姓名以供祭祀。

5 **衣冠**：士大夫的穿戴。这里指庶民们在参加吉凶之礼时穿戴的服饰。

6 **宫室**：古代对房屋的通称。

7 **聚落**：村落，人们聚居之处。

8 **蒙师相其礼以革习俗**：意思是说，蒙师帮助乡民按照《朱子家礼》规定的礼节来改变乡间的习俗。

9 **淫祠**：不合礼制的祠庙。

10 **土谷**：指祭祀土地神的土祠和祭祀五谷神的谷祠。土，指土地神；谷，指五谷神。土神和谷神又合称为社稷神。

11 **设主祀之**：设立神主祭祀土谷神。

12 **优歌在耳**：戏子所唱的低迷的歌声在耳畔萦绕。优，优伶。古代称从事演戏唱曲娱乐大众的艺人为优伶。

13 **鄙语满街**：鄙薄低俗的语言到处都能听到。鄙语，犹俗语。

14 **修**：修治，把事情做好。

取士上

导读

《取士》分上下两篇。上篇主要讨论明朝取士之弊端，下篇主要提出清除弊端的新举措。

“士人”或“士”有广狭义之分。据阎步克在《士大夫政治演生史稿》一书中考证，士在古代有多层含义：为一切成年男子之称；为氏族正式男性成员之称；为统治部族成员之称；为封建贵族阶级之称；为受命居官的贵族官员之称；为贵族官员的最低等级之称。余英时在《士与中国文化》一书中指出，虽然中国的“士”和西方的“知识分子”在基本精神上确有契合之处，但是他并不认为这两者之间可以画等号。美国学者包弼德在《斯文：唐宋思想的转型》一书中认为，士是被用来思考社会政治秩序的一个概念；同时，它指称某一个社会成分。作为一个概念，“士”是由那些自命为士的人所标榜，经由全社会认同而建构起来的观念。我认为，包弼德对士的界定，可以算作广义的士，而狭义的士主要指古代爵禄中的专门的一个人群，相对于君、卿、大夫等而言。而黄宗羲认为士主要是通过科举考试而登第的人，亦可称之为士人。他所说的“士”是从广义上讲的。

针对明朝，尤其是毅宗时期取士之弊端，黄宗羲无限感慨地说：“取士之弊，至今日制科而极矣！”针对取士之弊，毅宗曾深为忧虑。在当时，毅宗可以说想尽了一切办法，希望能够得到“度外之士”。为此，甚至是拔贡、保举、准贡、特授、积分、换授等方法都采用了，结果却造成了重副榜而轻中式的弊端。对此，黄宗羲批评此法本末倒置，他说："凡此六者，皆不离经义，欲得胜于科目之人，其法反不如科目之详，所以徒为纷乱而无益于时也。"

黄宗羲分析了唐宋取士的优劣，认为当时取士的弊端主要体现在时文，即帖书、墨义等做法之中。此弊当年权德舆已经很详尽地指出来了。在黄宗羲看来，若时文继续存在下去的话，必然导致"转相模勒，日趋浮薄，人才终无振起之时"的状况。但是，黄宗羲并没有因此而认为必须废除墨义之法。因为他担忧，若废除了此法，可能弃经不学之士会多起来，这样的话，先王之道就会被看作是迂阔无用的东西了。为此，黄宗羲依旧主张"当复墨义古法"："使为经义者全写注疏。大全、汉宋诸儒之说，一一条具于前，而后申之以己意，亦不必墨守一先生之言。由前则空疏者绌，由后则愚蔽者绌，亦变浮薄之一术也。"黄宗羲的这个设想，与他对政治的根本看法密切相关。

原文

取士之弊，至今日制科[1]而极矣。故毅宗尝患之也，为拔贡[2]、保举[3]、准贡[4]、特授[5]、积分[6]、换授[7]，思以得度外之士[8]。乃拔贡之试，犹然经义[9]也，考官不遣词臣[10]，属之提学，既已轻[11]于解试[12]矣。保举之法，虽曰以名取人，不知今之所谓名者何凭也，势不得不杂以贿赂请托。

译文

取士的弊端，到如今的科举算是达到了极点。所以，毅宗皇帝常常为此感到十分忧虑，并采取了一系列改进措施，如拔贡、保举、准贡、特授、积分、换授，以期笼络科举考试以外的超凡脱俗的人才。拔贡的考试，依然相当于考经义，且不再派遣翰林做考官，而由提学主考，这已经显得没有乡试重要了。保举的办法，虽说是根据名望来录用，但不知如今保举的名士的名望究竟有何依据，必然会有人从中贿赂、请托。被保举人奉召到及其捧檄[13]而至吏部[14]，以一义一论[15]试之，视解试为尤轻矣。准贡者，用解试之副榜；特授者，用会试之副榜[16]。夫副榜，黜落之余也。其黜落者如此之重，将何以待中式[17]者乎？积分不去资郎，其源不能清也；[18]换授以优宗室[19]，其教可不豫[20]乎！凡此六者，皆不离经义，欲得胜于科目[21]之人，其法反不如科目之详，所以徒为纷乱而无益于时也。

朝廷时，吏部只用一道经义一道策论来测试他们，这比乡试显得草率多了。准贡是从乡试的副榜中录取，特授是从会试的副榜中来确定。副榜，只不过是乡试和会试落榜的。这两种选拔手段对于落榜者如此重视，那又如何去对待那些正榜录取的呢？国子监实行积分法，如果不取消捐钱进入国子监的制度，这样就无法从源头上保证监生的质量；换授法是用来优待皇家宗室的，难道宗室子弟不用事先接受教化吗？这六种选拔人才的方法都没有超越经义，毅宗笼络科举考试以外的人才而采取这六种方法，它们反不如科举之法详备周全，结果徒使得考试更加纷乱，不会对当世有什么益处。

注释

1 **制科**：亦称制举，科举取士的制度。除地方贡举外，由皇帝亲自在殿廷诏试的称制科举，简称制举、制科。本文此处指科举制度。

2 **拔贡**：即明之选贡。明代取士之法，用以补岁贡之不足，即选拔地方官学中学行俱优的生员，贡入国子监，称为拔贡。再经过某种考试后，即可授予一定官职。

3 **保举**：旧时大臣举荐人才，给朝廷任用，并为其作保。洪武十七年(1384)，朱元璋令天下前来朝觐的官员保举廉能的属吏，这是保举法之始。《明史 · 选举志》："保举者，所以佐铨法之不及，而分吏部之权……行之既久，不能无弊，所举或乡里亲旧，僚属门下，素相私比者。"

4 **准贡**：录用乡试中副榜的人士，贡入国子监。

5 **特授**：录用会试中副榜的人士，破格授予官职。明代永乐年间会试有副榜，中副榜者大多授以教官。参见《明史·选举志》。

6 **积分**：也叫积分法。元代国子监考核学生学习成绩的方法。国子监国子生月试一次，辞理俱优者为上等，准一分。理优辞平者为中等，准半分。至年底通计一年积分，得八分以上者，升为高等生员。不学习课业或违反规矩者，初犯罚一分，再犯罚二分，三犯除名。

7 **换授**：原为酌其才能调任官职。此盖指崇祯年间实行的保举制度，由亲王保举宗室入仕，没有亲王的藩国，也可以由郡王保举。《明崇祯实录》卷八："上遵祖训，命郡王子孙有才能堪任用者，宗人府以其名具闻，朝廷考验换授官秩，其升转如常法。"

8 **度外之士**：此处指在官方组织的乡试、会试这些常规标准之外的优秀人才。

9 **经义**：科举考试科目的一种。以经书中的文句为题，考查考生对经典大义的理解。明清时期的经义考试要求作八股文。

10 **词臣**：谓文学侍从之臣，如翰林之类。

11 **轻**：当涂夏燮文江官廨刻本、番禺本作"经"，疑误。

12 **解试**：明清时期指乡试。每三年在省城举行，考中者称举人。

13 **捧檄**：谓奉命就任。檄，官符，古代官府用以征召、晓谕或声讨的文书。

14 **吏部**：旧官制六部之一。主管官吏的选任、铨叙等事。

15 **一义一论**：义、论均为科举考试之一方面内容。义，儒家经典之大义，借以考查应试者对儒家经典了解的程度。论，议论，借以考查应试者的阐发经义的水平。

16 **会试之副榜**：明清科举制度，每三年，各省举行考试曰乡试，中式者为举人。次年，以举人试之京师为会试。副榜，科举时代会试取士分正榜、副榜。正式录取的名列正榜；在正榜之外，另取若干，名列副榜。

17 **中式**：科举考试被录取叫中式。这里主要指正榜录取。

18 **资郎**：有一定家资而为官的人。后世称以纳资得官者为资郎。**清**：道光金山钱熙祚刻本、指海本作"溃"，疑误。

19 **宗室**：同一祖宗的贵族、大宗之家，多指皇亲国戚。

20 **不豫**：不事先准备。

21 **科目**：分科取士的项目。《明史·选举志》："科目者，沿唐宋之旧，而稍变其试士之法，专取四子书及《易》《书》《诗》《春秋》《礼记》五经命题试士。盖太祖与刘基所定。其文略仿宋经义，然代古人语气为之，体用排偶，为之八股，通谓之制义。"

原文

唐进士试诗赋，明经[1]试墨义[2]。所谓墨义者，每经问义十道，五道全写疏[3]，五道全写注[4]。宋初试士，诗、赋、论[5]各一首，策[6]五道，帖[7]《论语》十，帖对[8]《春秋》或《礼记》墨义十条。其九经[9]、五经[10]、三礼[11]、三传[12]、学究[13]等，设科虽异，其墨义同也。

译文

唐代，进士科测试诗词歌赋，明经科测试墨义。所谓墨义，指的是每种经书提出十个问题，考生在解释经文的含义时，要求五道全部写疏，五道全部写注。宋初的科举，考诗、赋、论各一首，策五道，帖《论语》十帖，帖对《春秋》或《礼记》墨义十条。其余的像九经、五经、三礼、三传、学究等科目，虽然科目各不同，但考墨义则同。

注释

1 **明经**：汉代选举官员的科目，取"明习经学"之意，至隋唐与进士成为科举的两个基本科目。以经义取者为明经，以歌赋取者为进士。

2 **墨义**：唐以来用儒家经文试士，分口义、墨义二种方式。墨义，即用笔对答经义。

3 **疏**：疏通其义。一般对旧注进行解释或发挥，称疏。

4 **注**：经典的解释性文字称注。古之作注者曰注、传、章句、述、笺、略解、解诂、集解、集注，后通称为注。唐初颁布《五经正义》，作为经典的标准注疏，明经科的考试即以此为据。

5 **论**：一种文体。

6 **策**：一种文体，也称对策。汉代以来试士，以政事、经义等设问，写在简策上，使之条对。对答者因其意图而阐发议论，曰"射策"；针对问题而陈述政事，曰"对策"。如汉贾谊的《治安策》，董仲舒的《举贤良对策》。

7 **帖:**唐宋元时的试题叫帖,指从全文中帖出数语作为试题。

8 **帖对:**科举考试的一种方式,主要考查背诵经文的多少,以记诵的语句回答试题中的对句,亦叫帖括。后称科举考试的文章为帖括。

9 **九经:**儒家奉为经典的九种古籍。九种名目,相传不一。

10 **五经:**儒家的五部经典。汉班固《白虎通·五经》:"五经何谓?谓《易》《尚书》《诗》《礼》《春秋》也。"

11 **三礼:**指《周礼》《仪礼》《礼记》。

12 **三传:**指《春秋公羊传》《春秋穀梁传》《春秋左氏传》。

13 **学究:**科举中的科目名。应学究试的往往只凭记忆经文,未必通晓文义,有才思者多重进士科而轻学究科。后来称读书人为学究。

原文

王安石改法[1],罢诗赋、帖经[2]、墨义,中书[3]撰大义式[4]颁行,须通经有文采,乃为中格[5],不但如明经、墨义、粗解章句而已。然非创自安石也,唐柳冕[6]即有"明六经之义,合先王之道者,以为上等,其精于传注与下等"[7]之议。权德舆[8]驳曰:"注疏犹可以质验,不者有司率情,上下其手,既失其末,又不得其本,则荡然矣。"[9]其后宋祁[10]、王珪[11]累有"止问大义,不责记诵"之奏,而不果

译文

王安石改革科举制度,废除了诗赋、帖经、墨义的考试,由中书省编撰经书大义的格式,颁行天下,要求应试者既要通晓经书的经义又富有文采,才算合格,并非像明经、墨义那样,只是粗略讲解章句而已。其实这也不是王安石首创,唐代的柳冕就曾提出过"明白通晓六经义理,符合先王的思想、学说的,列为上等,那些只精通传注的,列为下等"的建议。权德舆驳斥说:"注疏还可以进行检查核对,否则的话,考官们可徇私情,随意定夺,上下勾结,暗中作弊,这既把次要的丢掉了,也把根本的弄没了,那就什么都得不到。"后来,宋祁、王珪多次上奏,建议科举考试"只考查应试者对经书大义的理解,而不要求其记诵",但都没有被采纳,直至王安

行,至安石始决之。 | 石主政时,才决定这样做。

注释

1 **王安石改法**:参见《宋史·选举志》:“于是改法,罢诗赋、帖经、墨义,士各占治《易》《诗》《书》《周礼》《礼记》一经,兼《论语》《孟子》。每试四场,初大经,次兼经,大义凡十道,次论一首,次策三道,礼部试即增二道。中书撰大义式颁行。试义者须通经,有文采,乃为中格,不但如明经、墨义粗解章句而已。”

2 **帖经**:唐代科举进士、明经科都有帖经的考试。以所习经掩其两端,中间唯开一行,裁纸为贴。凡帖三字,随时增损,可否不一,或得四、得五、得六者为通。

3 **中书**:即中书省。官署名。本文的“中书”指宋时的中书省。

4 **大义式**:中书省制定颁行的经义取士之具体条款。

5 **中格**:合格,合乎标准。

6 **柳冕**:生卒年不详,字敬叔。唐代蒲州河东(今山西永济西南)人,散文家。

7 语出柳冕《与权侍郎书一首》一文,载《文苑英华》卷六百八十九。

8 **权德舆**:字载之,唐天水略阳人。少时即以文章著称,由谏官累升至礼部尚书、同中书门下平章事。好读书,多述作,有《权文公集》。

9 **有司**:官吏。古代设官分职,事各有专司,故称有司。**率情**:徇情。**上下其手**:比喻玩弄手法,串通作弊。语出《文苑英华·答柳福州书》。

10 **宋祁**:字子京,宋安陆(今属湖北)人,后迁雍丘(今河南杞县),史学家,官至工部尚书。

11 **王珪**:字禹玉,华阳(今属四川)人,进士,仕英宗、神宗、哲宗三朝,以文章致位通显。有文集一百卷,已佚。后人辑成《华阳集》六十卷,附录十卷。

原文

故时文者,帖书、墨义

译文

所以,当今八股文是和帖书、墨义一

之流也。今日之弊，在当时权德舆已尽之。向若因循不改[1]，则转相模勒[2]，日趋浮薄[3]，人才终无振起之时。若罢经义，遂恐有弃经不学之士，而先王之道益视为迂阔[4]无用之具。余谓当复墨义古法，使为经义者全写注疏。大全[5]、汉宋诸儒之说，一一条具于前，而后申之以己意，亦不必墨守[6]一先生之言[7]。由前则空疏者绌[8]，由后则愚蔽者绌，亦变浮薄之一术也。

样的。今天取士的弊端，当年权德舆说得已经很到位了。如果仍然因循下去，不加以改变，应试者会互相模仿，学风就将日趋浮华硗薄，人才终究难以有振起的机会。如果不考经义，恐怕士子们就会丢掉经书不读了。那样的话，先王的思想、学说也会逐渐被视为不切实际的东西。所以我认为应当恢复墨义古法，让参加经义考试的人全部写注疏。像《五经大全》之类的儒家经典注疏著作、汉宋儒者的学说中涉及经义的，先一一陈列在前，然后再表达自己的观点，不必墨守某一位先儒的学说。前种做法可以淘汰空疏不学的人，后种做法可以剔除愚钝、浅陋的人，这也是改变浮薄习气的一种方法吧。

注释

1 **因循不改**：守旧法而不加变更。

2 **模勒**：仿照原样雕刻。本文指雕刻之文。

3 **浮薄**：轻浮，不朴实。

4 **迂阔**：不切实情。

5 **大全**：指关于儒家经典注疏著作的一些汇编性古籍。如《朱子大全》《四书大全》等，这里当指《五经大全》及《性理大全》等。《五经大全》为明代颁布的官书，由胡广等奉明成祖之命编定，是当时科举取士的标准用书。

6 **墨守**：战国时墨翟善守城术。后因称牢固防守为墨翟之守。引申为坚持不可改变。后多借以比喻固执成见，不肯改进。

7 **一先生之言**：主要指朱熹的观点。元仁宗年间，朝廷诏颁胡安国的《春秋传》,朱熹的《四书章句集注》《诗集传》,蔡沈的《书集传》为科举取士的经文定本。明、清两代,科举以八股文取士,考试题目则都出自朱熹的《四书章句集注》。这样,朱熹的观点也成了学子们应秉持的观点,黄宗羲在《孟子师说 · 题辞》中曾痛斥当时学子墨守朱熹观点的现象,倡导打破“此亦一述朱,彼亦一述朱”的局面。

8 **绌:**通“黜”。贬斥,废退。

原文

或曰:以诵数[1]精粗为中否,唐之所以贱明经也,宁复贵其所贱乎?曰:今日之时文,有非诵数时文所得者乎?同一诵数也,先儒之义学,其愈于饾饤[2]之剿说亦可知矣。非谓守此足以得天下之士也,趋天下之士于平实,而通经学古之人出焉。昔之诗赋亦何足以得士!然必费考索[3],推声病[4],未有若时文,空疏不学之人皆可为之也。

译文

有人说:以诵读经书是否精熟为中式的标准,这正是唐代士人轻视明经的原因,难道我们又要重视唐朝人所轻视的东西吗?我认为:如今的时文,难道不是由诵读已有时文而学到的吗?同样是诵读,诵读先儒对经书大义的解说,胜过诵读那些堆砌辞藻、因袭旁人言论的时文,这是显而易见的。并不是说遵循这种办法就可以招纳天下贤士,而是说这样可以引导天下士人逐渐趋于平实,通晓经书、效法古人的人才就可以培养出来。从前考试诗赋,又怎能选拔出人才呢?作诗赋必然要费劲考究思索,推敲音韵声律上的毛病,不像时文那样,空疏不学之人都能作。

注释

1 **诵数:**反复诵读。

2 **饾饤:**也作“饤饾”,堆砌。

3 **考索:**考查探究,探索研求。

4 **声病:**指诗赋在格律上存在的毛病。

取士下

导读

在下篇中，黄宗羲对比了古今两种取士的优劣。他十分向往三代时期取士、用士的做法，痛感当时取士之难。他说："古之取士也宽，其用士也严；今之取士也严，其用士也宽。"古今取士之法相较，高下立现，因为"宽于取则无枉才，严于用则少幸进"而"严于取，则豪杰之老死丘壑者多矣；宽于用，此在位者多不得其人也"。为此，他提出了多种取士方法，或谓宽取士之法，即"有科举，有荐举，有太学，有任子，有郡邑佐，有辟召，有绝学，有上书，而用之之严附见焉"。

在黄宗羲的设计中，科举只是几种取士方法中的一种，而并非最重要。这样做可以尽量避免科举考试的弊端。在诸取士方法中，除了手段的多样化外，更注重士人的德行和才智。这种思想贯穿了黄宗羲的一生。黄宗羲试图采用"复墨义古法"达到训练儒生德行的目的。他说："当复墨义古法，使为经义者全写注疏。大全、汉宋诸儒之说，一一条具于前，而后申之以己意，亦不必墨守一先生之言。"对于这两种做法，黄宗羲认为："由前则空疏者绌，由后则愚蔽者绌，亦变浮薄之一术也。"另外，任子之法虽然还有点世袭的遗风，但它仍旧注重体现贤德。黄宗羲还认为："公卿之子不论其贤否而仕之，贤者则困于常调，不贤者而使之在民上，既有害于民，亦非所以爱之也。"

黄宗羲在设计的几种取士形式中几乎都论及了对才智的要求。在黄宗羲看来,才智是作为统治者实施统治必备的一种基本能力。在荐举之法中,黄宗羲设想应根据所推荐的士人的能力大小量才而用。他说:"能自理其说者,量才官之;或假之职事,观其所效而后官之。"在郡县佐之法中,黄宗羲设想,郡县六曹各官员用"弟子员之高等者分置之",然后"满三考升贡太学,其才能尤著者,补六部各衙门属吏。凡廪生皆罢"。而对于辟召之法,他认为应由宰相、六部、方镇及各省巡抚自辟属吏,"其能显著,然后上闻即真";等等。而对于绝学,黄宗羲希望通过政府考验其是否果有发明,然后决定是否任用。这体现了黄宗羲对"绝学"的重视。黄宗羲重才智的思想与轻视科学知识而只重德行修养的传统有很大的不同,体现了黄宗羲思想中的具有超越时代、超越传统的特征,此特征与近现代的思想有某些相似之处。

黄宗羲还提出了通过"上书"的方式获得人才的设想。"上书"这种用人的方法,既灵活又严格:其灵活在于被举者可以不通过政府组织的科举考试,凭借自己的真才实学就能够被选拔;其严格在于上书者必须有真才实学,并非言过其实,惟有此才有资格受到重用。

在取士的设计中,黄宗羲已经涉及了反思人才标准的深层次问题,这表明黄宗羲对传统的科举取十方法有所不满,其中固然与他个人的经历有关,更体现出他的思想具有超越时代的卓越性。其次,黄宗羲的用人思想跟传统思想相比还有一个重大的突破,即不仅仅局限于以经学作为标准的简单狭窄的取士做法。科举制度只是黄宗羲设计的诸多方法中的一种而已。对科学知识的重视,改变了以往只重视经学的传统,为中国传统社会向现代社会转变准备了条件。

总而言之,黄宗羲希望通过取士达到扩大士人规模、壮大士人力量的目的。如果出现一个强大的士人阶层,并由宰相领导这个阶层,定会形成一个强大的对抗皇权、抑制胥吏的力量集团。若能如此,大概也可达到分权之目的。由此可见,黄宗羲具有依靠士人等精英治国的倾向。

原文

古之取士也宽，其用士也严；今之取士也严，其用士也宽。古者乡举里选[1]，士之有贤能者，不患于不知。降而唐宋，其为科目不一，士不得与于此，尚可转而从事于彼，是其取之之宽也。《王制》[2]论秀士[3]升之司徒，曰选士[4]；司徒论选士之秀者升之学[5]，曰俊士[6]；大乐正[7]论造士[8]之秀者，升之司马，曰进士；司马论进士之贤者，以告于王而定其论。论定然后官之，任官然后爵之，位定然后禄之。[9]一人之身未入仕之先，凡经四转，已入仕之后，凡经三转，总七转始与之以禄。唐之士及第[10]者未便解褐[11]入仕，吏部又复试之。韩退之[12]三试于吏部无成，则十年犹布衣也。宋虽登第入仕[13]，然亦止是簿尉令录[14]，榜首[15]才得丞

译文

古时候选拔士人的途径比较宽，而任用士人的标准却很严。如今选拔士人的办法很严格，任用士人却很宽松。古时候从乡里推举选拔人才，贤德有才能的士人不用担心自己不为人所知。到了唐宋时期，取士的科目很多，士人不能进入这一科取得功名，还可以转而从别科进取，这是唐宋时期取士途径比较宽松的表现。《礼记·王制》中说，乡里推举的优秀人才，称作秀士；秀士被推举到司徒那里，称作选士；司徒从选士中挑选优秀的，送到国学，称为俊士；大乐正从学有所成的造士中挑选优秀者推举给司马，称作进士；司马将进士中的贤士推荐给王，由王对其考评，作出结论。考评认定之后委以官职，为官之后再授以爵位，定了爵位之后再确定所领的俸禄。一个士人，未做官之前要经过四次考核，做官之后还要经过三次迁转，经历此七次迁转后，才得到俸禄。唐代的士人，即便科举及第也不能立即入仕做官，必须通过吏部的复试。韩愈参加了吏部的三次复试都没有成功，及第后十年仍是一介布衣。宋代士人虽然登第之后就可为官，但是其官职只限于簿尉、令录一类职位低的，只有科考第一名的才能获得县丞、通判这类职位低但权力较重的小官，

判[16]，是其用之之严也。宽于取则无枉才，严于用则少幸进。

这是宋代用士严格的表现。取士途径宽才不会枉屈人才，用士严格才能杜绝心存侥幸之人。

注释

1 **乡举里选**：古代取士之法，或经乡试选拔，或就乡里中考察推荐。

2 **《王制》**：《礼记》《荀子》皆有《王制》篇。本文指的是《礼记》的《王制》篇。

3 **秀士**：有德行才艺者。

4 **选士**：才能秀异、受推荐的人。

5 **学**：此处指大学。

6 **俊士**：即前文的"俊秀"。

7 **大乐正**：乐官名。周官大司乐，即大乐正，掌大学，为乐官之长；乐师即小乐正，掌小学，为乐官之副。均称乐正。唐代亦有乐正，为太常寺下太乐署的低级官吏。

8 **造士**：学而有成之士。

9 语出《礼记·王制》。

10 **及第**：科举应试中选。明清进士，殿试中一甲三名者，并赐进士及第。

11 **解褐**：谓脱去布衣换上官服。犹言入仕。褐，粗布或粗麻织的短衣，泛指贫苦人的衣服。

12 **韩退之**：即韩愈(768—824)，唐邓州南阳人。郡望昌黎，故世称韩昌黎。门人李汉编其撰作为《昌黎先生集》。

13 **宋**：成都本同二老阁本作"宋"；道光金山钱熙祚刻本、指海本作"末"，疑误。**登第**：科举考试录取时须评定等第，因称应考中式为登第。

14 **簿尉令录**：指一些职位低的小官吏。簿尉，主簿和县尉，泛指地方官府佐理官员。令录，宋代指县令、录事参军一级的地方官吏。

15 **榜首**：科举考试第一名。

16 **丞判**：丞史和判官的合称。在本文中，丞判指职位较轻而权力较重的官员。

原文

今也不然。其所以程[1]士者，止有科举之一途，虽使古豪杰之士若屈原、司马迁、相如[2]、董仲舒[3]、杨雄[4]之徒，舍是亦无由而进，取之不谓严乎哉！一日苟得，上之列于侍从[5]，下亦置之郡县，即其黜落而为乡贡[6]者，终身不复取解，授之以官，用之又何其宽也！严于取，则豪杰之老死丘壑[7]者多矣；宽于用，此在位者多不得其人也。

译文

如今的做法却不是这样。用来选拔士人的途径，只有科举一条路，即使让古代豪杰之士像屈原、司马迁、司马相如、董仲舒、杨雄这些人，离开这条路也没有别的进身途径，这难道还不算严格吗？一旦会试及第而取得功名，成绩特别优异的可直接成为皇帝的侍从，次等的也可到地方去主政，即使会试落选的，也可以成为乡贡，即便终身不再进京参加考试，仍然授予他官职，这样用人又是何等的宽松啊！取士严苛，就会有很多豪杰被埋没而老死于民间；任用宽松，这样会导致很多在位的官员不称职。

注释

1 **程：**考核，衡量。

2 **相如：**即司马相如（前179—前118），字长卿，汉蜀郡成都人。武帝时，因献赋被任命为郎。曾出使邛、筰有功。著作有《子虚》《上林》《大人》等赋，以讽喻为名，铺张皇帝打猎和观赏歌舞的享乐生活以及游仙故事，文辞华丽雕琢，成为汉魏以后文人赋体的模仿对象。

3 **董仲舒：**汉广川人。少治《春秋公羊传》，景帝时为博士，武帝时，以贤良对策称旨见重。拜江都相。生平讲学著书，推尊儒术，抑黜百家，开以后两千多年封建社会以儒学为正统的局面。著有《春秋繁露》等书。

4 **杨雄：**又作“扬雄”，字子云，西汉蜀郡成都人。少好学，长于辞赋，博通群籍，多识古文奇字。作《太玄》《法言》，又编字书《训纂篇》《方言》。

5 **侍从**：可有两解：一指随从帝王的左右；一指职位较高的官员。

6 **乡贡**：唐代取士之法，出自学馆者称“生徒”，出自州县者称“乡贡”，由天子自诏者称“制举”。宋以州郡贡士，自元以后皆以行省选贡士，亦通称“乡贡”。

7 **丘壑**：深山幽谷，常指隐居的地方。

原文

流俗之人，徒见夫二百年以来之功名气节[1]，一二出于其中，遂以为科法[2]已善，不必他求。不知科目之内，既聚此百千万人，不应功名气节之士独不得入，则是功名气节之士之得科目，非科目之能得功名气节之士也。假使士子探筹[3]，第其长短而取之，行之数百年，则功名气节之士亦自有出于探筹之中者，宁可谓探筹为取士之善法耶？究竟功名气节人物，不及汉唐远甚，徒使庸妄[4]之辈充塞天下。岂天下之不生才哉？则取之之法非也。吾故宽取士之法，有科举，有荐举[5]，有太学，有任子[6]，有郡邑佐[7]，有辟召[8]，有绝学[9]，有上书[10]，

译文

那些囿于俗见的人，看到这两百年来，科举选拔出来的士人偶有一两个建功立业且又有操守气节的，于是，他们就认为明朝科举制度已臻于完备，不必再寻求改进了。殊不知，目前的科举考试既然已经聚拢了成千上万的士人，就不会偏偏不让那些能建功立业且有气节的士人进入这个领域，那是他们在科场上得手，不是科举把他们培养出来的缘故。假如让读书人去抽签，按照抽签的长短来确定是否录取，这样施行几百年的话，那些能建立功业且有气节之士也有可能被抽签法选中，难道这样就可以说抽签之法是取士的好办法吗？说到底，明代近两百年来的人才远不及汉唐时候多，白白地让平庸狂妄之辈充塞天下。这能说是上天不降生有才之士吗？不是的，是选拔人才的制度出现了大问题。所以我主张放宽选拔人才的条件，施行科举、荐举、太学、任子、郡邑佐、辟召、绝学、上书八种方法，而严格

而用之之严附见[11]焉。

的任用办法附录于后。

注释

1 **功名气节**:追求建功立名,崇尚志气节操(的人)。功名,功绩和声名;气节,志气和节操。

2 **科法**:或为"科目"。成都本、指海本皆作"科法"。

3 **探筹**:犹今抽签。

4 **庸妄**:浅陋妄为。

5 **荐举**:向朝廷推举任用。

6 **任子**:因父兄的官职功绩而得以做官。

7 **郡邑佐**:指将郡县中成绩优秀的小吏选送进太学进修或保送京城做官。

8 **辟召**:因推荐而征召入仕。

9 **绝学**:这里指因掌握失传的学问或独特的学术、技术等而入仕。

10 **上书**:指向君主进呈书面意见或给地位高的人写信陈述意见,本文或指黄宗羲设想的一种通过向朝廷进呈著作而获得入仕机会的取士方式。

11 **附见**:谓见于正本的附录或正传的附传。本文指后文对其的解释。

原文

科举之法:其考校[1]仿朱子议[2]:第一场《易》《诗》《书》为一科,子、午年[3]试之;"三礼"兼《大戴》[4]为一科,卯年试之;"三传"为一科,酉年试之。试义各二道,诸经皆兼"四书"[5]义一道。答义者先条举注疏及后儒之说,既备,然后以"愚按"[6]结之。

译文

科举之法:考试办法仿效朱熹的设想:乡试的第一场考经学,《周易》《诗经》《尚书》为一科,每逢子年、午年考;《周礼》《仪礼》《礼记》以及《大戴礼记》为一科,每逢卯年考;《左传》《公羊传》《穀梁传》为一科,每逢酉年考。每科考试经义各二道,各经皆兼"四书"义一道。回答经义、"四书"义的,应先逐条列举注疏以及后儒的说法,其不条众说，或条而不能备，竟入己意者，虽通亦不中格。有司有不依章句移文[7]配接命题者，有丧礼服制忌讳不以为题者，皆坐罪。第二场周、程、张、朱、陆六子[8]为一科，孙、吴武经[9]为一科，荀、董、杨、文中[10]为一科，管、韩、老、庄[11]为一科，分年各试一论。

列举完后，再以“愚按”的形式作结，提出自己的看法。凡是不能逐条列出各家的解释，或者解释不够详备，而直接表达自己意思的，即使文章通达，也一律判为不合格。如果主考官不按“五经”“四书”的分章断句之法而移文配接命题，或因丧礼服制忌讳不以为题者，都要治罪。第二场考子学，周敦颐、程颢和程颐兄弟、张载、朱熹、陆九渊六位先生的学说为一科；孙武或孙膑、吴起的武经兵书为一科；荀况、董仲舒、杨雄、王通的学说为一科；管子、韩非子、老子、庄子的学说为一科，分年各考试一论。

注释

1 **考校：**考试，考查。

2 **朱子议：**指朱熹关于科举考试之议论和意见。朱子主张分年进行经、史、子、时务的考试。

3 **子、午年：**古代用甲子纪年，一轮甲子为六十年。其中属“子”者，为子年；每六十年中子、午年各有五个。明代子、午、卯、酉年举行乡试。乡试的次年举行会试，即丑、未、辰、戌年举行会试。

4 **《大戴》：**又称《大戴礼》，或《大戴礼记》，或《大戴记》，现存三十九篇。

5 **“四书”：**指《论语》《大学》《中庸》《孟子》。

6 **愚：**自称谦词。**按：**按语。

7 **移文：**以公文发往平行机关。

8 **周、程、张、朱、陆六子：**指宋朝的周敦颐、程颐程颢兄弟、张载、朱熹、陆九渊六位大儒。

9 **孙、吴武经：**孙子、吴子所写的兵书。孙，指孙武或孙武和孙膑；吴，指吴起；武经，这里指兵书。

10 **荀、董、杨、文中：**指荀况、董仲舒、杨雄和文中子。文中子，隋朝王通的谥号。王通(584—617)，字仲淹，隋绛州龙门人，王勃祖父。任蜀郡司户书佐，曾上太平十一策，不见用，后弃官，退归河、汾之间，以讲学授徒，著书立说，有弟子千数，时称“河汾门下”。

11 **管、韩、老、庄：**指管子、韩非子、老子和庄子。

原文

第三场《左》《国》、“三史”[1]为一科，《三国》《晋书》《南北史》[2]为一科，新、旧《唐书》《五代史》[3]为一科，《宋史》、有明《实录》[4]为一科，分年试史论各二道。答者亦必摭[5]事实而辨是非。若事实不详，或牵连他事而于本事反略者，皆不中格。第四场时务策[6]三道。凡博士弟子员遇以上四年仲秋，集于行省[7]而试之，不限名数，以中格为度。考官聘名儒，不论布衣、在位，而以提学主之。明年会试，经、子、史科，亦依乡闱[8]分年，礼部尚书知贡举[9]。登第者听宰相鉴别，分置六部各衙门为吏，管领簿书[10]。拔其尤者，仿古侍中[11]之职在天子左右，三考满常调而后出

译文

第三场考史学。《左传》《国语》《史记》《汉书》《后汉书》为一科，《三国志》《晋书》《南史》《北史》为一科，《新唐书》《旧唐书》《新五代史》《旧五代史》为一科，《宋史》、明朝《实录》为一科，分年考试，每科考史论各二道。答题者也必须采集事实而辨其是非。如果事实不够详尽，或者牵连一些无关的事情，反使所问的事实语焉不详的，都不合格。第四场考时务。写策论三道。凡博士弟子员遇到上述子、午、卯、酉四年的仲秋，集中于省城进行考试，不限名额，以合格为准。考官要聘请有名望的大儒，不论其是布衣还是在位官员均可，并派提学主持考试。第二年举行会试，经学、子学、史学三科，也按照乡试的办法分年进行，礼部尚书主持会试。登第的再由宰相来鉴别，分配在六部各衙门做小吏，管理簿书。其出类拔萃的，仿照古代侍中的官职，侍从在天子左右。经过三轮考核，达到要求以后，就可外调而成为郡县地方

官郡县，又拔其尤者为各部主事。落第者退为弟子员，仍取解试而后得入礼闱。[12]

长官，再选拔其中特别优秀的，升迁各部主事。会试落选的，仍为生员，下次仍要通过乡试，方可再参加会试。

注释

1 **《左》《国》、"三史"**：指《左传》《国语》《史记》《汉书》《后汉书》。

2 **《南北史》**：《南史》《北史》的合称。唐李延寿撰《南史》八十卷、《北史》一百卷。《北史》起魏至隋，《南史》起宋至陈。

3 **新、旧《唐书》《五代史》**：指《新唐书》与《旧唐书》、《新五代史》与《旧五代史》。《旧唐书》，五代后晋刘昫等撰，二百卷，原名《唐书》。因与宋欧阳修等所撰《新唐书》相区别，通称为《旧唐书》。《新唐书》，宋欧阳修、宋祁等撰，二百二十五卷。《旧五代史》，原名《五代史》，亦称《梁唐晋汉周书》，宋薛居正等撰，一百五十卷。《新五代史》，宋欧阳修撰，徐无党注，七十四卷。

4 **有明《实录》**：即《明实录》，明官修的编年体史料长编，篇幅庞大，保存有大量明代史料。

5 **摭**：拾取。

6 **时务策**：论时务的对策。唐代科举考试，凡明经，先试帖文，然后口试经义，答时务策三道；凡进士，试时务策五道，帖一大经，经、策全通者为甲等。

7 **行省**：元代设立的地方行政区划名称，简称为省。明清时行省之名习惯上代表大行政区，沿用至今。

8 **乡闱**：乡试试院。

9 **贡举**：古有乡举里选之制，有诸侯贡士之制，得人有赏，失人有罚。至汉，始合贡举之名，统称为贡举。

10 **簿书**：官署文书。

11 **侍中**：官名。秦始置，为丞相属官，后权势日重。至南宋废。

12 清翁心存校抄本后有：今试虽三场而以第一场为重。第一场中式后，二场仅完篇而已。第一场不中式，后两场即使程朱为论，徐庾为表，晁董为策，亦不阅也。故举子剿袭时文，可以空应命，欲革此弊。当每场各置房官第其高下，或一场中式，或二场中式，或全场中式，以中式多寡为优劣，则无偏重之失。《黄梨洲先生遗书二种》之《明夷待访录》（后学郑性订，大节校）注：闱下本有取之之法。假如士子万人，一场取二千人，揭榜不取者不得进第二场。第二场取千人，揭榜不取者不得进第三场。第三场取五百人，揭榜不取者不得进第四场。第四场取中方为中式。如此则主司不一场为主，各场为故事。

原文

荐举之法：每岁郡举一人，与于待诏之列。宰相以国家疑难之事问之，观其所对，令廷臣反覆诘难，如汉之贤良文学[1]以盐铁发策[2]是也。能自理其说[3]者，量才官之；或假[4]之职事，观其所效而后官之。若庸下之材剿说欺人者，举主坐罪，其人报罢[5]。若道德[6]如吴与弼[7]、陈献章[8]，则不次[9]待之，举主受上赏。

译文

荐举之法：每年由各府举荐一人，位于待诏之列。宰相以国家疑难的政事质询他，考查他的应对，并令朝廷大臣们与之反复辩难，就像汉代对贤良、文学以盐铁方面的讨论来策问一样。能言之成理的，就根据其才能而授予官职；或者先让他们暂时代理一些职事，观察其做事的效果，然后再授予官职。如果有庸才抄袭他人之说来欺人，举荐人要治罪，被举荐人也罢黜。如果被举荐人像吴与弼、陈献章这样贤德有道，就破格优待，举荐人予以重赏。

注释

1 **贤良文学：**亦称贤良。为汉代选拔官吏的科目之一。《汉书·东方朔传》："武帝初即位，征天下举方正贤良文学材力之士，待以不次之位。四方士多上书言得失。"

2 **以盐铁发策：**《管子·山国轨》："盐铁之策，足以立轨官。"盐铁即煮盐和冶铁。自汉以来，历代王朝皆以盐铁为政府专营，盐铁之税与田税为国赋收入的主要项目。汉昭帝始元六年(前81),召集各地推举的贤良、文学六十多人到京城举行会议,问民间疾苦。贤良、文学之人从反对盐铁官营、均输、平准开始,对政府的政策进行了全面的批评,并和御史大夫桑弘羊等反复辩论。内容涉及政治、经济、军事、文化等各方面,有《盐铁论》一书,记录了双方辩论的内容。这里指拿盐铁方面的事情向被荐举的人提出问题,进行辩驳,以观其能力大小。

3 **自理其说:**即自圆其说。

4 **假:**因,凭借。《庄子·大宗师》:"假于异物,托于同体。"注:"假,因也。"

5 **报罢:**旧时吏民上书,朝廷不采纳,通知作罢。科举时代考试落第,也称报罢。本文指将被举荐的庸才辞退。

6 **道德:**今指一种社会意识形态,是人类社会在共同生活中形成的对社会成员起约束和团结作用的准则。《韩非子·五蠹》:"上古竞于道德,中世逐于智谋,当今争于气力。"《礼·曲礼上》:"道德仁义,非礼不成。"注:"道者通物之名,德者得理之称。"

7 **吴与弼:**字子傅,号康斋,明抚州崇仁人。少年笃学,天顺时,征至京,授左春坊左谕德,旋放还。学程朱理学。注重"静时涵养,动时省察",要求在日常生活中努力做到"贫而乐"。胡居仁、陈献章等都出自他门下。有《康斋文集》。

8 **陈献章:**字公甫,明新会人。居白沙里,门人称白沙先生。正统十二年(1447)举乡试,次年会试中乙榜。至崇仁,受学于吴与弼。成化十九年以荐授翰林检讨,乞归。就学者甚众。其教学,以静为主,但令端坐澄心,于静中悟道。继承陆九渊"心即理也"的观点,认为宇宙只是一理的表现,这"理"便是"心"。修养主静坐,认为"学劳攘则无由见道,故观书博识,不如静坐",其学颇接近禅学。著有《白沙集》《白沙诗教解》。

9 **不次:**不按寻常的次序。《汉书·东方朔传》:"待以不次之位。"注:"不拘常次,言超擢也。"

原文

太学之法:州县学每

译文

太学之法:州县的学校每年把弟子

岁以弟子员之学成者，列其才能德艺以上之[1]，不限名数，缺人则止。太学受而考之，其才能德艺与所上不应者，本生[2]报罢。凡士子之在学者，积岁月累试，分为三等：上等则同登第者，宰相分之为侍中属吏；中等则不取解试[3]，竟入礼闱；下等则罢归乡里。

员中完成学业的，按其才能德艺排列上报给太学，不限名额，没有符合条件的，便不报。太学收到上报情况以后，对他们进行考核，如果其才能德艺与所上报的不相符合，那么，就取消该生升入太学的资格。凡是在太学就学的士子，经过数年的多次考试，分为三个等级：上等的同于会试登第者，宰相将之分派为侍从皇帝的侍中或六部的小吏；中等的不需要通过乡试，可直接参加会试；下等的就取消学籍，遣返回乡。

注释

1 **以上之：**将有才能德艺的弟子员向朝廷报送或荐举。

2 **本生：**该弟子员。

3 **不取解试：**不用通过乡试。

原文

任子之法：六品[1]以上，其子十有五年皆入州县学，补博士弟子员，若教之十五年而无成，则出学。三品以上，其子十有五年皆入太学，若教之十五年而无成，则出学。今也大夫之子与庶民之子同试，提学受其请托[2]，是使其始进不以正，不受其请托，非所以优门第[3]

译文

任子之法：六品以上官员的儿子，十五周岁后都入州县的学校，补为博士弟子员，如果学习十五年后仍一无所成的，则勒令其退学。三品以上官员的儿子，十五周岁后都到太学学习，如果受教十五年后而一无所成的，则勒令其退学。如今大夫的儿子与庶民的儿子一同参加考试，提学接受大夫的请托，是让这些大夫的儿子以不正当的途径进入仕途；若提学不接受大夫的请托，那就体现不出朝廷对官员也。公卿之子不论其贤否而仕之，贤者则困于常调[4]，不贤者而使之在民上，既有害于民，亦非所以爱之也。

的优待。公卿们的儿子不论贤良与否都一律为官，贤良的会受困于呆板的官员升迁制度，而让不贤的管理民众，既有害于民众，也不是对他们真正的爱护。

注释

1 **六品**：即第六等级。品，官吏的等级。旧官制一至九品，各分正从。《国语·周语中》："外官不过九品。"

2 **请托**：私相嘱托。

3 **门第**：旧指家庭的社会地位和家庭成员的经济文化状况等。

4 **常调**：按常规迁选官吏。

原文

郡县佐之法：郡县各设六曹[1]，提学试弟子员之高等者分置之，如户曹管赋税出入，礼曹主祀事、乡饮酒、上下吉凶之礼，兵曹统民户所出之兵、城守、捕寇，工曹主郡邑之兴作，刑曹主刑狱，吏曹主各曹之迁除[2]资俸也。满三考升贡太学，其才能尤著者，补六部各衙门属吏。凡廪生[3]皆罢。

译文

郡县佐之法：州县各设六曹，提学考试弟子员，优异的就安置在六曹中为胥吏，如户曹掌管赋税的出入，礼曹主管祭祀、乡饮酒礼、官方和民间的各类凶事吉事的礼仪，兵曹统管民户所出之兵额、城守、捕寇，工曹主管城邑工程的建设，刑曹主管司法刑狱，吏曹主管各曹官员的升迁、调任及其俸禄。凡三轮考核，合格的保送到太学就读，其才能尤为突出的人，直接候补六部各衙门属吏。废除廪生资格。

注释

1 **六曹**：即户曹、礼曹、兵曹、工曹、刑曹、吏曹。此指州县所设的官署，和中央的六曹不同。

2 **迁除**:官吏的升迁除授。

3 **廪生**:明洪武二年(1369)令府、州、县皆置学,府学生员四十人,州、县以次减十,每人每月给廪米六斗。后来名额增多,食廪者为之廪膳生员,省称廪生;增多者谓之增广生员,省称增生,无廪米;后来名额再增,称附学生员。

原文

辟召之法:宰相、六部、方镇及各省巡抚[1],皆得自辟其属吏[2],试以职事,如古之摄官[3]。其能显著,然后上闻即真[4]。

绝学者,如历算、乐律[5]、测望、占候[6]、火器[7]、水利之类是也。郡县上之于朝,政府考其果有发明,使之待诏,否则罢归。

译文

辟召之法:宰相、六部长官、方镇主帅及各省巡抚,都可以自行任命其僚属,拟任的属吏,先暂时代理各种职事,如古代的摄官。如果才能确实显著的,禀明朝廷后,就可以正式任用。

绝学是指掌握如历算、乐律、测望、占候、火器、水利之类的专门学问。州县将精通这些专门学问的人的名姓呈报朝廷,宰相考核他们,果真在某门学问上有所创建,便让他们待诏候用;如果名不副实,便遣返回乡。

注释

1 **巡抚**:官名。明洪武二十四年(1391)遣皇太子标巡抚陕西,时巡抚尚非地方专任之官。至洪熙元年(1425)八月以大理卿胡槩、参政叶春巡抚南畿浙江,始设巡抚专职。清以巡抚为省级地方政府的长官,总揽一省的军事、吏治、刑狱、民政等。因兼兵部侍郎衔,也称抚军。又因明清两代巡抚例兼都御史或副都御史衔,故也称抚院。

2 **属吏**:下属的官吏。

3 **摄官**:暂行代理的非正式任命的官员。

4 **即真**:有两种意思:一是指正式即皇帝位,对摄政而言;一是指官员由暂时代理而改为实授。此处是第二种意思。

5 **乐律**:亦称音律,指音乐上的律吕、宫调等。

6 **占候**:视天象变化以测吉凶。

7 **火器**:用火力杀伤人或用火力发射的兵器。

原文

上书有二:一,国家有大事或大奸,朝廷之上不敢言而草野言之者,如唐刘蕡[1]、宋陈亮[2]是也,则当处以谏职。若为人嗾使[3],因而挠乱朝政者,如东汉牢修[4]告捕党人之事,即应处斩。一,以所著书进览,或他人代进,看详[5]其书,足以传世者,则与登第者一体出身。若无所发明,纂集旧书,且是非谬乱者,如今日赵宧光《说文长笺》[6]、刘振《识大(编)[录]》[7]之类,部帙虽繁,却其书而遣之。

译文

上书分为两种:一是当国家有大事发生或有大奸臣出现,朝廷之臣不敢言说而民众敢于进谏的,如唐代的刘蕡、宋代的陈亮就是这样的,应当任命他们为谏官。若是被人唆使,因上书而挠乱朝政的,像东汉的牢修诬告捕党人之事,就应当斩首。二是把自己所著的书进呈朝廷,或由他人代为呈送,如果经审查,其书值得传世的,则将作者视同会试登第,享受同等待遇。如果没有创见,只是纂集前人的著述,而且是非不分,荒谬错乱,如当今的赵宧光的《说文长笺》、刘振的《识大录》之类,部头虽大,卷帙虽繁,也要拒绝其书,遣回其人。

注释

1 **刘蕡**:生卒年不详,字去华,唐昌平人。文宗大和二年(828),应贤良对策,极言宦官祸国,考官害怕得罪宦官,不敢录取。统考的李郃说:"刘蕡不第,我辈登科,实厚颜矣!"令狐楚、牛僧孺都上书推荐刘蕡为幕府,授秘书郎。由于宦官诬陷,后贬柳州司户参军。

2 **陈亮**:字同甫,宋婺州永康人。孝宗隆兴时,上《中兴五论》;淳熙时,又四次上疏,均力主恢复中原。光宗绍熙四年(1193)策进士,擢第一,未官而卒。亮主“义利双行、王霸并用”,故虽与朱熹友善,而持论常相左。亮才气超迈,好言兵,议论风生,喜用世而不得一试。著有《龙川文集》。

3 **嗾使:**挑动、指使别人做坏事。

4 **牢修:**修,一作顺,生卒年不详。东汉桓帝时术士张成弟子。

5 **看详:**审定的意思,公文用语。二老阁本、金山钱氏刻本、成都本以及邓先生藏本均作“看详”;而番禺本、海山仙馆本则为“详看”,疑误。

6 **赵宧光《说文长笺》:**赵宧光(1559—1625),字水臣,明吴县人。著《说文长笺》一百零四卷。

7 **刘振《识大(编)[录]》:**刘振(?—1648),明宣城人。《识大编》应为《识大录》之误。

建 都

导读

都城作为皇帝居住的地方,是全国政治、文化的中心。其设置往往涉及政权的巩固、经济的繁荣、统治的便利以及与地方之间的关系等重要问题,故而建都问题历来倍受政治家和政治思想家们重视。关于建都问题,政治家或思想家们所考虑的标准至少有以下几种:或把建都的失算归结为前朝覆灭的原因之一,借以告诫本朝的统治者应以此为鉴;或从便民的角度考虑,尤其从交通便利的角度考虑,主张都城最好设在天下的中心位置;或根据天下财富聚集问题,认为都城设在经济比较发达、资源富庶的地方较好;或从统治者集团地域背景考虑,觉得都城应建在靠近统治集团大多数成员出生之地的地方;或从当权者统治政策和统治技巧考虑;等等。

明朝都城的选址问题曾有过争议。洪武皇帝登基以后将都城建在离自己家乡只有上百公里的南京,后来,迫于北方少数民族入侵的压力曾动议迁都北京。这一提议直到永乐帝夺取皇位并重新疏通大运河后才最终实现。当时明朝迁都至少有两个理由:其一,永乐帝需要一个便于巩固其帝国的国都,他的势力范围和支持者位于北方而不在南京,他对南京颇为陌生;其二,出于政治和军事的原因,北京既可以充当对付北方入侵中国的堡垒,又可以作为支持皇帝在北方执行扩张政策的一切活动的中心。然而,黄宗羲并不赞成迁都北京,其主要理由如下:

其一,燕京(北京)交通不畅达。汴京地处中原,四通八达,即使在形势异常紧急的情况下,也难以被围堵;而燕京却毗邻夷狄,一旦被围,"孤悬绝北,音尘不贯,一时既不能出,出亦不能必达",可以说是无处逃生。

其二,"日以失天下为事,而礼乐政教犹足观乎"。黄宗羲以大量的史实说明,明朝建都的不当,导致国家常年处于危机之中。为了社稷安危,朝廷不得不保护都城,导致天下疲敝,财力困乏,更不用谈以礼乐教化百姓了。"有明都燕不过二百年,而英宗狩于土木,武宗困于阳和,景泰初京城受围,嘉靖二十八年受围,四十三年边人阑入,崇祯间京城岁岁戒严。"这种困窘的政治状况导致"上下精神毙于寇至,日以失天下为事"。为防御寇至,需要大量的军费开支。同时,全国各地,尤其是江南,每年向京师运输物资的花费也极为庞大。黄宗羲对此无限感慨:"江南之民命竭于输挽,大府之金钱靡于河道。"这些都是把都城设在燕京的害处。

其三,都城选址的得当与否,直接影响到国家财富的赢缩。在回答税率过低会不会影响到国用不足的疑问时,黄宗羲在《田制》篇中说:"夫古者千里之内,天子食之,其收之诸侯之贡者,不能十之一。今郡县之赋,郡县食之,不能十之一。其解运至于京师者,十有九。彼收其十一者,尚无不足,收其十九者,而反忧之乎?"几乎举全国之力,近十分之九的赋税都运往京师,其中的花费以及在运输过程中的消耗将是何等的惊人。选择恰当的都城位置,不仅可以确保政权的稳定,免遭外敌的侵犯,同时还可以节约开支,减少赋税,增加民众的收入,这无疑是一种相当好的富民制度。

如何解决"建都失算"这一问题呢?黄宗羲认为最佳的方案是建都金陵。明朝洪武二年(1369),朱元璋与大臣们讨论定都之事,监察御史胡子祺请建都关中。虽然胡子祺的建议深得朱元璋的赏识,但因诸多原因,此事不了了之。熟悉明朝掌故的黄宗羲大概不会不知道这件事。针对“古之言形胜者，以关中为上，金陵不与焉，何也”的诘难，黄宗羲认为，由于天时不同，明朝不宜在关中建都。他说：“秦、汉之时，关中风气会聚，田野开辟，人物殷盛；吴、楚方脱蛮夷之号，风气朴略，故金陵不能与之争胜。今关中人物不及吴、会久矣，又经流寇之乱，烟火聚落，十无二三，生聚教训，故非一日之所能移也。而东南粟帛，灌输天下；天下之有吴、会，犹富室之有仓库匮箧也。今夫千金之子，其仓库匮箧必身亲守之，而门庭则以委之仆妾。舍金陵而勿都，是委仆妾以仓库匮箧。昔日之都燕，则身守夫门庭矣。曾谓治天下而智不千金之子若与！”在这里，黄宗羲从经济、社会、文化发展多个角度分析了关中和吴、会之地在不同时代作为都城的条件之差异。黄宗羲设计将都城建在金陵，一方面说明他看到经济实力对一个国家政权稳定的重要性，另一方面也可看出黄宗羲还具有浓厚的乡土情怀。综观黄宗羲的建都思想，经济实力是一个非常重要的参考，这也是黄宗羲“天下为主”政治思想在富民层面的一个具体体现。

原文

或问：北都[1]之亡忽焉，其故何也？曰：亡之道不一，而建都失算，所以不可救也。夫国祚[2]中危，何代无之。安禄山之祸，玄宗幸蜀[3]；吐蕃之难，代宗幸陕[4]；朱泚之乱，德宗幸奉天[5]；以汴京[6]中原四达，就使有急而行势无所阻。当李贼之围京城[7]也，毅宗亦欲南下[8]，而孤

译文

有人问：明朝燕京政权在顷刻间就灭亡了，这是什么原因呢？我认为：其灭亡的原因固然不止一个，选错都城应是导致其政权不可挽救的关键因素。王朝的政权陷入危机，历朝历代都发生过。比如唐朝，安禄山叛乱时，唐玄宗逃到了四川；吐蕃入侵长安时，唐代宗逃到了河南陕州；朱泚被拥立为皇帝时，唐德宗奔逃至奉天；北宋都城汴京地处中原，四通八达，遇到紧急状况也可顺利撤退，没有什么阻隔。当李自成围攻京城时，毅宗也想南逃，但

悬绝北[9]，音尘[10]不贯，一时既不能出，出亦不能必达，故不得已而身殉社稷[11]。向非都燕，何遽不及三宗[12]之事乎！	最终孤立无援，音信难达，一时之间不能出都城，即使出了都城也没有其他地方可去。因此，毅宗不得已，才以身殉国。如果我朝不把都城设在燕京的话，毅宗怎么会不如唐朝的玄宗、代宗和德宗三位帝王，即使都城被占领也能逃脱啊！

注释

1 **北都：**指明朝都城燕京城。

2 **国祚：**原指帝王之位。此处指国家的命运。

3 **安禄山之祸，玄宗幸蜀：**指唐朝安史之乱时安禄山攻破长安，唐玄宗李隆基逃往四川之事。

4 **吐蕃之难，代宗幸陕：**指唐代宗广德元年(763)吐蕃攻陷长安，唐代宗李豫逃到陕州(今河南省三门峡市陕州区)之事。

5 **朱泚之乱，德宗幸奉天：**指朱泚被拥立为帝，唐德宗李适为避祸，奔逃奉天(今陕西乾县)之事。

6 **汴京：**五代的后梁、后晋、后汉、后周，北宋及金(完颜亮、完颜珣)皆以汴州为京都，故称汴京。在今河南开封市。

7 **李贼之围京城：**指崇祯十七年(1644)李自成攻克明朝都城北京，崇祯皇帝自缢于煤山。

8 **毅宗亦欲南下：**指农民军打到京师前，大臣李建泰建议崇祯皇帝迁都江南一事。

9 **孤悬绝北：**孤悬，孤孤单单地悬挂着；绝北，极北边。这句话的意思是：北京城与周围地区失去了联系，像一座孤城悬挂在遥远的北方。

10 **音尘：**本指声音与尘埃，后借指信息。

11 **不得已而身殉社稷：**指崇祯皇帝自杀一事。

12 **三宗：**指玄宗、代宗、德宗三位皇帝。

原文

或曰：自永乐都燕[1]，历十有四代[2]，岂可以一代之失，遂议始谋[3]之不善乎？曰：昔人之治天下也，以治天下为事，不以失天下为事者也。有明都燕不过二百年，而英宗狩于土木[4]，武宗困于阳和[5]，景泰初京城受围[6]，嘉靖二十八年受围[7]，四十三年边人阑入[8]，崇祯间京城岁岁戒严。上下精神毙于寇至，日以失天下为事，而礼乐政教犹足观乎！江南之民命竭于输挽[9]，大府[10]之金钱靡[11]于河道，皆都燕之为害也。

译文

有人说：自从永乐帝把燕京作为都城，经历了十四代，难道能因崇祯一代的失败，于是就认为最初建都燕京是失策之举吗？我的回答是：以前的君主治理天下，都以治好江山为主而不以防止失去江山为主。明朝建都燕京不过两百年，其间英宗在土木堡战败，遭瓦剌也先虏获；武宗被也先围困于阳和；景帝景泰初年，燕京遭围；世宗嘉靖二十八年(1549)，京城又被围，四十三年(1564)，鞑靼入侵；崇祯年间，京城年年都处于戒严状态。举国上下都因为不胜敌寇的侵扰而精疲力竭，君主也每天在为担心失去江山而忙碌，哪里还有什么精力去操持礼乐政教等事呢？江南的民众为运送京城所需的粮草累得筋疲力尽，官府的金钱都消耗在疏浚漕运的河道上，这些都是建都燕京带来的祸害啊。

注释

1 **永乐都燕：**指明成祖朱棣于永乐十九年(1421)从南京迁都北京。

2 **历十有四代：**指自成祖(太宗)都燕开始，此后经历了仁宗、宣宗、英宗(正统)、代宗、英宗(天顺)、宪宗、孝宗、武宗、世宗、穆宗、神宗、光宗、熹宗、思宗十四代。

3 **始谋：**指迁都北京之事。

4 **英宗狩于土木：**指正统十四年(1449)，瓦剌贵族也先率军攻明，明英宗朱祁镇率军亲征，于土木堡兵败被俘之事。狩，巡守。古时皇帝每五年一巡守，视察诸侯所守的地方。这里是黄宗羲对土木堡之变的隐讳说法。

5 **武宗困于阳和:** 指明武宗朱厚照于正德十二年(1517)被鞑靼兵困于山西阳和卫(今山西阳高县)之事。

6 **景泰初京城受围:** 指明代宗朱祁钰在正统十四年(1449)被也先围困之事。景泰,代宗年号,这里代指代宗。

7 **嘉靖二十八年受围:** 指明世宗朱厚熜嘉靖二十八年(1549),俺答兵犯宣府、东犯永宁之事。

8 **四十三年:** 疑为“四十二年”之误。嘉靖四十二年(1563)冬,辛爱、把都儿破墙子岭入寇,京师戒严,诏诸镇兵入援。掠顺义、三河,总兵官孙膑败死。大同总兵姜应熊御寇密云,败之。**阑入:** 擅自闯入。

9 **输挽:** 犹挽输,牵引着粮船、粮车辗转运输。

10 **大府:** 指国家贮藏和管理贡赋财货的机构,相当于国库。《周礼》:“大府掌九贡、九赋、九功之贰,以受其货贿之入,颁其货于受藏之府,颁其贿于受用之府。”

11 **靡:** 耗费,浪费。

原文

或曰:有王者起,将复何都?曰:金陵[1]。或曰:古之言形胜[2]者,以关中[3]为上,金陵不与焉,何也?曰:时不同也。秦、汉之时,关中风气会聚,田野开辟,人物殷盛;吴、楚方脱蛮夷之号,风气朴略[4],故金陵不能与之争胜。今关中人物不及吴、会[5]久矣,又经流寇之乱,烟火聚落,十无二三,生聚教训[6],故非一

译文

有人问:如果明主圣君再现,那么应建都于何处呢?我的回答是:金陵。也有人说:古时候讲地理位置优越的,认为关中为上等之地,却从没有谈及金陵,这是为什么?我的回答是:时代不同的缘故。秦、汉时期,关中地区风俗、习气都已开化,土地开阔,人口众多,物产丰富;而吴、楚之地刚刚开化,才脱掉蛮夷的称号,习俗、风尚还比较质朴鄙野,所以金陵不能与关中相比。如今,关中的人口、物产等方面早已远远不及吴、会之地了,又加之历经流寇之乱,兵燹连年,人口、村落不

日之所能移也。而东南粟帛，灌输[7]天下；天下之有吴、会，犹富室之有仓库匮箧[8]也。今夫千金之子[9]，其仓库匮箧必身亲守之，而门庭则以委之仆妾。舍金陵而勿都，是委仆妾以仓库匮箧。昔日之都燕，则身守夫门庭矣。曾谓治天下而智不千金之子若与！

到先前的十分之二三，而人口的繁育、物力的积聚、民众的教化都不是短时期内就能有所改变的。而东南之地的粮食、布帛行销到各地；拥有了吴、会之地就仿佛是富裕之家拥有了储满粮食、衣物的仓库和箱柜。如今，富贵之家的子弟必定亲自看守其仓库、箱柜，而门庭则由奴仆、侍妾去看守。不在金陵建都，就好比将仓库、箱柜交由奴仆、侍妾去看守。以前建都燕京，就好比富贵之家的主人自己去看守门庭一样。怎奈君主治天下的智慧还不如富家子弟！

注释

1 **金陵**：古地名，即今之南京市。

2 **形胜**：地势优越便利。

3 **关中**：地名，今指陕西省渭河流域一带。一说东自函关，西至陇关，一说两关之间谓之关中。

4 **朴略**：质朴鄙野。

5 **吴、会**：地名，指吴郡、会稽郡一带的地方，包括金陵在内。

6 **生聚**：繁殖人口，积蓄物资。**教训**：教育训导。

7 **灌输**：灌注输送。

8 **匮箧**：本文指富贵人家储藏贵重物品的陈物器。大曰箱，小曰箧。匮，大型藏物器。箧，即小箱子。

9 **千金之子**：指富贵人家的子弟。

方　镇

导读

在明朝以前，很多思想家、政治家都对封建制、郡县制的利弊发表了不同看法，主流观点认为封建制是一种落后的统治方法，郡县制是一种切合时宜的历史使然的统治方式。明末一大批思想家如黄宗羲、顾炎武、王夫之、颜元等继承前人的思考，重新讨论起这个古老的话题。黄宗羲认为，导致三代以后天下处于“五德沴眚”之运的原因在于“废封建”。他说：“废封建则兵民不得不分。分兵民则不得不以民养兵，以民养兵则天下不得不困。”（《留书·封建》）这种看法与西汉贾谊的看法非常接近，贾谊说：“匈奴之众不过汉一大县，然匈奴之众皆兵也。以匈奴之民与汉较，不能当百之一；以匈奴之兵与汉较，则未始不可相若矣。”黄宗羲进一步解释贾谊的话说：“汉欲聚一大县之兵，势不得不发天下之卒，欲养一大县之兵，势不得不征天下之赋，故说其势然也。”（《留书·封建》）

既然封建被废，要恢复已经不太可能，这又该如何解决呢？黄宗羲想出的补救措施是设置方镇。他以唐朝为例，认定方镇至少有两个基本的正面作用。一个作用是御敌，即方镇的对外职能。黄宗羲以历史为鉴，指出唐太宗时期设置方镇达到了御敌的效果。“当太宗分置节度，皆在边境，不过数府。其带甲十万，力足以控制寇乱。”另一个作用是制乱，即方镇的对内职能。黄宗羲指出安禄山虽然凭借方镇而作乱，但制乱凭借的力量亦是方镇。黄宗羲郑重地指出，唐朝的灭亡并非像有些人所认为的天下乱皆因方镇。他认为，其主要原因不在方镇之强，而正在于方镇之弱。因为其弱，黄巢、朱温便有机可乘。

除了御敌、制乱的职能以外，黄宗羲认为方镇还可以去两弊，即"封建之弊""郡县之弊"。封建之弊在于"强弱吞并，天子之政教有所不加"，他曾反复申论政教加于民的重要性。在《建都》中，针对明朝都燕失算，他说："上下精神毙于寇至，日以失天下为事，而礼乐政教犹足观乎！"谈到在边疆地区设立方镇时，他指出，"一切政教张弛，不从中制"，这样方可发挥方镇作用，等等。而郡县之弊在于"疆场之害苦无已时"。由于秦以后多采用郡县制的统治方式，这种以行政命令与政治权威相结合而统治地方的方式，在"天下为家（私）"思想的支配下，天下人觊觎王位而导致征战杀伐，苦无已时。这都是由秦以后实行郡县制导致的。

针对封建和郡县制各自的弊端，黄宗羲认为这两种制度应并行不悖，即在辽东、蓟州、宣府等沿边地区实行方镇。同时，这些方镇还有至少四种权力，即独立的经济权、财政权、行政任免权以及世袭权。方镇一旦有了这些自主权，就会增强方镇长官的责任心，极大地调动其积极性，并能够充分发挥其创造性。黄宗羲认为在边关设置方镇有多重作用："统帅专一，独任其咎，则思虑自周，战守自固，以各为长子孙之计，一也。国家有一警急，尝竭天下之财，不足供一方之用。今一方之财自供一方，二也。边镇之主兵尝不如客兵，故尝以调发致乱，天启之奢酋、崇祯之莱围是也。今一方之兵自供一方，三也。治兵措饷皆出朝廷，尝以一方而动四方。既各有专地，兵食不出于外，即一方不宁，他方晏如，四也。外有强兵，中朝自然顾忌，山有虎豹，藜藿不采，五也。"设置方镇，在边陲驻有重兵，可以御敌，此从上述所列一、二两利可以看出；可以节约很大一笔军用开支，所列三、四两利说得非常清楚。其最大的好处就是方镇拥有强大的军事实力，可以对君主有威慑作用，防止他的残暴。

黄宗羲这种与众不同的构想源自他的“人各自私”“人各自利”的人性论。方镇长官的私心得以满足，就利于方镇的统治。扩大方镇权力，方镇长官将所统辖区域作为自己的私产，而不至于被看作是人君一家之私产。实际上，这就相当于将人君一家之私产分为无数个团体的利益，这种做法在某种形式上与封建制有某种类似。在黄宗羲看来，抑制君主的个人私利是保证国家安全的一个必不可少的条件。而这也正是黄宗羲方镇思想的精髓所在！

黄宗羲构想通过在边疆设置方镇，给予方镇的长官很大的自主权，以达到震慑朝廷的作用。但“天高皇帝远”，这可能会导致在边陲的方镇长官拥兵自重，甚至出现国中之国的现象，造成唐朝那样的尾大不掉的弊端。对于如何防止方镇的权力过大，避免威胁朝廷的安全等问题，黄宗羲没有给予充分的考虑或进行有效的制度设计，这一方面说明黄宗羲的分治思想有一定的局限性，另一方面说明黄宗羲的政治思想在某种程度上含有理想化的成分。

原文

今封建[1]之事远矣，因时乘势，则方镇可复也。自唐以方镇亡天下，庸人狃[2]之，遂为厉阶[3]。然原其本末则不然。当太宗分置节度[4]，皆在边境，不过数府。其带甲十万，力足以控制寇乱。故安禄山、朱泚皆凭方镇而起，乃制乱者亦借

译文

分封建国的制度距离现在太过遥远，顺应时势的变化，方镇的设置当可恢复了。自从唐朝因为方镇势力的膨胀而亡国以后，肤浅之人拘泥于此，于是，将方镇制度看作是导致唐王朝灭亡的祸端。然而，细细推究方镇设置的始末，就会发现，实际上并非如此。当年，唐太宗分设的方镇都在边境地区，且仅有几个府。这些方镇统领十万大军，力量足以控制外寇的扰乱。因此，安禄山、朱泚凭借方镇的势力崛起，而

方镇。其后析为数十，势弱兵单，方镇之兵不足相制，黄巢[5]、朱温[6]遂决裂[7]而无忌。然则唐之所以亡，由方镇之弱，非由方镇之强也。是故封建之弊，强弱吞并，天子之政教有所不加；郡县之弊，疆场[8]之害苦无已时。欲去两者之弊，使其并行不悖，则沿边之方镇乎！

制衡各方镇的力量以防止他们叛乱的，也是依靠方镇的势力。后来，方镇分化成几十个后，各个方镇就显得势弱兵单，方镇之间就不足以互相牵制，于是，黄巢、朱温公然造反而毫无忌惮。这样看来，唐朝之所以灭亡，是因为各个方镇的势力过于薄弱，而非各个方镇的势力过于强大。封建制度的弊端在于强国欺压弱国，大国吞并小国，天子的风化政教影响不了他们；郡县制度的弊端在于国界之争无休无止。要想除去此两种制度的弊端，使它们并行不悖，就要在边境设立方镇！

注释

1 **封建：**指封邦建国，即古代帝王把爵位、土地分赐给诸王及勋臣，使之在各受封地建立邦国。周武王伐纣后，封建就成了周代巩固政权的主要国家架构。春秋战国时，诸侯国之间相互兼并，封建制逐渐式微，至秦始皇统一天下后，郡县制取代了封建制。之后，虽仍有一些朝代分封皇家子弟，保留着分封制的遗风，但郡县制仍占主导地位。

2 **狃：**因袭，拘泥。

3 **厉阶：**祸端。

4 **太宗：**指唐太宗李世民(599—649)，李渊(高祖)次子。**节度：**官名。唐初于重要地区设总管，后改称都督，总揽数州军事。永徽以后，都督带使节者称节度使。一节度使统管一道或数州，自主管理军事民政、用人理财等。

5 **黄巢：**唐山东曹州冤句人，唐末农民起义军领袖。

6 **朱温：**唐宋州砀山人。曾入黄巢军，后降朝廷，受封为梁王。后弑唐昭宗，拥立太子李柷为帝。哀帝在位四年，朱温代唐称帝，定都汴京(今河南开封),国号梁。

7 **决裂:**本文指黄巢、朱温二人反叛朝廷。黄宗羲以黄巢也据方镇而起,似欠妥。

8 **疆场:**国界。

原文

宜将辽东[1]、蓟州[2]、宣府[3]、大同、榆林[4]、宁夏、甘肃、固原[5]、延绥[6]俱设方镇,外则云、贵亦依此例,分割附近州县属之。[7]务令其钱粮兵马,内足自立,外足捍患;田赋商税,听其征收,以充战守之用;一切政教张弛,不从中制[8];属下官员亦听其自行辟召,然后名闻[9]。每年一贡,三年一朝,终其世兵民辑睦[10],疆场宁谧[11]者,许以嗣世[12]。

译文

我认为,适宜在辽东、蓟州、宣府、大同、榆林、宁夏、甘肃、固原、延绥各地设立方镇。此外,云南、贵州两地也应照此办理,分割附近的州县归由方镇管辖。务必使方镇领地内的钱粮兵马,对内可以实现自给自足,对外足以抵御祸患;至于田赋商税,听任方镇征收,充作战争和守卫的开支。所有的政教风化方面的举措,朝廷不加干预;方镇的属官也可以听凭他们自行征召,征召后将具体情况上报朝廷即可。方镇长官每年需向朝廷进贡一次,每三年朝见皇帝一次。终其一世,如果兵民相处和睦,封域之内平安无事,则允许其子嗣继任此职。

注释

1 **辽东:**既可为郡名,亦可为镇名。郡名,辖今辽宁东南部辽河以东地;镇名,明置九边重镇之一。镇守总兵官驻广宁,隆庆后迁移驻辽阳。

2 **蓟州:**州名。辖地相当于今天津蓟州区、三河市、玉田县、唐山市丰润区一带。

3 **宣府:**地名。其地在今河北张家口市宣化区。

4 **榆林:**指榆林卫。设于明成化年间,为长城一线军事要地。

5 **固原**:地名。属今宁夏回族自治区。

6 **延绥**:明代九镇之一。

7 按:黄宗羲所设想的在上述九个边境地区设置方镇,实受明代曾设的北方的九处要镇的启发。明代初设辽东、宣府、大同、延绥四镇,继设宁夏、甘肃、蓟州三镇,太原总兵治偏头,三边制府驻固原,也称二镇,合为九边。

8 **中制**:从中干预。

9 **名闻**:以名闻于上。闻,上闻。报上去使朝廷知道。

10 **辑睦**:和睦。《管子·五辅》:"和协辑睦,以备寇戎。"

11 **宁谧**:安静,安宁。

12 **嗣世**:相当于世袭,职位可以世世代代相承继。

原文

凡此则有五利:今各边有总督[1],有巡抚[2],有总兵[3],有本兵[4],有事复设经略[5],事权[6]不一,能者坏于牵制[7],不能者易于推委[8],枝梧[9]旦夕之间,掩饰章奏之上,其未至溃决者,直须时耳。统帅专一,独任其咎,则思虑自周,战守自固,以各为长子孙之计,一也。国家有一[10]警急,尝[11]竭天下之财,不足供一方之用。今一方之财自供一方,二也。边

译文

总起来说,这样做有五大好处:如今各地边境都设有总督、巡抚、总兵、本兵,有事的时候还增设经略,他们的职权不一,有能力的将领因处处受牵制而无法施展才能,平庸的将领往往借助相互牵制而推卸责任。在日复一日的冲突矛盾中,在互为掩饰其短的奏章中,这些地方还未溃决,不过是时间的问题。如果统帅职权专一,有问题一人承担所有责任,那么,其考虑问题自然会周全无失,战备防守也会很牢固,更会为自己的子孙作长久的谋划。这是第一个好处。国家一旦有战事等急变,常常是耗竭天下之财力,还不足供一个地方使用。如今设立方镇以后,一方的财用就可满足自己所需。这是第二个好处。边镇的主兵常不如调来的客

镇之主兵尝不如客兵[12],故尝以调发致乱,天启之奢酋[13]、崇祯之(菜)[莱]围[14]是也。今一方之兵自供一方,三也。治兵措饷皆出朝廷,尝以一方而动四方。既各有专地,兵食不出于外,即一方不宁,他方晏如[15],四也。外有强兵,中朝[16]自然顾忌,山有虎豹,藜藿不采[17],五也。

兵,因此经常因为调动、征发军队而引起叛乱,像天启年间的奢崇明叛乱,崇祯年间的孔有德围困莱州,就是因为这种情况而发生的。现在若设立方镇,一个地方的兵力可以供给一个地方自己使用。这是第三个好处。治理军队,筹措兵饷,都由朝廷负责,这样常常因为一个地方有紧急之事而惊动全国。若设立了方镇,每个方镇都有各自专管的区域,军队给养无须从外地调入,即使一个地方出现战事,其他地方仍安然无事。这是第四个好处。地方上兵力强大,朝廷自然会有所顾忌而不敢胡作非为,就像山中有虎豹,藜藿之类的野菜便没人敢去采摘一样。这是第五个好处。

注释

1 **总督:**官名。明初用兵时,命京官至地方总督军务,非常设之官。弘治时,以重臣专任,总制军务。至嘉靖时,去制字改为总督。清代因之,为地方最高长官,总管一省或二三省的军事和政治,例兼兵部尚书衔。别称制府、制军、制台。

2 **巡抚:**明代常派遣京官,加副都御史或佥都御史或兵部侍郎衔,到地方安抚军民。原本事毕复命,但后来常掌握地方军政大权,明代后期渐成常设。

3 **总兵:**官名。明代遣将出征,始立总兵官、副总兵官之名。以后军务日繁,总兵官统军镇守,遂成一方武官之重职,省称总兵官为总兵,副总兵官为副将。清因之,各省置提督,为地方武职最高长官。下分设总兵副将等官。总兵所辖的部队称镇,副将所辖者称协。故俗称总兵为总镇,副将为协镇。

4 **本兵:**官名。一指兵部尚书。一指掌管兵权。

5 **经略:**官名。明制无常设,有兵事暂置,如辽东经略之类,权任极重,在总督之上。清初亦曾置此职。

6 **事权:**事情的权宜或权能。

7 **牵制:**受制约。

8 **推委:**也作"推诿",推卸责任。

9 **枝梧:**抗拒、抵触,引申为冲突、矛盾。

10 **有一:**二老阁本、成都本为"有一",中华书局1981年版误为"一有"。

11 **尝:**《梨洲遗著汇刊》本作"常"。

12 **客兵:**客籍军士。或配合主军作战的外来部队。

13 **天启:**明朱由校(熹宗)年号,公元1621年—1627年。**奢酋:**即奢崇明,本彝族,世居四川永宁,为宣抚司。明熹宗时募川兵援辽,崇明等遂反,进围成都,国号大梁,后由朱燮元平定其乱。参见《明史·四川土司传》。

14 **崇祯之(莱)[莱]围:**此指崇祯四年(1631)孔有德攻莱州(今山东省境内)之事。道光金山钱熙祚刻本同二老阁本,"莱围"误刻成"菜围";番禺本、海山仙馆本为"幕围"。今据邓先生藏本、成都本改。崇祯,明思宗朱由检年号,公元1627年—1644年在位。

15 **宴如:**犹安然,安定平静貌。

16 **中朝:**即朝中。

17 **山有虎豹,藜藿不采:**意思是说,边境上的方镇强大,敌人就不敢来入侵,犹如山中有虎豹,藜藿就没有人敢去采摘。《淮南子·说山训》:"山有猛兽,林木为之不斩;园有螫虫,藜藿为之不采。"虎豹,比喻猛将,指守边的方镇。藜藿,藜与藿,贫者所食野菜。

田制一

导读

中国古代一直以农为本,统治者要考虑的不外乎两件大事:土地制度和赋税制度。土地制度是稳定政权的根本,而赋税制度是维持国家运转的经济基础,二者对于朝廷来说都是极其重要的。

在总结前朝相关制度的基础上,明朝的经济政策在这两方面均做了较大的变动。明朝的田地分为两种:一种叫官田,一种叫民田。明朝初建时,因元朝丧乱,田赋没有统一的标准。朱元璋登基以后,开始复核各地的田土。从记载来看,明朝当时实行的黄册和鱼鳞册都是重要的册籍。黄册是登记户口的,而鱼鳞册则是登记田亩的。这样,以鱼鳞册为经,黄册为纬,田土、赋税被详细地规定了下来,为朝廷征收赋税提供了可靠的依据。当时,朝廷针对中原大地田土大多荒芜的现象,实行按人口授田、免地租等鼓励生产的政策。通过这种黄册和鱼鳞册制度的实行,达到了定田赋、核户口、稳定生产、恢复经济的目的。这两种制度对稳定明朝的政权很有帮助。

然而,任何一种制度实行久了,就会滋生出弊端。明朝的土地制度也是如此。到明朝中晚期,大量的占田、掠田事件频频发生。百姓几乎到了无立锥之地的地步。继之社会动荡,农民起义频发,最终导致了明朝的灭亡。

前人的很多关于田制的论述对黄宗羲影响很深。在继承前人的思想和总结历代田制制度得失的基础上，他从“天下为主”的思想出发，提出了自己旨在富民的“井田可复”的田制思想。

他坚信卫所的屯田方式是恢复井田制的最佳方式，故而力倡恢复井田之制。从某种意义上讲，黄宗羲比他的老师刘宗周更理想化。黄宗羲不认为卫所的屯田制是不好的制度。只是其后卫所屯田经历了三次变化，使其弊端增多了。黄宗羲分析屯田的优劣，无不是以不侵害万民为宗旨，从中透露出尊重天下人利益的思想。他批评世儒们关于屯田可行而井田不可行的观点，通过大量的数据论述了井田可复的理由。他甚至认为，即使实行田土的均平，仍有大量的余田可听凭富民占有。黄宗羲的这些思想，尤其是赞同富民占有部分余田的思想，与他所倡导的“人各自私、人各自利”的人性论思想是一致的。

黄宗羲力复井田的思想，被后世讥笑为“迂阔之成见”。黄宗羲似乎是一个复古主义者，他对此问题的表述确实没有什么新变化。但我们不能把所有按照这种方式进行表达的思想，都冠之以复古主义，否则就大错特错了，这与不可将孔子或老子扣上复古主义者的帽子一样。

原文

昔者禹则壤定赋[1]，《周官》[2]体国经野[3]，则是夏之所定者，至周已不可为准矣。当是时，其国之君，于其封疆[4]之内田土之肥瘠，民口之众寡，时势之迁改，视之为门以内之事也。

译文

古时，大禹平治水患后，将天下土地划分为上上、上中、上下、中上、中中、中下、下上、下中、下下九等，并按土地等级征收赋税，《周礼》中有将国都分成若干区域，并对国都以外的土地进行测量、分配的记载。按此记载可知，到周朝时，夏朝的税赋标准已不适用而需重新制定了。那时，各诸侯国的国君，将各自疆界内土地的肥瘠、民众的多寡以及其变迁，都看作是自家的事。

注释

1 **则壤定赋**：夏禹平治洪水以后，将天下土地分为上上、上中、上下、中上、中中、中下、下上、下中、下下共九等，并依次订定各等土地的赋税。则，等级。

2 **《周官》**：一指《周礼》一书，汉世初出，称《周官》。因与《尚书·周官》篇相混，改称为《周官经》。自刘歆以后称《周礼》。一指《尚书》篇名，篇中叙述周设官分职和用人之法。本文指前者。

3 **体国**：就是指凡在京城之内的建筑设施需要严格按照一定的规格进行规划。国，指京城。**经野**：就是指在京城之外的乡间土地、沟洫等的大小、长短都有一定的标准。野，指京城之外的地方。

4 **封疆**：疆界。《史记·商君列传》："为田开阡陌封疆，而赋税平。"《正义》："封，聚土也；疆，界也：谓界上封记也。"

原文

井田既坏[1]，汉初十五而税一，文、景三十而税一，光武初行什一之法[2]，后亦三十而税一。盖土地广大，不能缕分[3]区别，总其大势，使瘠土之民不至于甚困而已。是故合九州[4]之田，以下下为则[5]，下下者不困，则天下之势相安，吾亦可无事于缕分区别，而为则壤经野之事也。夫三十而税一，下下之税

译文

井田制度被破坏后，西汉初年实行十五而税一的赋税制度，汉文帝刘恒、景帝刘启在位时则实行三十而税一。东汉光武帝刘秀初期采用什一税，后来也改为三十而税一。这些税率的变化是因为当时国土辽阔，不能详细划分土地肥瘠差别、好坏等级，只能综观其大概，不至于使耕种贫瘠土地的民众陷入困苦而已。因此，计算全国田土总的税赋时，以最差田土的收成作为赋税标准，只要耕种最贫瘠田土的民众不困苦，那么天下就会太平，君主也不用繁琐地去区分土地好坏，划分土地等级了。三十而税一是按下下田土的收成所确定赋税标准，即使上古三代之时，税赋分为九等，也不能全部以下下的

也。当三代之盛，赋有九等，不能尽出于下下，汉独能为三代之所不能为者，岂汉之德过于三代欤？古者井田养民，其田皆上之田也。自秦而后，民所自有之田也。上既不能养民，使民自养，又从而赋之，虽三十而税一，较之于古亦未尝为轻也。

田土收成为征税标准。汉朝居然能做到上古三代所办不到的事，难道是汉的德政胜过了三代了吗？古时候实行井田制度以养育民众，土地都属于统治者所有。自秦以后，土地变成了民众私有。统治者既不能养育民众，使民众自己养活自己，而且还征税。虽然按三十而税一来收，与上古三代之时相较也不能算轻啊。

注释

1 **井田既坏：**指秦始皇废封建行郡县制后，井田之制遭到严重破坏。

2 **光武：**指光武帝刘秀(前5—57)。**什一：**即什一税，又称“彻”，这是井田制的税则。

3 **缕分：**详细地划分。这里指按照土地的等级详细地区分。

4 **九州：**古代中国设置的九个州，历来说法不一。在《尚书·禹贡》中，九州指：冀、豫、雍、扬、兖、徐、梁、青、荆。据《尔雅·释地》载，九州无青、梁，有幽、营。据《周礼·夏官·职方氏》载，九州无徐、梁，有幽、并。后来九州泛指中国。

5 **下下为则：**古时品评人、物，常分为九等。本文指定赋税时，以最差的田的收成为标准。

原文

至于后世，不能深原其本末，以为十一而税，古之法也。汉之省赋，非通行长久之道，必欲合于古法。九州之田，

译文

到了后世，统治者不能深究赋税制度的本末，认为十一税是上古之法。汉朝的减省赋税并非长久通行之道，一定要符合上古三代之法才行。天下的田土，不是由统治者所授却实行十一税，就是以上上等

不授于上而赋以十一，则是以上上为则也。以上上为则，而民焉有不困者乎？汉之武帝，度支[1]不足，至于买爵[2]、贷假[3]、榷酤[4]、算缗[5]、盐铁之事无所不举，乃终不敢有加于田赋者，彼东郭咸阳[6]、孔仅[7]、桑弘羊[8]，计虑犹未熟与？然则十而税一，名为古法，其不合于古法甚矣。而兵兴之世，又不能守十一者，其赋之于民，不任田而任用[9]，以一时之用制天下之赋，后王因之。后王既衰，又以其时之用制天下之赋，而后王又因之。呜呼！吾见天下之赋日增，而后之为民者日困于前。

田土的收成作为标准征税。按照这个标准征税，民众怎能不陷入困苦呢？汉武帝时期，国家用度不足，以至于通过买官、借贷、酒榷、算缗、盐铁专卖等措施作为生财之道，但也始终不敢提高田土的赋税，难道东郭咸阳、孔仅、桑弘羊这些大财政家都没有想到去提高赋税吗？其实十而税一，名义上是上古之法，实际上与古时的什一税制相差甚远。当兵荒马乱之世，统治者不能严格遵守十而税一之制，不是根据土地肥瘠之等级而是凭自己之所需来征税，根据一时之所需来制定天下的税赋标准，后世君主因袭而不改。后世君主既遇衰世，又根据那时之所需来制定的天下税赋标准征税，再往后的君主又因袭不改。唉！我洞察到天下的税赋越来越重，民众也越来越贫困。

注释

1 **度支**：规划计算。也指官名，掌管全国财赋的收支。

2 **买爵**：出钱买官爵。

3 **贷假**：即假贷、借贷。

4 **榷酤**：也叫“榷酒”“酒榷”“榷酒酤”。汉以后历代实行的专卖酒制度。

5 **算缗**：即算缗钱。汉代赋制之一，是对商人、手工业者、高利贷者和车船所有者征收的税。

6 **东郭咸阳**：东郭，复姓。咸阳为其名。西汉齐国人，财政家。本为大盐商。武帝时，与孔仅同任大农丞，主管盐铁专卖，并到全国各地设立盐铁专卖机构，推荐以盐铁致富的商人为官吏。

7 **孔仅：**生卒年不详，西汉时财政家，南阳人。本为大冶铁商。武帝时与东郭咸阳同任大农丞，领盐铁事，主管盐铁买卖，后任大司农。

8 **桑弘羊：**西汉洛阳人，商家子。武帝时任治粟都尉，领大司农，推行盐铁酒类由国家专卖制度。

9 **任田：**犹任土、任地，即根据田土肥瘦情况而征税。**任用：**只凭需求来征收赋税。

原文

儒者曰："井田不复，仁政不行，天下之民始敝敝矣。"[1] 孰知魏、晋之民又困于汉，唐、宋之民又困于魏、晋！则天下之害民者，宁独在井田之不复乎！今天下之财赋出于江南[2]；江南之赋至钱氏[3]而重，宋未尝改；至张士诚[4]而又重，有明亦未尝改。故一亩之赋，自三斗起科[5]至于七斗，七斗之外，尚有官耗私增[6]。计其一岁之获，不过一石[7]，尽输于官，然且不足。乃其所以至此者，因循乱世苟且之术[8]也。吾意有王者起[9]，必当重定天下之赋。重定天下之赋，必当以下

译文

有儒者曾说："井田制不恢复，仁政就行不通，天下的民众就会陷入困苦。"有谁知晓魏晋的民众比汉朝的民众更困苦，唐宋的民众又比魏晋的民众更困苦！难道天下为害民众的，仅仅只是因为井田制没有恢复吗？如今天下的财赋大都出于江南一带；江南的税赋从五代吴越王钱镠、钱俶统治时期而日益加重，这种情况至宋朝未尝改动；到元末张士诚统治江南时期，税赋更重，到明朝也未尝改动。因此，一亩田土的税赋，征收三斗到七斗不等，七斗之外，还要额外增加运粮时的开销和损耗，以及地方官吏除了征收按朝廷规定的税额之外，还私自巧立名目增加的赋税。一年下来，一亩地的收获也不过一石粮食，还不够缴纳赋税。之所以到这步田地，是因为因循乱世制定的权宜赋税政策。我以为，若有贤明君主出来治理天下，定要重新厘定天下的赋税。而

下为则，而后合于古法也。

重新厘定天下的赋税，定要以最贫瘠土地的收成为标准，这样才合乎古法。

注释

1 语出《胡仲子集·井牧论》。儒者，指胡翰。

2 **江南**：通常指长江以南的广大地区。各朝代的含义有所不同，春秋、战国、秦、汉时，一般指今湖北的江南地区和湖南、江西一带；明清时，指今江苏、安徽南部和上海及浙江北部一代。

3 **钱氏**：指五代时的吴越王钱镠、钱俶。

4 **张士诚**：小字九四，元末泰州白驹场人。初以贩盐以业，至正十三年(1353)起兵反元，据有泰州高邮等地，自称诚王，国号大周，建元天祐。至正十六年(1356)迁都平江，次年降元。至正二十三年(1363)，复自立为吴王。后为明将徐达、常遇春擒送金陵，自缢死。

5 **科**：即科征，征收赋税。

6 **官耗私增**：本文指朝廷在运输粮米时的开销和损耗以及各地官吏在朝廷规定的税额之外，私自巧立名目增加的赋税。

7 **石**：容量单位，十斗为石。《汉书·食货志》上："治田百亩，岁收亩一石半。"

8 **苟且之术**：这里指不遵守立法，随意制定的政策。苟且，原为得过且过、马虎草率的意思。

9 **有王者起**：意思是说有像三代以上圣王那样的以"天下为主"的君王出来（治理天下）。待"王者起"是黄宗羲写作《明夷待访录》的主要动机，他希望自己的治国方略能得到贤德君主的采纳。

原文

或曰：三十而税一，国用[1]不足矣。夫古者千里之内，天子食之，其收之诸侯之贡者，不能十之一。[2]今郡县之赋，郡县食之，不

译文

有人说：如果实行三十而税一，国家用度恐怕不足啊。古时，天子的用度取之于国都周围千里之地，而其收取的各诸侯的进贡不足天子用度的十分之一。如今郡县所征收的赋税仅有不足十分之一的用于

能十之一。其解运[3]至于京师者，十有九。彼收其十一者，尚无不足，收其十九者，而反忧之乎？

本郡县的开销。十分之九的都解送到京师了。古时只收十分之一的税赋，国用尚无不足，而今收取郡县所征的十分之九的赋税，为何还会担忧国用不足呢？

注释

1 **国用：**国家的开支或需用。

2 **古者千里之内，天子食之，其收之诸候之贡者，不能十之一：**这指周朝的贡税制度，是说天子主要靠王城周围千里之地所缴纳的赋税来供养，而各诸侯王上贡天子的还不到天子所用的十分之一。贡，进献方物于朝廷。

3 **解运：**解，发送，解送。这里指将各地的赋、贡押运（进京）。

田制二

导读

本篇主要考察历朝所采用的田制制度的利弊。自商鞅变法废除井田制以后，西汉武帝时期，董仲舒提出了“限民名田”的建议，师丹、孔光等因袭了此说。在黄宗羲看来，这些建议固然很好，但是并不符合古时民众耕种自养的理想状况，民众仍旧遭到了侵夺。他说：“古之圣君，方授田以养民，今民所自有之田，乃复以法夺之，授田之政未成，而夺田之事先见，所谓行一不义而不可为也。”也就是说，“限民名田”之法一推出，授田的政策还没有实行，夺田的事情就已经发生了。

在董仲舒之后，井田是否可复一直存在争议。宋代的苏洵认为井田不可复，明代的胡翰和方孝孺则认为井田可复。对于他们的观点，黄宗羲认为苏洵的理由关注的都是一些复井田的细枝末节问题，其所忧者都是复井田所不急者。而胡翰、方孝孺虽然倡导井田可复，但他们并没有提出切实可行的办法。对此，黄宗羲通过卫所的屯田制度的可行而推知，井田完全有可能恢复。他批驳了那些认为屯田可行而井田不可复者的观点，认为他们的观点好比是不知道二五之为十。

为了说明屯田可行而复井田亦可行的观点，黄宗羲以万历六年(1578)实有田亩数为例，说明当时屯田田亩数实际上只占全国田亩数的十分之一。以一个军人拨田五十亩为标准，按照当时的田亩数进行分配的话，无论是官田还是民田，都可以达到每户授田五十亩的要求。就算如此分下去，全国尚有余田若干，可以供富民们占有，而不至于引起纷争。

针对当时有人认为屯田消耗量过大的说法，黄宗羲认为主要由四种原因造成：一是因为屯田者往往不是当地百姓，虽然授田给他们，并不足以消除他们的思乡之情；二是屯田往往都是由老弱者耕种，而少壮者守城，这样，即使由老弱者任意耕种，收成也必然很低，而不屯田的少壮者依然有吃的，这样就使他们养成了不耕种的习惯，使他们不愿去受屯田之苦；三是古时实行什一税，而今天每亩收成为二斗四升，以此来算，一亩的收入不过一石，这样税率就相当于百分之二十五了；四是收税者往往由军人承担，郡县不可参与，这样剥削兵士者就可以为所欲为了。有这四种原因，怎么能怪罪屯田消耗过大呢？黄宗羲认为，既然屯田可行，以此推知，井田必亦可行。

原文

自井田之废，董仲舒有“限民名田”之议[1]，师丹[2]、孔光[3]因之，令民名田无过三十顷，期尽三年而犯者没入之。[4]其意虽善，然古之圣君，方授田以养民，今民所自有之田，乃复以法夺之，授田之政未成，而夺田之事先见，所谓行一不义而不可为也[5]。

译文

自井田制被废除后，董仲舒曾（向汉武帝）提出限制富民以私人名义占有土地的建议（，但未被采纳）。师丹、孔光继承了他的主张，（在给哀帝的奏疏中，）建议私人占有田土不得超过三十顷，限期三年整改，三年后若有违反规定的，将没收土地。限田之法本意虽好，但古代的圣君只分配土地来养育民众，而如今民众自有的土地，还要通过法令来夺走，授田的政策尚未落实，夺田的事却已发生，这就是孟子所说的绝对不能做的不义之事。

注释

1 **“限民名田”之议：**《汉书·食货志》：“（董仲舒上言）古井田法虽难卒行，宜少近古，限民名田，以澹不足，塞并兼之路。”此议未被武帝采纳。名田，以私人名义占有土地。

2 **师丹：**字仲公。西汉琅琊东武人（今山东诸城人）。官至大司空。他主张限制贵族、官僚、富商占有土地和奴婢的数目，以缓和日益激化的阶级矛盾，挽救西汉统治，后因贵族官僚反对，未能实行。

3 **孔光：**字子夏，西汉鲁国人。治经学，熟习汉朝的制度法令。历成、哀、平三朝，官至御史大夫、丞相、太师。当时王莽专权，孔光谨默自守，终日清谈，不及政事，不为莽所忌，得以保持禄位。

4《汉书·食货志》记载：“诸侯王、列侯皆得名田国中。列侯在长安，公主名田县道，及关内侯、吏民名田皆毋过三十顷。诸侯王奴婢二百人，列侯、公主百人，关内侯、吏民三十人。期尽三年，犯者没入官。”

5《孟子·公孙丑上》：“行一不义，杀一不辜而得天下，而不为也。”

原文

或者谓夺富民之田则生乱，欲复井田者，乘大乱之后，土旷人稀而后可。[1]故汉高祖之灭秦，光武之乘汉[2]，可为而不为为足惜[3]。夫先王之制井田，所以遂民之生[4]，使其繁庶[5]也。今幸民之杀戮[6]，为其可以便吾事，将使田既井而后，人民繁庶，或不能于吾制无龃龉[7]，岂反谓之不幸与？

译文

有人认为剥夺富民之田土，就会引发天下大乱，而想恢复井田制的认为应趁着兵乱之后，土旷人稀，恰好可以恢复井田制。所以，汉高祖灭秦，光武帝接续西汉政权而起之时，就是恢复井田制的好时机，可他们没有趁机去做，实在可惜。先王制定井田制，原本是想顺着民众的本性，使其好繁衍生息。现在（想恢复井田制的）却庆幸民众遭杀戮，只因（杀戮后人少）便于恢复井田制。然而恢复井田制以后，人民繁庶起来，不能不与这些人的主张相抵牾，难道人民繁庶反倒成了坏事？

注释

1 《苏洵集·田制》称:“既又有言者曰:夺富民之田以与无田之民,则富民不服,此必生乱。如乘大乱之后,土旷而人稀,可以一举而就。高祖之灭秦,光武之承汉,可为而不为,以是为恨。”

2 **光武之乘汉:**光武帝刘秀接续西汉的政权而起。乘,同“承”,接续,继承。成都本作“光武汉之乘”。

3 **可为而不为为足惜:**可以做到(复井田),而没有实行(井田制),实在太可惜。这是对汉高祖、光武帝夺取政权后,没有采取井田制而感到可惜。

4 **遂民之生:**顺着百姓的本性。遂,顺。生,性也,本性。

5 **繁庶:**众多。

6 **幸民之杀戮:**庆幸民众被杀戮。

7 **龃龉:**上下齿不相配合,比喻意见不合。

原文

后儒言井田必不可复者,莫详于苏洵[1];言井田必可复者,莫切于胡翰、方孝孺[2]。洵以川路[3]、浍道[4]、洫涂[5]、沟畛[6]、遂径之制[7],非穷数百年之力不可。夫诚授民以田,有道路可通,有水利可修,亦何必拘泥其制度疆界之末[8]乎! 凡苏洵之所忧者,皆非为井田者之所急也。胡翰、方孝孺但言其可复,其所以复之之法亦不能详。余盖于卫所之屯田[9],

译文

后世儒者主张井田制不可恢复的,以苏洵的论述最为详尽;主张井田可恢复的,以胡翰、方孝孺的论述最为恳切。苏洵以为,要恢复井田制,没有数百年的时间来完善田土间的大小沟渠、道路等设施是不行的。果真授田给民众,道路可通畅,水利设施可修整,也就不必拘泥于制度、边界这些细枝末节了! 大凡苏洵所担忧的都不是恢复井田的急务。胡翰、方孝孺仅主张井田制可复,却并未提出切实可行之法。我通过(我朝的)卫所的屯田制可行而推知,若要恢复井田制,也不外乎如屯田一般。那而知所以复井田者，亦不外于是矣。世儒于屯田则言可行，于井田则言不可行，是不知二五之为十矣。

些儒生们认为，屯田制可行，井田制则不可行，这就好比不知晓二五之为十的道理。

注释

1 **苏洵**：字明允，号老泉。宋眉州眉山人。著名文学家，唐宋八大家之一，著作有《嘉祐集》。

2 **方孝孺**：字希直，又字希古。明浙江宁海人。建文时，任侍读学士。燕王朱棣起兵，当时朝廷诏檄多出其手。燕兵入京师（今南京），朱棣命方孝孺草即位诏，方孝孺不从，被杀。宗族亲友连坐死者，凡十族。其所著《逊志斋集》中的《宗仪》《与友人论井田书》等篇提出恢复井田制。

3 **川路**：即指河流的流向。川，指河流。

4 **浍道**：即田间的渠道。浍，田间排水之渠。

5 **洫涂**：指田间水道两边能容一车通行的道路。洫，沟洫，田间水道。涂，道路。

6 **沟畛**：指田间水道和水道两边的道路。沟，田间水道。畛，田间的道路。

7 **遂径之制**：指对田间的小水沟的深浅及通过水沟的小路的宽窄的规定。遂，或指道、通路，或指小沟。

8 **何必拘泥其制度疆界之末**：意思是说，何必拘泥于制度、边界这些细小的、不重要的事情呢。

9 **卫所**：明初军队的编制。京师和各地于要害处设卫所。一郡设所，连郡设卫。**屯田**：自汉以来，政府利用军队或农民、商人垦种土地，征取收成以为兵饷，称屯田。有军屯、民屯、商屯之别。本文的“卫所之屯田”为军屯。

原文

每军[1]拨田五十亩，古之百亩也，非即周时一夫授田百亩乎？五十

译文

（我朝的卫所屯田制度规定：）每个军士划拨垦田五十亩，此五十亩相当于古时候的一百亩，这不就是周朝时一

亩科正粮[2]十二石，听本军[3]支用，余粮十二石，给本卫官军俸粮，是实征十二石也，每亩二斗四升，亦即周之乡遂[4]用贡法[5]也。天下屯田见额六十四万四千二百四十三顷，以万历六年实在田土七百一万三千九百七十六顷二十八亩律之[6]，屯田居其十分之一也。授田之法未行者，特九分耳。由一以推之九，似亦未难为行[7]，况田有官民[8]？官田[9]者，非民所得而自有者也。州县之内，官田又居其十分之三。以实在田土均之，人户一千六十二万一千四百三十六[10]，每户授田五十亩，尚余余田一万七千三十二万五千八百二十八亩，以听富民之所占，则天下之田，自无不足，又何必限田、均田之纷纷，而徒为困苦富民之事乎！故吾于屯田之行，而知井田之必可复也。

成年劳力应授田百亩吗？五十亩屯田应按官府规定的数额缴纳正粮十二石，用于本卫所全军日常生活开支；缴纳余粮十二石，用于本卫所军官军士的俸粮，这实际上等于只征收了十二石，相当于每亩只缴二斗四升，这也就是周代乡遂实行贡法的制度。天下屯田总数六十四万四千二百四十三顷，用万历六年实际田土总面积按七百零一万三千九百七十六顷二十八亩来计算，屯田面积约占总田土的十分之一。除去屯田面积，没有被分配的田土还有十分之九。从这十分之一的屯田推广至那未分配的十分之九田土，似乎不是很难做到，更何况田土有官田、民田之分呢？所谓官田，是指那些不是民众所拥有而归官府自有的田土。州县之内，官田又占了十分之三。将实际存在的田土按一千零六十二万一千四百三十六户平分，以每户授田五十亩计算，还剩下一万七千零三十二万五千八百二十八亩田土。这些剩下的田土可以听任富民占有，天下的田土，本十分充足，又何必接二连三地推出限田、均田制度，而这些只会使富民困苦不堪啊！所以我从屯田制可行，而推知井田制必定可复。

注释

1 **每军**：每个屯垦的军士。军，专指屯军。明代的“军”与“兵”有很大的不同。“军”是卫所的军士，由朝廷发给粮饷，称为军户，是世袭的。“兵”则是根据军事的需要临时招募的。招募的兵仍属于民籍，他们的粮饷由被征发地区内的农户共同负担。

2 **正粮**：指官府规定的税粮。

3 **本军**：亦作“本兵”，指本部军队。

4 **周之乡遂**：周代制度，王畿郊内百里置六乡，每乡有乡大夫管理政务；郊外离京师百里之外二百里之内置六遂。每遂有遂人管理政务。诸侯各国亦有乡、遂，其数因国之大小而有所不同。后来用乡遂泛指都城以外的地区。

5 **贡法**：指进献方物于朝廷的方法。

6《明史·食货一》万历六年事。

7 此句番禺本、成都本、四川存古书局本、海山仙馆本作“似亦未为难行”。

8《明史·食货一》载：“明土田之制，凡二等：曰官田，曰民田。”

9 **官田**：相对于民田而言。《明史·食货一》载：“初，官田皆宋、元时入官田地。厥后有还官田，没官田，断入官田，学田，皇庄，牧马草场，城壖苜蓿地，牲地，园陵坟地，公占隙地，诸王、公主、勋戚、大臣、内监、寺观赐乞庄田，百官职田，边臣养廉田，军、民、商屯田，通谓之官田。”

10《明史·食货一》载：“户口之数，增减不一，其可考者……万历六年，户一千六十二万一千四百三十六，口六千六十九万二千八百五十六。”

原文

难者[1]曰：屯田既如井田，则屯田之军日宜繁庶，何以复有销耗也？曰：此其说有四：屯田非土著之民[2]，虽授之田，不足以挽

译文

有质疑者会问：屯田既然如同井田，那么，屯田的军士会越来越多，为何却是消耗朝廷的财富呢？我认为，之所以会有这种说法，有四个原因：其一，屯田的军士不是当地土著居民，虽然授田给他其乡土之思，一也。又令少壮者守城，老弱者屯种。夫屯种而任之老弱，则所获几何？且彼见不屯者之未尝不得食也，亦何为而任其劳苦乎？二也。古者什而税一，今每亩二斗四升，计一亩之入不过一石，则是什税二有[3]半矣，三也。又征收主自武人，而郡县不与，则凡刻剥[4]其军者何所不为，四也。而又何怪乎其销耗与？

们，但不足以消除他们的思乡之情。其二，指派少壮的军士守城，年老的屯田耕种。屯田耕种都由老弱者承担，那所获的收成能有多少呢？而且他们看到不屯垦的军士也有饭吃，既然如此，又何必去辛苦地耕种呢？其三，古时实行什一税，如今每亩收税粮二斗四升，以一亩田土的收成为一石来计算，这样税率就相当于百分之二十五。其四，屯田的赋税由屯田的军队长官负责，郡县官无权干涉，如此，他们会极尽所能剥削军士。有此四种原因，屯田军队消耗朝廷财富，又有什么奇怪的呢？

注释

1 **难者:**责难的人，即在复井田问题上与黄宗羲意见相反的人，这里是黄宗羲的一种假设说法，以便于论证自己的观点。这是古人常用的对话体论述模式。

2 **土著之民:**世代定居于一地的人。

3 **有:**通“又”。

4 **刻剥:**剥削，榨取。

田制三

导读

生活在富庶的江浙地区的黄宗羲，带着知识分子关心民瘼的情怀，加之曾短期出任过朝廷命官的经历，使他对百姓的生活、官场的腐败、政治的危机都深有体会。他强烈反对后世“不任田而任用”“以其时之用制天下之赋”的做法，认为这是导致“天下之赋日增，而后之为民者日困于前”的局面的根本原因。虽然黄宗羲大多数时间生活在乡间，但凭着对历朝政治制度的熟悉，他在著作中深刻地指出了赋税制度的弊端。《田制》中不但反思了前代的赋税得失，还剖析了明朝的赋税之弊。他慨叹：“斯民之苦暴税久矣。”黄宗羲所说的“暴税”是指“有积累莫返之害”“有所税非所出之害”“有田土无等第之害”。

“积累莫返之害”实际上就是赋税不断累加而不减之害。此害被当今学者秦晖概括为“黄宗羲定律”。从历史的角度，黄宗羲考察了历朝赋税制度的变化：三代之时的贡、助、彻，只是征收田土之税而已。到了魏晋时期，赋税制度开始有户、调的名称，有田土的百姓缴纳租赋，有人户的百姓缴纳布帛，这是在田土之税外增加了户赋。唐初，朝廷确立了租、庸、调之法，有田的出租，有户的缴调，有丁的纳庸。缴租用谷，纳庸用绢，调则缴纳缯纩布麻。这时除了户赋之外又增加了丁赋。杨炎变租、庸、调为两税法，人无丁中，以贫富为差别。虽然租、庸、调的名称浑然不见，但其实是把庸、调并入到租赋中了。

两税法一直相沿到宋朝，不但没有减庸、调于租内，反而又征收钱米作为丁身的赋税。此后，各朝心安理得地按此方法收税，认为两税指的就是租赋，丁身指的即是庸、调，岂不知，这实际上是重复缴纳的赋税。明朝的两税，除了丁口之外，还有力差，有银差，故而黄宗羲说："杨炎之利于一时者少，而害于后世者大矣。"至于嘉靖末年实行的一条鞭法，黄宗羲认为，它与两税法没什么两样。他以万历、崇祯两朝的税收情况说明"税额之积累至此，民之得有其生也，亦无几矣"。民众已经到了无法生存下去的地步，怎么不让黄宗羲揪心呢？黄宗羲看到了很多朝代的赋税名义很轻，而实际上农民不堪重负的历史状况。他反对表面的轻徭薄赋，希望统治者能真正减轻农民的负担，主张实行"下下之税"，即"三十而税一"。他指出天下的财赋日渐加多的状况直至明朝也没有改变，赋税愈加愈多，百姓负担越来越重，出现"一岁之获，不过一石，尽输于官，然且不足"的现象而官员不察。造成这种现象的原因，主要是朝廷采用的是"因循乱世苟且之术"。黄宗羲对朝廷赋税制度的批评是切中要害的。

如果说第一种"暴税"主要是针对税率而言的话，那么，第二种"暴税"则是针对所缴纳的赋税而言的。黄宗羲称之为"所税非所出之害"。此害已经涉及近代经济学中的通货膨胀问题。最初使用银时，银价较低。折银时，老百姓还是比较划算的。但是后来，当银价较高而谷价较低时，采用折银的方式就不如直接采用实物好了。尤其是当天下之银枯竭时，银价飞涨，若仍使用银缴赋税的话，就会出现"丰年田之所出足以上供，折而为银，则仍不足以上供"的情况。黄宗羲认为，这是"天与民以丰年而上复夺之，是有天下者之以斯民为仇也"。针对此点，黄宗羲构想采用"必任土所宜"征收实物的方式，解决"所税非所出之害"。他说："然则圣王者而有天下，其必任土所宜，出百谷者赋百谷，出桑麻者赋布帛，以至杂物皆赋其所出，斯民庶不至困瘁尔！"当风调雨顺，上天给老百姓一个好收成时，其劳动果实又被统治者通过征收赋税的方式掠夺去了，这不是统治者与百姓有仇吗？然而，圣贤之王拥有天下，必定是按照土地之所产而征收赋税。这样的话，百姓就不至于困顿穷苦了。

黄宗羲所说的第三种“暴税”是“田土无等第之害”，也就是田土不分肥瘠、好坏等级，官府按照一个标准征收赋税所造成的危害。黄宗羲从《周礼》中找到根据，古人的田土不仅“九则定赋”，而且还“细为之等第”。而后来虽田土价格悬殊，但有司却“画为一则”进行征收，结果致使不毛之地每年抱空租，就算年年耕种，所生产出的东西还不够牛种的钱。

针对官府通过这种方式收税造成的“田土无等第之害”，黄宗羲从“天下之主”的思想出发，构想了两项具体措施。第一项措施是尽量使土地得到相应的休养生息。他说：“小民但知其为瘠土，向若如古法休一岁、二岁，未始非沃土矣。官府之催科不暇，虽欲易之，恶得而易之？何怪夫土力之日竭乎！吾见有百亩之田而不足当数十亩之用者，是不易之为害也。”第二项措施是重新丈量田土，然后分等授田。

黄宗羲的赋税思想，从总体上来说，与传统的富民思想有着较为一致的地方，基本上是儒家富民、亲民、爱民的具体体现。它看似有较为浓厚的复古思想，实则是黄宗羲在构想这些制度时，从“天下之法”的角度，从维护天下人的生存权利的立场出发，根据明朝末年社会经济发展的新动向，提出了具有一定可行性的解决朝廷财政问题的办法。这些制度不是为了满足皇家一家之私，不是从“一家之法”的角度设想出来的赋税制度。

原文

或问井田可复，既得闻命[1]矣。若夫定税则[2]如何而后可？

译文

有人会问，我同意你关于井田制可复的看法。既如此，那税赋该如何确定才可以呢？我认为，消除民众一直遭受的各种苛捐杂税曰：斯民之苦暴税[3]久矣，有积累莫返之害，有所税非所出之害，有田土无等第之害。

何谓积累莫返之害？三代之贡、助、彻，[4]止税田土而已。魏晋有户调[5]之名，有田者出租赋，有户者出布帛，田之外复有户矣。唐初立租、庸、调[6]之法，有田则有租，有户则有调，有身则有庸，租出谷，庸出绢，调出缯纩[7]布麻，户之外复有丁矣。杨炎变为两税[8]，人无丁中[9]，以贫富为差，虽租、庸、调之名浑然不见，其实并庸、调而入于租也。相传至宋，未尝减庸、调于租内，而复敛丁身钱米[10]。后世安之，谓两税，租也；丁身，庸、调也。岂知其为重出之赋乎？使庸、调之名不去，何至是耶？故杨炎之利于一时者少，而害于后世者大矣。

之害，即税额代代积累却难返本之害、所征赋税并非土地所产之害、田土不分等级而统一征税之害，才可确定赋税的真正标准。

什么叫税额代代积累却难返本之害呢？夏、商、周三代时的贡法、助法、彻法，只是征收田土之税罢了。魏晋之时，有称为户调的税，有田土的缴纳租赋，有户籍的缴纳布帛，在土地税之外增加了户赋。唐朝初年，制定了租、庸、调的赋役制度，按田土征收的称为租，按户口征收的称为调，按人身征收的称为庸。租缴谷米，庸缴纳绢，调缴布匹，户赋之外又增加了丁税。杨炎变租、庸、调为夏秋两税法，人不论是“丁”还是“中”，以贫富程度定纳税等级，此税法虽然不见租、庸、调的名称，其实是把庸、调合并入租里面去了。这种税法一直沿用到宋朝，宋朝非但没有从租里面减去庸、调，还征收钱米作为人丁税。后世以此为心安理得，认为两税指的就是租；丁身指的就是庸、调。哪里知道这些都是重复征收的赋税啊？假使庸、调的名称不去掉，怎么会到这一步呢？所以，杨炎的两税法，对于他那个时期略微有些好处，对后世造成的祸害却是极大的。

注释

1 **闻命**:接受命令或教导。

2 **税则**:收税的规则。

3 **暴税**:官府在实际征收赋税时,征收的额度远远超出民众应该缴纳的赋税。

4 **贡、助、彻**:为夏、商、周时期的租税制度。夏朝时一夫授田五十亩,而每夫计其五亩的收入作为上缴的贡。商朝始为井田制,以六百三十亩之地,画为九区,每一个区有田七十亩。中间的部分为公田,其周围八区分别授给八家,由八家共同耕作公田,以公田所收为税,而不再税其私田。周朝时一夫授田百亩,乡遂用贡法,十夫有沟,都鄙用助法,八家同井。耕则通力合作,收则计亩而分,故谓之彻。其实皆什一者。彻,通也,均也。

5 **户调**:按户征收的税。汉制按人征,东汉末曹操平袁绍,定每户征收绢二匹,绵二斤,为户税之始。晋司马炎又增其赋,称为户调。

6 **租、庸、调**:唐朝的赋税制度的名称。其规定是:丁男、中男授田一顷,每年交粟二石,这叫作租。凡是男丁,每年都要无偿服役二十天。若不服役,每天交绢三尺,这叫作庸。根据当地土地所生产,每年交绫、绢、絁,各二丈,布加五分之一。交绫、绢、絁者,兼缴三两绵;交布者,兼缴三斤麻,这叫作调。

7 **缯纩**:缯帛与丝绵的合称。缯,丝织物的总称,古谓之帛,汉谓之缯;纩,丝绵絮。

8 **杨炎**:字公南,唐凤翔天兴人。官至中书侍郎、同平章事,定议废除"以丁夫为本"的租庸调制,改行以家产多寡为标准的两税法,规定用钱纳税。**两税**:夏秋两税。夏税不超过六月,秋税不超过十一月,称为两税。有两税使以总其事。

9 **人无丁中**:两税法按照个人的资产、田亩的多少,定出应纳税的数额,不分丁中。唐制:"凡民始生为黄,四岁为小,十六为中,二十一为丁,六十为老。"

10 **丁身钱米**:按人丁征收的赋税。宋朝的税赋有五类,其中丁口之赋,即

"百姓岁输身丁钱米是也"。

原文

有明两税、丁口而外,有力差,有银差[1],盖十年而一值。嘉靖末行一条鞭法[2],通府州县十岁中夏税、秋粮、存留[3]、起运[4]之额,均徭[5]、里甲[6]、土贡[7]、顾募[8]、加银[9]之例,一条总征之。使一年而出者,分为十年,及至所值之年一如余年,是银、力二差又并入于两税也;未几而里甲之值年者,杂役仍复纷然,其后又安之。谓条鞭,两税也;杂役,值年之差也,岂知其为重出之差乎!使银差、力差之名不去,何至是耶?故条鞭之利于一时者少,而害于后世者大矣。

译文

明代除两税、丁口的赋税外,还有力差、银差,大概每十年轮值一次。嘉靖末年,推行一条鞭法,整个府、州、县十年间的夏税、秋粮、存留、起运的税额,均徭、里甲、土贡、顾募、加银等各种例捐,合为一项总体征收。原本一年征收的税赋现分为十年,及至所轮值的年份也同其他年份一样,这是银差和力差又合并到两税里面了;没过多久,民户要轮流承担差役,当轮到这一年时,同时还要承担各种各样的杂役,其后人们就习以为常了。有人说一条鞭征收法就是两税法,杂役就是按年轮流应当服的差役,他们哪里知道这些都是重复征收的差役呢?假使银差、力差的名称不去掉,怎么会到这一步呢?所以,一条鞭法,对于当时一段时期略微有些好处,而对后世造成的祸害却是极大的。

注释

1 **力差、银差:**一条鞭法规定,均徭、杂泛按丁分派,应役方式有以身应服的力差与以纳银代役的银差之分。

2 **一条鞭法:**是明代中叶后赋役方面的一项重要改革。初名条编,又名类编法、明编法、总编法等。后"编"又作"鞭",间或用"边"。主要是总括一县之赋役,悉并为一条,即先将赋和役分别合并;再通将一省丁银均一省徭役，每粮一石编银若干，每丁审银若干；最后将役银与赋银合并征收。这使里甲体系不管在形式上还是实质含义上都不再存在；任何残留的人头税都将并入田赋之中。而纳税人可以通过分期支付单一的、固定的白银来履行对国家的义务。参见《明史·食货二》。

3 **存留**：指地方政府在征收税粮中，留下供本地开支的部分。

4 **起运**：指地方政府征收的税粮中，除去留下供地方开支的部分外，运缴中央的部分，谓之起运。

5 **均徭**：明代徭役制度之一。按人口多少、财产厚薄分摊，出人力或出银雇役从便。但由于官绅勾结，巧立名目，实际负担大部分落到一般百姓身上。

6 **里甲**：明初因赋定役，丁夫出于田亩。洪武十四年(1381)诏编赋役黄册，以一百一十户为一里，推丁粮多者十户为长，余百户为十甲，甲首凡十人。岁役里长一人，甲首一人，董一里一甲之事，以丁粮多寡为序，轮流充任。

7 **土贡**：臣民和藩属向君主进献的土特产和其他珍贵财物，是我国赋税的初始形式，据传始于夏禹时期。自秦汉至明代均予沿袭，是君主专制王朝攫取民间财物的重要手段之一。

8 **顾募**：出钱招募。顾，通“雇”。

9 **加银**：明朝中叶出现的税法：朝廷每征银一两，州县加征银一二分。

原文

万历间，旧饷五百万，其末年加新饷九百万，崇祯间又增练饷[1]七百三十万。倪元璐[2]为户部，合三饷为一，是新饷、练饷又并入于两税也。至今日以为两税固然，岂知其所以亡天下者之在斯乎！使练饷、新饷

译文

万历年间，旧饷有五百万两白银，万历末年增收新饷九百万两白银，崇祯年间又增练饷七百三十万两白银。倪元璐担任户部尚书时，把三饷合并为一饷，这是新饷、练饷又合并到两税里面去了。时至今日，人们仍旧以为两税就是那样的，哪里知道明朝之所以灭亡正在这方面呢！假使练饷、新饷的名称不改掉，人

之名不改，或者顾名而思义，未可知也。此又元璐不学无术之过也。嗟乎！税额之积累至此，民之得有其生也，亦无几矣。今欲定税，须反积累以前而为之制。授田于民，以什一为则；未授之田，以二十一为则。其户口则以为出兵养兵之赋，国用自无不足，又何事于暴税乎？

们或者还可以顾名而思义，知晓练饷、新饷并不是两税以内应征收的赋税，也是可能的。这些都是倪元璐不学无术的过错所导致的。唉！税额一代代地积累到如此程度，民众还能幸免生存下来的，也为数不多了。如今，要想制定赋税，必须要恢复到胡乱加税以前的状况，以此作为定税标准。国家分配的田土产出，以什一为征收标准；不是国家分配的，以二十税一为标准。其户头和人口所征赋税用作出兵养兵，这样，国家的用度自然就充足了，又何须横征暴敛呢？

注释

1 **练饷：**明末苛税。崇祯十二年(1639)，命边镇及畿辅、山东、河北四总督各抽练额兵，共七十三万人，又练民兵，于是在剿饷之外，每亩加征一分，称练饷。是时，它与辽饷、剿饷并称为“三饷”。

2 **倪元璐：**字汝玉，号鸿宝，明浙江上虞人。历官至户部、礼部尚书。

原文

何谓所税非所出之害？古者任土作贡[1]，虽诸侯而不忍强之以其地之所无，况于小民乎！故赋谷米，田之所自出也；赋布帛，丁之所自为也。其有纳钱者，后世随民所便，布一匹直钱一千，输

译文

什么叫所征赋税并非土地所产之害呢？古时候根据土地所产作为贡赋，即便是诸侯也不忍心强迫民众进贡土地上产不出的东西，更何况庶民呢？所以，用谷米作为赋税，这是田土所自产的东西；用布帛作为赋税，这是民众自家的劳作。后世有纳钱为赋的，官府听凭民众自便，比如一匹布市场价值钱一千，若将之缴纳给

官听[2]为九百，布直六百，输官听为五百。比之民间，反从降落。是钱之在赋，但与布帛通融而已。其田土之赋谷米，汉、唐以前未之有改也。及杨炎以户口之赋并归田土，于是布帛之折于钱者与谷相乱，亦遂不知钱之非田赋矣。宋隆兴二年[3]，诏："温、台、处、徽不通水路，其二税物帛，许依折法[4]以银折输。"盖当时银价低下，其许以折物帛者，亦随民所便也。然按熙宁[5]税额，两税之赋银者六万一百三十七两而已，而又谷贱之时常平就籴[6]，故虽赋银，亦不至于甚困。

官府，只能抵九百；市场价值钱六百的布，纳税时只抵五百。与民间的布价相比，折钱反而还要低一些。这种用钱缴税的做法只是与用布帛缴税的方式相互通融罢了。用田土出产的谷米作为应缴的赋税，汉、唐以前都是如此，不曾改变过。到了杨炎推行两税法，把户头税和丁口税合并到田土税里面，这样用布帛折换的钱与用谷米所缴的税就相互混淆了，于是人们也就搞不清用布帛折换的钱并不是田赋了。宋隆兴二年，孝宗的诏令说："因温州、台州、处州、徽州不通水路，这四个州的夏秋两税和应缴的谷物布帛等实物，可以根据法定折法折成银两，解送朝廷。"大概当时银价低下，允许用银子折换谷物布帛，也是随民众自便。然而，按照熙宁年间的税额来看，两税之赋交纳的白银数额为六万零一百三十七两而已，而朝廷又在谷价低廉时平价收购谷物，所以就算征收银子，民众也不至于很困顿。

注释

1 **任土作贡：**依照土地的好坏和实际的出产制定贡赋的种类和多少。语出《尚书·禹贡》。

2 **听：**听任，任凭。

3 **宋隆兴二年：**即公元 1164 年。隆兴，宋孝宗赵昚(shèn)年号。

4 **折法：**指官府将原来征收的实物赋税改征其他东西的方法。比如唐宋时采用的"折纳"，明清时使用的"折征"等。折，抵作，折合。语出《宋史·食货上二》。

5 **熙宁**:北宋神宗赵顼(xū)的一个年号(1068—1077),共计10年。历史上著名的王安石“熙宁变法”就是发生在此期间。

6 **常平就籴**:筑仓储谷,丰年谷贱时增价而籴,荒年谷贵时减价而粜,是稳定物价、保护农民利益的措施。常平,古代一种调节粮价的方法。

原文

有明自漕粮[1]而外,尽数折银。不特折钱之布帛为银,而历代相仍不折之谷米,亦无不为银矣;不特谷米不听上纳,即欲以钱准银,亦有所不能矣。夫以钱为赋,陆贽[2]尚曰“所供非所业,所业非所供”[3],以为不可,而况以银为赋乎!天下之银既竭,凶年田之所出不足以上供;丰年田之所出足以上供,折而为银,则仍不足以上供也,无乃使民岁岁皆凶年乎?天与民以丰年而上复夺之,是有天下者之以斯民为仇也。然则圣王者而有天下,其必任土所宜,出百谷者赋百谷,出桑麻者赋布帛,以至杂物皆赋其所出,斯民庶[4]不至困瘁尔!

译文

明朝除了漕粮之外,所缴的赋税一律折为银子。不仅以前可折为钱的布帛现在要折为银子,甚至于历代沿袭、从不折钱的谷米也要全部折为银子;不但不让民众用谷米缴税,而且用钱币抵换银子也不被允许。用钱币作为赋税的做法,陆贽说“缴纳的不是自己生产的,生产的不能缴纳”,认为这样不恰当,何况用银子缴纳赋税呢?天下的银子已经快被官府搜刮完了,凶荒年田土所产的不够缴纳赋税;丰收年田土所产虽够缴纳赋税,但折算为银子后仍不足以缴税。这不是使民众年年都处于凶荒之年吗?上天给予民众一个丰收的年成,而统治者却夺其收成,这是统治天下的人以民众为仇敌。然而,圣贤之王拥有天下,必定是按照土地所产的而征收赋税,产百谷的以百谷为赋税,产桑麻的以布帛为赋税,以至于所出的杂物都可以作为赋税,这样民众或许才不至于困顿穷苦!

注释

1 **漕粮**:古代国家规定由水路运往京师供官府和军队食用的粮食,为从各地征集来的实物税。

2 **陆贽**:字敬舆,唐苏州嘉兴人。翰林学士,官至中书侍郎、同平章事。撰《陆氏集验方》五十卷,所作奏议数十篇,指陈时病,论辨明彻,为后世所重。著有《翰苑集》。

3 贞元四年(788),针对当时赋役日重的现状,陆贽上疏言革除赋税日繁之弊端时说的。语出《新唐书·食货二》。

4 **庶**:也许,或许,表示希望或推测之词。

原文

何谓田土无等第之害?《周礼·大司徒》:"不易之地,家百亩。一易之地,家二百亩。再易之地,家三百亩。"[1] 是九则定赋之外,先王又细为之等第也。今民间田土之价悬殊,不啻二十倍,而有司之征收,画以一则,至使不毛之地,岁抱空租,亦有岁岁耕种,而所出之息不偿牛种[2]。小民但知其为瘠土,向若如古法休一岁、二岁,未始非沃土矣。官府之催科不(假)[暇][3],虽欲易之,恶得而易之?何怪夫土力之日竭乎!吾见有百亩之田而不足当数十亩之

译文

什么叫田土不分等级而统一征税之害呢?《周礼·大司徒》记载:"肥沃而不需休耕的土地,每户分给一百亩。需休耕一年才可复种的土地,每户分给两百亩。需休耕两年才可复种的土地,每户分给三百亩。"这是在把土地分为九等定税之外,古代圣王又细分了土地的等级次第。如今,民间田土价格相差有一二十倍,而官府的征税却按一个标准来定,以至于不毛之地,每年也要缴纳租税,也有年年耕种但收成还不足以抵偿所消耗的各项成本。民众只知其田贫瘠,假使能像古时的方法一样,让贫瘠的田土休耕一年或两年,这些贫瘠的田土未尝不会变为肥沃的田土。官府催税令民众疲于应付,即使打算休耕,又怎么能休耕呢?也就难怪田土越

用者，是不易之为害也。今丈量天下田土，其上者依方田之法[4]，二百四十步为一亩，中者以四百八十步为一亩，下者以七百二十步为一亩，再酌之于三百六十步、六百步为亩，分之五等。鱼鳞册[5]字号，一号以一亩准之，不得赘以奇零，如数亩而同一区者不妨数号，一亩而分数区者不妨一号。使田土之等第，不在税额之重轻，而在丈量之广狭，则不齐者从而齐矣。是故田之中、下者，得更番而作，以收(土)[上]田[6]之利。如其力有余也而悉耕之，彼二亩三亩之入，与(土)[上]田[7]一亩较量多寡，亦无不可也。

来越贫瘠啦！我见有的百亩田土的产出还不如有的几十亩田土的产出，这就是田土未实行休耕之法的弊害。如今丈量全国的田土数量，上等田土依照方田之法，二百四十步为一亩，中等田土以四百八十步为一亩，下等田土以七百二十步为一亩，再酌情以三百六十步或以六百步为一亩，将天下田土分为五等。鱼鳞图册上的字号登记土地，以一号为一亩地为准，不得带上多余的零头，比如数亩田土都属于同一区域，要编成多个号；一亩分属于多个区域，则不妨只编一个号。如果田土的肥沃等级次第，不在税额的轻重，而在面积的广狭上，那么，所纳之税由不等同就变得等同了。所以，中下等的田土，需要轮休轮种，这样才能获取与上等田土差不多的收成。如果民众有余力而愿意全部耕种，那么两三亩中下等田土的收成，与一亩上等田土的收成相较多寡，也没有什么不可以。

注释

1 语出《周礼·地官司徒·大司徒》。原文为："凡造都鄙，制其地域，而封沟之，以其室数制之。不易之地，家百亩。一易之地，家二百亩。再易之地，家三百亩。"都鄙，周时王子弟、公卿、大人的采邑（封地）。凡是营造王公大人的采邑，规制其地域范围，用沟分开，用房屋数规定之。对于不需休耕的土地，每家以一百亩计。需休耕一年才可复种的土地，每家以两百亩计。需休耕两年才可复种的土地，每家以三百亩计。

2 **牛种**：指耕种、收获过程中所花费的各项成本。

3 邓先生藏本、道光金山钱熙祚刻本、成都本及二老阁本皆作“假”。根据文意应为“暇”之讹。今据番禺本、四川存古书局本、海山仙馆本改。

4 **方田之法**：古代九章算术之一，即由边线长短，计算土地面积的方法。《宋史·食货上二》：“神宗患田赋不均，熙宁五年重修定方田法，诏司农以《均税条约并式》颁之天下。以东西南北各千步，当四十一顷六十六亩一百六十步，为一方。”据此计算，宋代的方田法正是以二百四十步为一亩。

5 **鱼鳞册**：又称鱼鳞图册，是作为土地管理和田赋征收依据的土地登记图册。与鱼鳞图册相辅而行的还有黄册，即户口登记簿。前者以田为母，以人户为子，用于稽查田亩编号、大小、四至等；后者以人户为母，以田为子，用于定徭役、征赋税。两者互相印证，同为朝廷征收赋役、管理土地和民户的依据。鱼鳞图册的编制，有利于加强中央对基层的控制，进而巩固中央集权。

6 道光金山钱熙祚刻本、成都本、番禺本、四川存古书局本、海山仙馆本及二老阁本皆作“土田”。根据上下文的语义推断，“土田”应为“上田”之讹。

7 邓先生藏本、道光金山钱熙祚刻本、成都本、番禺本、海山仙馆本及二老阁本，皆作“土田”；四川存古书局本作“上田”。

兵制一

导读

黄宗羲对兵制的思考，除了从维护政权稳定的角度出发外，他考虑更多的则是，如何建立合理的兵制，减轻民众负担，使民众从繁重的兵役、赋税中解脱出来，实现富民目的。

黄宗羲首先分析了明朝三种兵制卫所、召募、屯兵的弊端。明朝兵制三变，非但没有加强军事实力，反而每变一次，民众的负担就加重一些。卫所、召募、大将屯兵的弊端归结为一点，就是兵分于农，军分于兵，导致天下不堪重负。他认为，卫所的弊端在于庞大的官军粮饷全部依赖于民众。除了西北边境的三十万士兵外，还需要士兵抵御外敌侵扰，平定动乱，因而又不得不设置别的兵种，而且还要养活这些士兵。士兵的户籍从农民的户籍中分出来，尚且不论，然而又将军士的户籍从士兵中脱离出来，这等于一天下的百姓要养活两天下的士兵。召募的弊端在于额外花费许多时间和金钱召募的十万士兵还抵不上选出的三万士兵有作用，常是还未来得及做充分准备，天下已经骚动不安了。大将屯兵的弊端在于大将拥兵自重，胡作非为，与地方恶势力相勾结，而朝廷却不敢过问，因为他们不听从朝廷调遣，甚至围攻朝廷。

卫所制度原本并非不完善，但后来遭到了严重破坏，导致军费开支异常庞大，朝廷几乎无力供给，天下百姓负担日益沉重。对此，黄宗羲详细地分析了卫所制度被破坏的原因。在他看来，卫所、屯田原本是互为表里的关系，一镇的军士足够守卫一镇的田土，一军的田土也足够供给一军的费用。但是后来军队的开支激增，导致无人耕田，囤粮不足，同时又增派客兵，这样坐等吃粮的人多起来，致使囤粮更加不足，于是伸手向百姓征收更多的粮米，这样运往京师的物资也日益增多，结果卫所制度开始遭到破坏。定都燕京以后，军人按年轮流漕运，他们有月粮、行粮，一个人得两份兵饷，这样算下来每年就有二十五万三千六百个不耕田而吃饭的军人。这是卫所制度为漕运所破坏。中都、大宁、山东、河南等地附近的卫所，春秋两季轮班上操，军人有月粮，有行粮，也是一个人兼有两份粮饷，这样算下来每年有二十余万不耕种而要吃饭的军人。这又是卫所制度为班操所破坏。某边镇出现了军情，就调动其他边镇的部队来增援，应调的部队在本镇享有新饷，他们的家人则得到原镇的旧饷。旧的士兵不归队，各镇又不得不补上缺口，增添一名士兵又增添了一名士兵的新饷，这样算下来就是一个士兵享有三份兵饷。卫所之制至此已经破坏得不可收拾了。这种一人享有多份兵饷的状况，怎么能让老百姓承受得起呢？长久下去，哪有不灭亡的道理？这些都说明，以军民相分为特征的兵制是导致民众困苦、明朝覆灭的直接原因之一。

黄宗羲有感于明朝兵制制度的窳败和军费开支庞大所带来的严重后果，从"天下为主"的思想出发，为减轻民众负担、维护民众切身利益，构想了"兵农合一""军兵合一"的新兵制。他说："余以谓天下之兵当取之于口，而天下为兵之养当取之于户。其取之口也，教练之时五十而出二，调发之时五十而出一；其取之户也，调发之兵十户而养一，教练之兵则无资于养。"这样做，就能做到"五十口而出一人，则其役不为重；一十户而养一人，则其费不为难；而天下之兵满一百二十余万，亦不为少矣"。黄宗羲认为，兵农合一、军兵合一可以解决农民负担过重的问题。黄宗羲这个构想与其早期的观点也是一致的。他曾说："若封建之时，兵民不分，君之视民犹子弟，民之视君犹父母。无事则耕，有事则战，所谓力役之征者，不用之于兴筑，即用之于攻守。""是故废封建则兵民不得不分。分兵民则不得不以民养兵，以民养兵则天下不得不困。”（《留书·封建》）这是黄宗羲力图达到的国家富强、军队强大的目的。他坚信“国家无养兵之费则国富，队伍无老弱之卒则兵强”。他以“人主欲富国强兵而兵民太分，唐、宋以来但有彼善于此之制，其受兵之害，未尝不与有明同也”来强调“兵民太分”的不可取。

原文

有明之兵制，盖亦三变矣：卫所之兵，变而为召募，至崇祯、弘光[1]间又变而为大将之屯兵[2]。卫所之弊也，官军三百十三万八千三百，皆仰食[3]于民，除西北边兵三十万外，其所以御寇定乱者，不得不别设兵以养之。分兵于农，然且不可，乃又使军分于兵，是一天下养两天下之兵也！召募之弊也，如东事[4]之起，安家[5]、行粮[6]、马匹、甲仗费数百万金，得兵十余万而不当三万之选，天下已骚动矣。大将屯兵之弊也，拥众自卫，与敌为市，抢杀不可问，宣召不能行，率我所养之兵反而攻我者，即其

译文

明朝的兵制，大抵历经三次变革：先是卫所制度，后来变为召募制度，到崇祯、弘光年间又变为大将屯兵制度。卫所制度的弊端，在于总计三百十三万八千三百的官军都仰仗民众养活，除了西北三十万边兵外，其用来抵御外侵，平定内乱的兵士，不得不别设兵士屯田以养活这些人。屯兵从农民中分离出来，已不恰当，却又使军士从屯兵中分离出来，这是让天下的民众养活两天下的兵啊！召募制度的弊端，如辽东战事发生后，仅安置募兵的家口、军士出征的口粮、准备的马匹、盔甲、器械的费用就高达数百万金之巨。可召募来的十万兵丁还选不出三万能够直接作战的，就这样天下已经骚动不安了。大将屯兵制度的弊端在于一些大将统帅拥兵自重，只顾自己安危，甚至与敌贸易，朝廷还不得过问其抢劫滥杀的劣行，他们也不听从朝廷的宣召。率领朝廷供养的军士来攻打朝廷，即是这些大将所干的勾

人也。有明之所以亡，其不在斯三者乎？

当。明朝之所以亡国，难道不是因为这三种兵制的弊端吗？

注释

1 **弘光：**南明朱由崧（福王）年号，公元1644年—1645年在位。在二老阁本中“弘光”的“弘”字少一点，可知是避乾隆皇帝的讳，因乾隆皇帝字弘历。道光金山钱熙祚刻本、番禺本作“宏光”；成都本为“弘光”。

2 **大将之屯兵：**明朝派遣的总兵官、参将、游击将军、守备把总，一般都是临时性的。崇祯、弘光年间，农民起义军遍布各地，再不能采取临时派遣的办法了，于是改为长期驻守。他们成为地方的重要军事长官。

3 **仰食：**依靠他人为生。

4 **东事：**辽东战事。努尔哈赤建立了后金政权后，不断与明朝发生冲突。道光金山钱熙祚刻本无“东事”二字，似被剜去，以“□□”代之。

5 **安家：**安置募兵家口的费用。

6 **行粮：**兵士出征、巡边、守墩等按日或按月所领取的口粮。

原文

议者曰：卫所之为召募，此不得已而行之者也；召募之为大将屯兵，此势之所趋而非制也。原夫卫所，其制非不善也。一镇[1]之兵足守一镇之地，一军之田足赡一军之用，卫所、屯田，盖相表里者也。其后军伍销耗，耕者无人，则屯粮不足，增以客兵，坐食[2]者众，则

译文

有人说：“卫所制变为召募制，这是不得已而作出的兵制变革；而召募制变为大将屯兵制，这是形势所趋而并不成为一种制度。卫所制本来并非不好。一镇之兵足够镇守一镇之地，一军之田的收成足够一军的开支。卫所与屯田，二者大概是互为表里的。后来，驻军的人员不断减少，屯田无人耕种，于是屯田所收粮食就不够用了。又由于从其他卫所调来兵士帮助守卫，只消耗粮食而不耕种屯田的士兵越来越多，则屯田所收的粮食就更不够用

屯粮不足。于是益之以民粮[3]，又益之以盐粮[4]，又益之以京运[5]，而卫所之制始破坏矣。都燕而后，岁漕四百万石，十有二总领卫[6]一百四十旗[7]，军十二万六千八百人，轮年值运，有月粮，有行粮，一人兼二人之食，是岁有二十五万三千六百不耕而食之军矣。此又卫所之制破坏于输挽者也。中都[8]、大宁[9]、山东、河南附近卫所，轮班上操[10]，春班以三月至八月还，秋班以九月至二月还，有月粮，有行粮，一人兼二人之食，是岁有二十余万不耕而食之军矣。此又卫所之制破坏于班操者也。一边[11]有事则调各边之军，应调者食此边之新饷，其家口又支各边之旧饷。旧兵不归，各边不得不补，补一名又添一名之新饷，是一兵而有三饷也。卫所之制，至是破坏而不可支矣。凡此皆

了。于是只好在原有赋税之外向农民追缴粮饷，又向盐商追缴粮饷，但仍不够，又从运往京城的粮饷中划拨一部分转运各卫所，卫所制度就这样开始被破坏了。迁都燕京以后，每年需漕运四百万石粮食入京，由十二个总领卫一百四十旗，总计约十二万六千八百名军士来按年轮流值班运送。这些军士所领兵饷有月粮，有行粮，一个军士的给养相当于两个军士的，这样一年就有二十五万三千六百名不耕而食的军士。这是卫所制度又被漕运破坏了啊。中都、大宁、山东、河南这些京师附近的卫所，军士们要轮班赴京操练，春班是三月到京师，八月返还驻地；秋班是九月到京师，次年二月返还，每名军士既领月粮，又领行粮，一个军士的给养相当于两个军士的，这样每年就有二十余万不耕而食的军士。这是卫所制度又被轮班赴京操练破坏了啊。一个边镇有战事，则需调遣其他各边镇的军士来支援，应调遣的军士要在所支援的边镇支领新的粮饷，其家人仍领其原属边镇所发给的粮饷。支援其他边镇的军士若不回到原边镇，原边镇不得不补充兵额，补一名军士就又增添了一份新饷，这一个军士相当于有三份粮饷。卫所制度到此就被完全破坏而不能维持下去

末流之弊，其初制岂若是哉！

了。这些都是末流之弊，当其初创之时，哪里是这样呢？

注释

1 **镇**：指军镇。驻守一方的称镇守，分驻一路的称分守，其驻守地称镇。

2 **坐食**：不劳而食。

3 **民粮**：在原有赋税之外向农民加征的军用粮饷。

4 **盐粮**：为筹措军队粮饷，明廷实行“纳粮中盐“之法，商人在边地缴纳粮食，就可获得盐引去指定产盐地领取官盐，在相应的行盐区销售。

5 **京运**：指原应该运往京城的粮饷，因屯粮、民粮、盐粮不足以应付军用，转而运往边地卫所充作兵饷。参见《明史·食货三》。

6 **十有二总领卫**：指负责漕运的十二把总，即南京二总，江南直隶二总，江北直隶二总，中都一总，浙江二总，山东一总，湖广一总，江西一总。

7 **旗**：明朝军队的编制单位。明朝军制卫之下有千户所、百户所，每百户所设总旗二、小旗十。

8 **中都**：指明太祖朱元璋之出生地临濠府。

9 **大宁**：洪武十三年(1380)设大宁府，七年后改置大宁卫，辖境相当于今之河北长城以北、内蒙古西拉木伦河以南地区。

10 **上操**：卫所军士轮流进京都操练。

11 **边**：指边镇。明朝在北方边陲要地，设有辽东、宣府、大同、偏头关、延绥、宁夏、甘肃、蓟州、固原九个军事重镇，合称“九边”。

原文

为说者曰：末流之弊，亦由其制之不善所致也，制之不善，则军民之太分也。凡人膂力[1]不过三十年，以七十为率[2]，则四十年居其老

译文

有人会认为：这些末流之弊，都是由于兵制不完善所导致的；而兵制的不完善，在于军士与民众区分得太过明显。凡人体力强健的时间不过三十年，如果以七十岁为标准的话，那么四十年都处于老弱阶段。军士既然不得复员为民，那么一名军士在队伍

弱也。军既不得复还为民，则一军之在伍，其为老弱者亦复四十年，如是而焉得不销耗乎？乡井之思，谁则无有？今以谪发[3]充之，远者万里，近者千余里，违其土性，死伤逃窜十常八九，如是而焉得不销耗乎？且燕都二百余年，天下之财莫不尽取以归京师，使东南之民力[4]竭者，非军也耶？或曰：畿甸[5]之民大半为军，今计口而给之，故天下有荒岁而畿甸不困，此明知其无益而不可已者也。曰：若是，则非养兵也，乃养民也。天下之民不耕而待养于上，则天下之耕者当何人哉？东南之民奚罪焉？夫以养军之故，至不得不养及于民，犹可谓其制之善与？

中居于老弱状态的时间也有四十年，如此一来，怎么会没有消耗呢？故土之思，谁没有呢？如今，从军就像被贬谪一样，离开故土，远的达万里，近的也有千余里，这些军士不服外地的风土习性，死伤逃窜的常常高达十之八九，这样，怎么会没有消耗呢？况且定都燕京二百多年，天下的财物无不被攫取而供给京师用之，使东南之地的人力、财力枯竭的，难道不是兵制吗？有人说：京都周围的民众一大半为军兵，如今按人头发给兵饷，即使天下遇到灾荒之年，京都地区也不会困苦，这就是朝廷明知这样做毫无益处却不可废止的原因。有的说：如果这样，不是养兵，而是养民。天下的民众不耕种而靠朝廷养活，那么，谁又是耕田的人呢？东南的民众又有何罪过（来承担养民的责任）呢？因为养兵的缘故，结果是不得不养民，这能说是制度完善吗？

注释

1 **膂力：**体力。膂，背脊骨。

2 **以七十为率：**以七十岁为标准（计算）。率，按一定的标准和比率（计算）。

3 **谪发：**贬谪发配。

4 **民力:**民间的人力、财力。

5 **畿甸:**古制王畿千里,千里之内曰甸服,去王城五百里。后泛指京城地区。“畿甸”二字,邓先生藏本、道光金山钱熙祚刻本为“圻甸”。

原文

余以谓天下之兵当取之于口,而天下为兵之养当取之于户。其取之口也,教练之时五十而出二,调发之时五十而出一;其取之户也,调发之兵十户而养一,教练之兵则无资于养。如以万历六年户口数目言之,人口六千六十九万二千八百五十六,则得兵一百二十一万三千八百五十七人矣;人户一千六十二万一千四百三十六,则可养兵一百六万二千一百四十三人矣。夫五十口而出一人,则其役不为重;一十户而养一人,则其费不为难;而天下之兵满一百二十余万,亦不为少矣。

王畿[1]之内,以二十万人更番[2]入卫,然亦不过千里。假如都金陵,其入卫者但尽金陵所属之郡邑,而他省不与焉。金陵人口一千五十万二千六百

译文

我认为天下之兵应当按人口比例来征召,而养兵的费用当按户数多少来收取。按人口比例征兵的具体做法,就是操练之时,每五十人征召二人。调发之时每五十人征召一人;按户数多少收缴兵饷的具体做法,调发的士兵花费每十户供养一名征发的军兵,操练之兵则自给自足。如以万历六年的户口数目为例,六千零六十九万二千八百五十六口人,则可得军兵一百二十一万三千八百五十七人;一千零六十二万一千四百三十六户,则可供养一百零六万二千一百四十三人。每五十口人征召一个军兵,服兵役就不算重;每十户供养一个军兵,筹措其使费也不算困难;而天下兵员数额满一百二十余万,也不算少。

京城及其附近区域的卫所,用二十万人轮班调换,也不过千里之遥。如果定都金陵,那些入卫所的

五十一，则得胜兵二十一万五百，以十万各守郡邑，以十万入卫。次年则以守郡邑者入卫，以入卫者归守郡邑。又次年则调发其同事教练之兵，其已经调发者，则住粮归家，但听教练而已。夫五十口而出一人，而又四年方一行役，以一人计之，二十岁而入伍，五十岁而出伍，始终三十年，止历七践更耳，而又不出千里之远，则为兵者其任亦不为劳。国家无养兵之费则国富，队伍无老弱之卒则兵强。人主欲富国强兵而兵民太分，唐、宋以来但有彼善于此之制，其受兵之害，未尝不与有明同也。

兵士尽属于金陵所辖的府县，不必调换其他行省的人。金陵地区人口共有一千零五十万二千六百五十一人，按比例便可征到精良的军兵二十一万零五百名，以十万军兵守卫各府县，以十万军兵进京担任保卫工作。下一年便调发守卫府县的兵士进京担任保卫工作，让在京城担任保卫工作的兵士回各府县进行防守。再下一年，便征调那些一同操练的兵士，原来征调执行任务的，便停发粮饷，复员回家，仅接受操练而已。这样，五十人中征召一人当兵，而又每四年才进京服役一次。按一人来算，二十岁入伍，五十岁退伍，前后当兵三十年，只经历七次轮值而已，且轮值服役的地方最远不超过千里，那么，对兵士来说，其负担也不算重。国家没有养兵的费用就能富裕，军队里没有老弱的兵卒战斗力就强。人主一方面都想富国强兵，另一方面却又将兵民截然分开，唐、宋以来，虽有比兵民分开稍好点的制度，但在遭受兵制的祸害方面，也和明朝一样啊。

注释

1 **王畿**：邓先生藏本、道光金山钱熙祚刻本均写作“王圻”。

2 **更番**：轮班调换。也作“番更”。

兵制二

导读

在此篇中,黄宗羲提出重武轻文的制度是导致明朝败亡的一个重要原因。他认为正确对待武人的态度应是重将,而将应由文人担任或受文人节制。

黄宗羲先分析了历史上的重将做法。他举例说:“武之所重者将,汤之伐桀,伊尹为将;武之入商,太公为将;晋作六军,其为将者皆六卿之选也。”在黄宗羲看来,商汤用伊尹为将,武王用姜尚为将,晋朝时所用之将都是由卿相担任。也就是说,古人都是用文人来担当此任。

根据历史上的做法,黄宗羲批评了明朝统治者表面上重武而实际上轻武的事实。明朝前期,武臣拜见文臣有一套严格的规定,但到了毅宗时,因兵乱不断,为了提高武臣的地位,特“专任大帅,不使文臣节制”。然而,如此并没有收到预想的效果,反而适得其反。这些没有受到节制的武臣每二三年,就拥兵自重,与乱贼一样威胁着朝廷。李自成起义军进入京师的时候,周边诸镇军营相望,天子曾以封公封侯欲取得将领们的欢心,但最终却无一人相援。这就是毅宗皇帝重武所产生的效果啊!

黄宗羲通过对历史上诸朝对待将的做法,指出毅宗任用武人为将的错误。在黄宗羲看来,安国家、全社稷是君子们的事情,而供指使、用气力是小人们的事情。在明朝早期,也曾以督抚、经略为将,总兵为偏裨，但最终总兵却是实际上的将，反倒是督抚、经略空有其名。黄宗羲认为这是轻武的行为。这可以通过明朝灭亡之时，跟从皇帝死难的皆是文人而没有武人得到证明。

黄宗羲批驳了历史上认为彭越、黥布为良将的说法。在黄宗羲看来，彭越、黥布并非汉王的良将，因为这两个人并不是诚心投靠汉王的，相反，而是汉王依靠他们。这好比乌喙、藜芦虽然能够医治好人的病，但并不意味着人们就可以以乌喙、藜芦为食物。对于这些粗暴的人，黄宗羲认为，他们都是乘乱世之衰微而窃乱天常之人。可以将权力授予他们，但必使他们在自己的掌控之中。针对叔孙通专言斩将搴旗之士这一问题，黄宗羲认为那些“壮健轻死善击刺”的武人之于将，就如同精致犀利的器甲之于人一样。

原文

国家当承平之时，武人至大帅者，干(涉)[谒][1]文臣，即其品级悬绝，亦必戎服[2]，左握刀，右属弓矢，帕首[3]、袴靴[4]，趋入庭拜[5]，其门状自称“走狗”[6]，退而与其仆隶齿[7]。兵兴以后，有言于天子者曰：“今日不重武臣，故武功不立。”于是，毅宗皇帝专任大帅，不使文臣节制。不二三年，武臣拥众，与贼相望，同[8]事卤略[9]。李贼入京师，三辅至于青、齐诸镇，栉比而

译文

在国家太平安定的时期，位至大帅的军人求见文臣时，即使此文臣品级很低，此大帅也必须身着军服，左手握刀，右边携带弓箭，头裹巾帕，下穿袴靴，快步走入庭院参拜。所递的门帖上，他要自称“走狗”，求见完退到一旁时，他要站在文臣的仆隶一边。(我朝)的战乱爆发后，有大臣向毅宗皇帝建言：“由于现在朝廷不重视武臣，所以武人难以建立武功。”于是，毅宗任命大帅，令其专掌兵权，不受文臣的节制。结果不到两三年的时间，武将们就聚集了大批兵马，与李贼相峙相望，同干掳掠之事。李贼攻陷京师时，从陕西长安一直到山东青州、

营，天子封公侯，结其欢心，终莫肯以一矢入援。呜呼，毅宗重武之效如此！

齐州诸镇，明朝官军大营一座挨着一座，毅宗皇帝曾大封各镇统帅为公侯，以讨大帅们的欢心，但武臣们最终不愿以一弓一箭之力驰援京师。唉！毅宗重用武人的效果竟是如此。

注释

1 **干（涉）［谒］：**对人有所求的请见。二老阁本、邓先生藏本、成都本、清翁心存校抄本皆为“涉”。而番禺本、海山仙馆本为“干谒”。根据上下文所要表述的文意来看，“干涉”于文理不通，故改为“干谒”。

2 **戎服：**军服。

3 **帕首：**裹头的包头巾。

4 **裤靴：**指军装。

5 **庭拜：**即庭趋或庭参，趋庭参拜的意思，为属吏在公庭谒见长官的礼节。

6 **其门状自称“走狗”：**意思是说：他（指武臣）递上去要求拜见此文臣的“门状”上自称“走狗”。门状，旧时的拜帖。古未有纸，削竹木以书姓名，故谓之刺；后以纸书，故谓之名纸。唐武宗朝李德裕为相时，拜帖称为门状。走狗，原指猎犬，后来比喻受人豢养的爪牙。

7 **与其仆隶齿：**指武臣们在拜见比自己品级高的文臣，退到一旁时，站到文臣的仆隶所站的位置。仆隶，即奴仆，供役使的人。齿，次列。

8 清翁心存校抄本“功”作“臣”，“同”作“因”。

9 **卤略：**即“掳掠”，抢劫人和财物。二老阁本、金山钱氏刻本、成都本作“卤掠”。番禺本作“虏略”。

原文

然则武固不当重与？曰：毅宗轻武而不重武者也。武之所重者将，汤之伐桀，伊尹为将[1]；武之入商，太公为将[2]；晋

译文

那么，难道原本就不该重用武人吗？我认为：毅宗的所做所为实际上是轻视武人而不是重用武人。军事上最重要的是将帅，商汤伐夏桀，

作六军[3]，其为将者皆六卿之选[4]也。有明虽失其制，总兵皆用武人，然必听节制于督抚[5]或经略。则是督抚、经略，将也；总兵，偏裨[6]也。总兵有将之名而无将之实，然且不可，况竟与之以实乎！夫安国家，全社稷，君子之事也；供指使，用气力，小人之事也。国家社稷之事，孰有大于将？使小人而优为之，又何贵乎君子耶？今以天下之大托之于小人，为重武耶？为轻武耶？是故与毅宗从死者，皆文臣也[7]。当其时，属之以一旅，赴贼俱死，尚冀十有一二相全，何至自殊[8]城破之日乎！是故建义[9]于郡县者，皆文臣及儒生也。当其时，有所藉手以从事，胜负亦未可知，何至驱市人而战[10]，受其屠醢[11]乎？彼武人之为大帅者，方且飙浮[12]云起，昔之不敢一当敌者，乘时易帜，各以利刃而齿腐朽[13]，鲍永[14]所谓以其众幸

以伊尹为统帅；周武王伐商纣，以姜太公为统帅；晋国建立六军，都是从六卿中选人充当将帅。明朝不再使用这种选将制度，总兵虽都由武人担任，但必须由督抚或经略这类文官节制。那么，这样督抚、经略就为正将，总兵不过是偏将。让总兵有将之名而无将之实，尚且不可，更何况竟然封他们为实际的将帅呢？治国安民，保全社稷，是君子的事业；听人差遣，使用气力做事，是小人的事情。国家社稷之事，有什么比选任将帅更重要呢？假使小人被任命为将，那又将如何优待君子呢？如今把关系国家存亡的大事托付于小人，是重武人呢？还是轻武人呢？跟随毅宗殉国的都是文臣。那时，如果文臣们有一支军队，去与贼军决一死战，毅宗还有十分之一二的希望得以保全，又何至于自缢于城破之日呢？因此在各地府县举起义旗，奋力抗击敌寇的，都是文臣与儒生。那时，如果有武将可以凭依，施以援手，胜负也未可知，何至于驱使未经训练的平民去同敌寇作战，白白地被敌寇屠杀呢？那些武人当将帅的，像暴风和黑云骤起，往日从来不敢抵挡敌人的，纷纷乘着乱世，改换旗帜，投靠敌寇，就像利刃锯断腐朽的东西那样快捷，正如鲍永所说，这些武人是凭借手中

原文	译文
富贵[15]矣，而后知承平之时待以徒隶者之未为非也。	掌握的众多兵马，只知谋求富贵的人。通过这段历史，我们才知道在国家太平时期，把那些将帅们当仆隶看待，并没有什么不对的啊。

注释

1 **汤之伐桀，伊尹为将：**商汤征伐夏桀时，以伊尹为大将。据《史记·殷本纪》载："当是时，夏桀为虐政淫荒，而诸侯昆吾氏为乱。汤乃兴师率诸侯，伊尹从汤，汤自把钺以伐昆吾，遂伐桀。"

2 **武之入商，太公为将：**周武王征伐商纣时，以姜太公吕尚为大将。太公，即太公望。周初人，姜姓，吕氏，名尚。相传曾钓于渭滨，值周文王出猎，与之相遇，与语大悦，同载而归，说："吾太公望子久矣！"因号为太公望，立为师。武王即位，尊为师尚父，辅佐武王灭殷。周朝既建，被封于齐。参见《史记·周本纪》。

3 **晋作六军：**当时一万二千五百人为一军。晋旧自有三军，成公三年(前588)十二月甲戌，晋增为六军，这是僭越的行为。参见《左传·成公三年》。

4 **六卿之选：**指任六军之统帅的人均为充任六卿的合格人选。

5 **督抚：**总督和巡抚的简称。

6 **偏裨：**偏将与裨将。将佐的通称。

7 **与毅宗从死者，皆文臣也：**黄宗羲慨叹跟随毅宗皇帝从死的都是文人，而没有武人。据《明史》载，从毅宗而死的除太监王承恩外有数十人，皆为文臣。

8 **殊：**死。

9 **建义：**树立义旗。

10 **驱市人而战：**语出《史记·淮阴侯列传》。意思是：驱使未经训练的平民进行战争。

11 **屠醢：**即剁成肉酱，引申为杀戮。醢，原指肉酱，也称将人剁成肉酱的酷刑。

12 **飙浮：**指刮起风。飙，指暴风。

13 **以利刃而齿腐朽：**用锋利的刀刃去锯断腐朽的东西。语出《后汉书·党锢传·范滂》。

14 **鲍永：**字君长，上党屯留（今山西长治市屯留）人。他活动于西汉末年与东汉初年，曾为绿林军的重要将领。刘秀即皇帝位后，他又成为东汉初期敢于抗击强梁的地方官。

15 **以其众幸富贵：**以率领（更始帝）的士兵来求得富贵。语出《后汉书·申屠刚鲍永郅恽代列传》。

原文

然则彭越[1]、黥布[2]非古之良将与？曰：彭越、黥布，非汉王将之者也。布、越无所藉于汉王而汉王藉之，犹治病者之服乌喙、藜芦[3]也。人见彭越、黥布之有功而欲将武人，亦犹见乌喙、藜芦之愈病而欲以为服食也。彼粗暴之徒，乘世之衰，窃乱天常[4]，吾可以权授之，使之出落[5]钤键[6]也哉！

译文

如此说来，难道像彭越、黥布这样的，不是古时候的良将吗？我认为：彭越、黥布，并不是汉王之良将。二人并非诚心投靠汉王而汉王需借重之，譬如病人服用乌喙、藜芦来治病，只是一时之需。人们看见彭越、黥布所立的赫赫战功而想以武人为将，好比见乌喙、藜芦能治病而将其作为良药服食一样。那些粗暴的家伙，趁着一个朝代衰落的时机，阴谋搅乱世间的伦常，君主可以授给他们兵权，但务必要使其处于君主的掌控之中啊！

注释

1 **彭越：**汉初昌邑人，字仲。尝渔巨野泽中。秦末聚众起兵，汉高祖二年（前205）春，归刘邦，略定梁地，多建奇功，封为梁王，都定陶。后被人告谋反，夷三族。

2 **黥布：**即英布。汉六县人。曾犯法被黥面，故又称黥布。秦末，率骊山刑徒起事，归附项羽，封九江王，奉项羽令，追杀义帝于郴县。楚汉相争时，随何说之归汉，封淮南王，从刘邦击灭项羽于垓下。高祖十一年（前196），韩信、彭越被杀，布不自安，遂发兵反。高祖亲征，破布于蕲西，布败走长沙，为番阳人所杀。

3 **乌喙、藜芦**：两种有毒的中药材。

4 **天常**：天的常道。

5 **出落**：显现，表现。

6 **钤键**：指锁钥，犹言关键。

原文

然则叔孙通[1]专言斩将搴旗[2]之士，儒生无所言进，何也？曰：当是时，汉王[3]已将韩信[4]，彼通之所进者，以首争首、以力搏力之兵子[5]耳，岂所谓将哉！然则壮健轻死善击刺者[6]，非所贵与？曰：壮健轻死善击刺之在人，犹精致犀利之在器甲也。弓必欲无灂[7]，冶必欲援胡之称[8]，甲必欲上旅下旅札续之坚[9]，人必欲壮健轻死善击刺，其道一也。器甲之精致犀利，用之者，人也；人之壮健轻死善击刺者，用之者，将也。今以壮健轻死善击刺之人而可使之为将，是精致犀利之器甲可以不待

译文

那么，为何叔孙通专门向汉王推荐斩将搴旗之勇士，却不推荐儒生呢？我认为：在那个时候，汉王已任用韩信为将，叔孙通所推荐的都是些能拼力死战的兵士而已，怎能称之为将呢？那么，那些身强力壮、无所畏惧、善于搏击的人，难道不宝贵吗？我认为：身强力壮、不怕死、善于攻杀搏击在于个人的秉性，就好比甲胄的精致和兵器的犀利在于它们的精良程度一样。弓一定要用没有用漆黏合的良弓，戈戟的直刃一定要与其弯刃比例相协调，甲胄上下身之间的札续多少一定要根据连接的坚固程度来确定，人一定要身强力壮、不怕死、善于攻杀搏击，这些都是一个道理。兵器犀利和甲胄精致，在于使用它的人；身强力壮、不怕死、善于攻杀搏击的士兵，在于统领他们的将帅。现在将这些人任用为将帅，如同精致的甲胄和犀利的兵器可以不用

人而战也。 | 人而能自战一样。

注释

1 **叔孙通:**汉薛人。曾为秦博士。后从项羽,又归刘邦,任博士,号稷嗣君。刘邦称帝,叔孙通采择古礼,结合秦制,定立朝仪。后为太子太傅。汉朝朝制典礼,都由他所定。

2 **斩将搴旗:**拔取敌旗,斩杀敌将。形容勇敢善战。语出《史记·刘敬叔孙通列传》。

3 **汉王:**指刘邦。

4 **韩信:**初从项羽,后归刘邦,拜为大将。伐魏、举赵、降燕、破楚将龙且于潍水,定齐地。汉五年(前202),与汉师会围项籍(羽)于垓下,籍走自杀,信被封为楚王。与萧何、张良合称"汉兴三杰"。六年(前201),有人告韩信谋反,高祖伪游云梦,执之,降为淮阴侯,十一年(前196)为吕后所杀。

5 **兵子:**古代士大夫对兵士的蔑称。

6 **壮健轻死善击刺者:**与有将帅之才者相对,指供将呼召指使之人。壮健,年壮体健。

7 **灂(jiào):**指涂漆。

8 **冶必欲援胡之称:**援,戈之直刃。胡,戈戟之刃曲而下垂的部分。《周礼·考工记·冶氏》:"戈广二寸,内倍之,胡三之,援四之。"多数版本将"冶"误作"治",今改之。

9 **上旅下旅札续之坚:**这是古时函人(用革制作铠甲的工匠)做铠甲时所用的札数的说法。古时函人制作铠甲时,上旅之中及下旅之中皆有札,续一叶为一札,上旅之中续札七节、六节、五节,下旅之中亦有此节,故云札续之数也。上旅,谓腰以上,指衣。下旅,谓腰以下,指裳。

兵制三

导读

在上一篇中，黄宗羲主张“重文轻武”的用兵制度，《兵制三》重点分析如何文武参用，以及文武如何才能达到较好的结合等问题。

首先，黄宗羲总结了明末兵制分途的弊端。在他看来，明朝所实行的文武分途的做法由于所用之人皆为豪猪健狗之徒，而非“圣贤、才能、多闻博识之士”，结果导致执法之人叛法。黄宗羲分析了这些豪猪健狗之徒，以崇祯朝文官被武将驱使之事证明他们“不识义理，喜虏掠，轻去就，缓则受吾节制，指顾簿书之间；急则拥兵自重，节制之人自然随之上下”。

那么，如何改变这种豪猪健狗之徒独擅其权的现状呢？黄宗羲提出了由文官充任武将的设想。这种设想将武将完全控制在文臣手中，避免了武将不识礼义、轻去就的弊端。他表彰了明朝末年的沈希仪、万表、俞大猷、戚继光等文官。与此同时，黄宗羲力矫当时儒生对军事的一些偏见：“自儒生久不为将，其视用兵也，一以为尚力之事，当属之豪健之流；一以为阴谋之事，当属之倾危之士。”在黄宗羲看来，正确的做法应是：“为儒生者，知兵书战策非我分外，习之而知其无过高之论；为武夫者，知亲上爱民为用武之本，不以粗暴为能，是则皆不可叛之人也。”黄宗羲的这些设想与他曾在明朝末年参与南明军事密切相关。

原文

唐、宋以来，文武分为两途。然其职官，内而枢密[1]，外而阃帅[2]州军，犹文武参用。惟有明截然不相出入，文臣之督抚，虽与军事，而专任节制[3]，与兵士离而不属。是故莅军[4]者不得计饷，计饷者不得莅军；节制者不得操兵，操兵者不得节制。方自以犬牙交制[5]，使其势不可为叛。夫天下有不可叛之人，未尝有不可叛之法。杜牧[6]所谓“圣贤、才能、多闻博识之士”，此不可叛之人也。豪猪健狗[7]之徒，不识义理，喜虏掠[8]，轻去就，缓则受吾节制，指顾簿书之间；急则拥兵自重，节制之人自然随之上下。试观崇祯时，督抚曾有不为大帅驱使者乎？此时法未尝不在，未见其不可叛也。

译文

唐、宋以来，文官和武官的职权与晋升，分为两个系统。然而，从职位设置而言，无论是朝廷内的枢密院长官，还是朝廷外的将帅与地方军事长官，仍是文官武官参用。只有明朝将文官和武官截然相分，不可相互任用。作为文官的总督巡抚，虽然参与军事，专门掌管节制武官之权，却与兵士相隔离而不能统属之。因此，统兵的长官不能统管粮饷；统管粮饷的长官不能统兵。指挥兵士作战的不得操练兵士，操练兵士的不能指挥兵士作战。明朝的统治者自以为这样相互交错牵制，就可避免发生叛变。其实，天下有不叛变的人，却没有不可叛变的法令制度。杜牧所说的“圣贤、才能、多闻博识之人”，是属于不可叛的人。至于那些蛮横无理的武官，不知礼义廉耻，生性喜好掳掠，去留随便，毫无忠诚，形势和缓时，他们就表面上接受朝廷所派官员的节制，手指目视簿书，听从指挥；危急时，他们就拥兵自重，节制他们的反倒也只能听他们摆布了。看看崇祯年间，总督、巡抚曾经有不被大帅驱使的吗？这时，法令制度俱在，却没有料到武官会叛变。

注释

1 **枢密**:官名,即枢密使。唐代宗时,开始用宦官掌管枢密,后来把握大权的宦官大多以枢密使的名义干预朝政,甚至废立君主也由其主张。到唐昭宗时,朝廷借朱温的力量,尽诛宦官,开始改由士人任枢密使。朱温谋叛称帝后,力矫此弊,改枢密使为崇政使,以君主左右最亲信的大臣充任此官。后唐复称枢密使,其实权甚至可以超过宰相。宋代沿其制而略加变通,以枢密使为枢密院长官,与中书省同平章事等合称"宰执",并肩负军国要政。枢密使有时也称知枢密院事,简称"知院"。其副职称枢密副使,或同知枢密院事。任此职者或为文官,或为武人,文武参用,没有定例,且往往由同平章事兼任。遇有关军事的措施,均由枢密使秉承君主意旨执行。

2 **阃帅**:指地方上的守将或指在外主管国家军事的统帅。阃,原意为门槛,这里借指郭门、国门。

3 **节制**:指挥管辖。

4 **莅军**:到军署履行职责。

5 **犬牙交制**:本文指文武官职相互牵制。语出《史记·孝文本纪》。

6 **杜牧**:字牧之,京兆万年人,杜佑孙。太和二年(828)进士,后官至中书舍人。作《罪言》,提出削藩、强兵、固边、反佛等主张。其诗长于近体,七绝清新俊迈,尤为后人所推崇。为别于杜甫,人称其为"小杜"。语出杜牧的《注孙子序》。

7 **豪猪健狗**:本指比较凶猛的动物。旧时以之比喻有才能、威望或有权势的人。本文比喻当时的武人。

8 二老阁本、道光金山钱熙祚刻本、成都本作"卤掠"。

原文

有明武职之制,内设都督府,锦衣卫[1];外设二十一都司[2],四百九十三卫,三百五十九所[3]。平时有左右都督、都指挥使、指

译文

明朝的武官制度,京师设都督府、锦衣卫;地方设二十一个都司、四百九十三个卫、三百五十九个所。没有战事时,还设有左右都督、

挥使，各系以同知[4]、佥事[5]及千户、百户、镇抚[6]之级；行伍[7]有总兵、副将、参将[8]、游击[9]、千把总[10]之名。宜悉罢平时职级，只存行伍。京营之兵，兵部尚书即为总兵，侍郎[11]即为副将，其属郎官[12]即分任参、游。设或征讨，将自中出，侍郎挂印而总兵事，郎官从之者一如京营，或用巡抚为将，巡抚挂印，即以副将属之参政，参将属之郡守，其行间战将勇略冠军者，即参用于其间。苟如近世之沈希仪[13]、万表[14]、俞大猷[15]、戚继光[16]，又未尝不可使之内而兵部，外而巡抚也。

都指挥使、指挥使，其下属官员设有同知、佥事及千户、百户、镇抚等职级；有战事时，军队中有总兵、副将、参将、游击、千总、把总等官名。我认为应该全部罢除没有战事时的职级，只留有战事时的职级。京营的兵，由兵部尚书任总兵，侍郎就是副将，其属下郎官则分别担任参将、游击之职。假如要出兵征讨，将领由朝廷委派，便由兵部侍郎挂印而总管兵事，郎官跟随兵部侍郎的如同在京营之中一样，或以巡抚为将。若巡抚挂印，即以参政为手下副将，郡守为手下参将，军队战将中有智勇超群的，就在军队各个岗位上提拔任用。如果有像近世沈希仪、万表、俞大猷、戚继光这样的名将，又完全可以让他们掌握兵权，或者到地方任巡抚。

注释

1 **锦衣卫：**明官署名。明洪武十五年(1382)罢亲军都尉府与仪鸾司，置锦衣亲军指挥使司。所属有南北镇抚司十四所，所隶有将军、力士、校尉。最初为皇宫禁卫军，负责保驾侍卫。明成祖朱棣夺取皇位以后，欲以威慑诸臣，特命纪纲为锦衣卫指挥使，令典亲军，兼掌巡察、缉捕，为皇帝心腹，权力渐重。所属南北两镇抚司，南司理本卫刑名及军匠，北司专治诏狱。

2 **二十一都司：**是十六都司和五个行都司的合称。都司，明代都指挥使司的简称。掌一方之军政，各率其卫所以隶于中、左、右、前、后五军都督府，而听于兵部。

3 **卫:**即卫指挥使司。**所:**即千户所。黄宗羲所说的是外卫、外所的数目,但若从卫、所设置的比例看,外所的数目显然有误。从内外所得比例来看,显然分布也不够科学。

4 **同知:**官名,称副职。本文指明朝的军事职官。

5 **佥事:**官名。宋各州府的幕僚,全称为佥书判官听公事。其职务为协理郡政,总管文牍。由京官担任的称签判,非京官选任的称判官。金因以置按察司佥事。元时诸卫、诸亲军及廉访、安抚各司,皆置佥事。明因袭未改,都督、都指挥、按察、宣慰、宣抚等,都置佥事。

6 **镇抚:**明代在卫所分别设卫镇抚和所镇抚,负责卫所刑狱,相当于卫所的军事审判机构。

7 **行伍:**原意指古代军队编制。五人为伍,二十五人为行,故以"行伍"作为军队代称。这里指明代在卫所体系外,又建立了一套营兵镇戍体系,其兵员主要是从卫所抽调或从民间招募而来,专门用于战时作战,称"行伍",与"平时"相对。平时即卫所体系。

8 **参将:**旧武官名。明置,位次于副总兵。

9 **游击:**官名。汉置游击将军,为杂号将军。后代沿袭,为武散官。元废。明复置,为军营将官,省称游击。

10 **千把总:**对武官千总、把总的并称。

11 **侍郎:**官名。秦汉时郎中令的属官有侍郎,本为宫廷的近侍。东汉以后,尚书属官初任称郎中,满一年称尚书郎,三年称侍郎。隋唐以后,中书、门下及尚书省所属各部均以侍郎为长官的副职,官位渐高。至明清,递升至正二品,与尚书同为各部的堂官。

12 **郎官:**汉称中郎、侍郎、郎中为郎官。自唐以来指郎中员外。

13 **沈希仪:**字唐佐,号紫江,明贵县人。正德三年(1508)袭父职为奉议卫指挥使,正德十二年(1517)升任广西都指挥佥事。三年后因镇压荔浦、临桂、灌阳、右田等地农民起义,升任都指挥同知。嘉靖五年(1526)设计平定田州府土官岑猛之乱。六年(1527),任思恩参将。后调任柳庆参将,驻守柳州,镇压泉州、武宣等地起义瑶民。十六年(1537),平息思恩府土官岑金之变,又随总督张经攻破大藤峡、弩滩起义军营地。后历任四川左参将、都督佥事、都督同知等职，先后镇守贵州、两广、江淮等地，镇压海南五指山黎族和贵州铜仁苗族起义。嘉靖三十二年(1553)，率兵抗倭，以无功被劾，罢归。次年病逝。

14 **万表**：字民望，号鹿园居士，明鄞县人。正德末武进士，仕至漕运总兵，累官都督同知、南京中军都督府佥事。世以勋绩显。他才兼文武，每与唐顺之等人讲学。熟习先朝典故，于国事无不晓畅，御倭亦有功绩。通经术，著书亦富，有《玩鹿亭稿》八卷，《海寇议》等，并传于世。

15 **俞大猷**：字志辅，别号虚江，明福建晋江人。嘉靖武进士，官至福建总兵。俞大猷熟习兵法。嘉靖三十年(1551)后，倭寇侵扰我国东南沿海，他与戚继光率兵进击，屡立战功，同称抗倭名将，所部被称为"俞家军"。著有《正气堂集》十六卷。

16 **戚继光**：字元敬，号南塘，晚号孟诸，明山东蓬莱人。青年时袭父职任登州卫指挥佥事。嘉靖中调浙江任参将，抵抗倭寇。编建新军，加强训练，纪律严明，将士无不用命，所率之军闻名当时，人称"戚家军"，成为抗倭主力。后以功升总兵官。隆庆初，调镇蓟州等地，在镇十六年，因守御得力，边境平靖无事。万历间调广东。著有《纪效新书》《练兵实纪》等书。

原文

自儒生久不为将，其视用兵也，一以为尚力之事，当属之豪健[1]之流；一以为阴谋之事，当属之倾危之士[2]。夫称戈比干立矛[3]者，士卒之事，而非将帅之事也，即一人以力闻，十人而胜之矣。兵兴以来，田野市井之间，

译文

自从儒生很久不担任将领以来，他们对出兵打仗的看法：一是将用兵看作是靠武力取胜的事情，这些事当派强壮雄健的人去做；一是将用兵看作是以行阴谋诡计取胜的事情，这些事应派狡诈之人去干。手持武器盾牌进行战斗的，是兵士的分内事，而非将帅的事情。如果有人以力大而出名，十个人加起来必定胜过他。战乱发生以来，民间有体力稍过人的，当权者就把

膂力稍过人者，当事即以奇士待之，究竟不当一卒之用。万历以来之将，掩败饰功，所以欺其君父者，何所不至，亦可谓之倾危矣。乃只能施之君父，不能施之寇敌。然则今日之所以取败亡者，非不足力与阴谋可知矣。使文武合为一途：为儒生者，知兵书战策非我分外，习之而知其无过高之论；为武夫者，知亲上爱民为用武之本，不以粗暴为能，是则皆不可叛之人也。

他看做是了不起的人才，这种人实则连一个普通兵卒的作用都起不了。万历以来的将领，掩盖败绩，粉饰战功，用来欺骗君父的手段，无所不用，也可算得上是阴险狡诈了。不过，他们的阴谋诡计只能用于欺君罔上，却不能对付敌寇。这样看来，今日之所以战败亡国，并非由于人的体力与阴谋不足，这是很清楚的。假使文官和武职合为一途：即儒生要知晓兵书战策也是我应该学的，而非我的分外事，研习后方知道兵法也并不那么高深莫测；做武人的要知道拥戴君上，关爱民众方是用武之根本，不以滥用暴力为能事，这样他们都可成为不会叛变的人了。

注释

1 **豪健：**强壮，壮健。

2 **倾危之士：**指对国家和人民有很大危险的人。倾危，狡诈。

3 **称戈比干立矛：**意思是：举起你的戈，立起你的盾和矛。语出《尚书·牧誓》。原文为："称尔戈，比尔干，立尔矛，予其誓。"称，举。戈，平头戟。比，立。干，盾。

财计一

导读

在金银珠玉作为货币之前，无论是贵族还是庶民，都以粟、帛的形式缴纳赋税。民间的商品交易也以这两种实物为标准进行。

在明代以前，白银已部分使用。到了明代，白银成为通行的主要货币。由于白银日渐流通，社会对于白银的需要也日趋迫切，甚至出现了严重的“银荒”。明清之际的大思想家们都谈及了这一严重的金融问题。

在此篇中，黄宗羲通过对历史上各朝货币制度的考察，认为明朝的“银荒”绝非一种偶然现象。通过元明两朝货币政策的对比，他指出明朝“银力竭”的主要原因是朝廷的敛聚和商贾官吏的窖藏。他深刻体会到“银不足”带给整个社会的危害。他对货币的看法基于他的富民思想。黄宗羲把货币政策当成是使国家安定、百姓富足的一个重要举措，并把它上升到法的高度，以“天下之法”反对“一家之法”，反对财富归君主一人一家占有，倡导万民共同富足。针对天下银力不足，朝廷在征税的过程中用折银的办法盘剥百姓的历史事实，黄宗羲提出了“废金银”的金融制度。

废止金银流通至少有以下七个好处：“粟帛之属，小民力能自致，则家易足，一也。铸钱以通有无，铸者不息，货无匮竭，二也。不藏金银，无甚贫甚富之家，三也。轻赍不便，民难去其乡，四也。官吏赃私难覆，五也。盗贼胠箧,负重易迹,六也。钱钞路通,七也。然须重为之禁,盗矿者死刑;金银市易者,以盗铸钱论而后可。”这些好处可以达到“使封域之内,常有千万财用,流转无穷”的“久远之利”的目的。

原文

后之圣王而欲天下安富,其必废金银乎!

古之征贵征贱,以粟帛为俯仰。[1]故公上[2]赋税,有粟米之征、布缕之征[3]是也,民间市易,《诗》言“握粟出卜”[4],《孟子》言“通工易事[5],男粟女布”是也。其时之金银,与珠玉无异,为馈问器饰之用而已[6]。

三代以下,用者粟帛而衡之以钱,故钱与粟帛相为轻重。汉章帝[7]时,谷帛价贵,张林[8]言:“此钱多故也,宜令天下悉以布帛为租,市贾皆用之,封钱勿出,物皆贱矣。”[9]

译文

日后的圣明君主要想使天下安康富裕,(一定会在赋税和商品流通中)废除以金银作为交易货币的制度!

古时的商品交易,其货物贵贱以谷物布帛的价格高低作为衡量标准。所以,官府在征收赋税时或征收粟米,或征收布帛,民间的交易也是用粟米或布帛进行,如《诗经》中有“握粟出卜”之语,《孟子》中有男女各有分工,为了互通有无,男人用自耕所获的粟米与女子用自织而成的布帛进行交换的记载。那时的金银和珍珠、玉器没有什么不同,都只是作为馈赠的礼物或用作器皿上的装饰罢了。

夏商周三代以后,使用粟米和布帛交易时,用钱币作为衡量标准,即钱币与粟米布帛相互衡量价值大小。汉章帝时,谷物和布帛的价格上涨,尚书张林上书说:“这是钱币相对过多的原因。朝廷应该谕令天下,缴租赋都用布帛,市场交易也都用布帛,并将钱币封存,禁止流通,这样物价自然会下降。”

注释

1 **古之征贵征贱，以粟帛为俯仰**：意思是：古时货物在流通交易的过程中，其贵贱随粟帛的贵贱而定。征贵，涨价的征兆；征贱，跌价的征兆。语出《史记·货殖列传》。

2 **公上**：官府。

3 **粟米之征、布缕之征**：古时征税之法，有粟米、布缕、力役等之别。粟米之征在粮食收获的秋季，布缕之征在夏季，而力役之征在无农忙的冬季。古人认为只有这样，各以其时，民力才不至于不堪收受。《孟子·尽心下》："有布缕之征，粟米之征，力役之征。君子用其一，缓其二。用其二而民有殍，用其三而父子离。"

4 **握粟出卜**：语出《诗·小雅·小宛》。后用以指祈求神明护佑，去凶赐吉。

5 **通工易事**：即通功易事，分工合作，互通有无，拿多余的换没有的。语出《孟子·滕文公下》。

6 **为馈问器饰之用而已**：意思是：作为馈赠的器物的饰品罢了。问，遗人以物谓之问，即馈问。馈问就是赠送的意思。

7 **汉章帝**：肃宗孝章皇帝刘炟，汉明帝刘庄第五子，公元75—88年在位。年号：建初、元和、章和。章帝在位期间，国家兴盛、政局稳定，与汉明帝时期共称"明章盛世"。

8 **张林**：汉章帝时曾任真定县令，依附外戚窦宪，被举荐为尚书。后因贪污获罪。

9 语出《晋书·食货志》。

原文

魏明帝[1]时，废钱用谷。桓玄辅晋，亦欲废钱。[2]孔琳之[3]曰："先王制无用之货以通有用之财，此钱之所以嗣功龟贝也。谷帛本充衣食，分以

译文

魏明帝时，曾废止钱币而用谷物做货币。桓玄辅佐晋朝时，也曾打算废止钱币。孔琳之上书说："先王制造没有实用价值的货币，以便于与有用的财物相交换，这是钱币之所以继龟贝之后作为货币的原因。谷帛原本是充作衣服与食物之用的，却分

为货，劳毁于商贩之手，耗弃于割截之用，此之为弊者，著自于曩。”[4]然则昔之有天下者，虽钱与谷帛杂用，犹不欲使其重在钱也。

梁[5]初，唯京师及三吴[6]、荆、郢、江、湘、梁、益[7]用钱，其余州郡杂以谷帛，交、广之域全以金银为货。[8]陈[9]用钱兼以锡铁粟帛，岭南多以盐米布，交易不用钱。[10]北齐[11]冀州之北，钱皆不行，交贸者皆绢布[12]。后周[13]河西诸郡，或用西域金银钱，而官不禁。[14]

出一部分作为货币使用，粟米在商贩的转手中被消耗掉了，布帛在交易时分割剪裁中耗掉了，这样的弊端，早就很明显了。”可是，过去统治天下的君主，即便将钱币与谷帛都作为货币，混杂使用，也不想让钱币比谷帛更重要。

南北朝时期，梁朝建立之初，只有京师以及三吴、荆州、郢州、江州、湘州、梁州、益州用钱币充当货币，其余州郡，钱币与谷帛混杂使用。交州、广州这些地方全用金银为交易货币。南陈时，用钱币兼用锡、铁、谷帛充当货币，岭南地区多用盐、米、布充当货币，交易时不用钱币。北齐时，冀州的北部地区，钱币不流通，交易时都是用丝绢、布帛做货币。后周时，河西的那些郡县，有的使用西域金银钱币进行交易，官府并不禁止。

注释

1 **魏明帝：**即曹叡，又作曹睿，字元仲，曹丕子，能诗，与曹操、曹丕并称为魏之“三祖”。“魏明帝”疑为“魏文帝”之误。事见《晋书·食货志》。

2 **桓玄辅晋，亦欲废钱：**语出《晋书·食货志》。意思是：桓玄辅佐晋朝时，也曾打算废钱。桓玄，字敬道，晋谯国龙亢人。桓温之子，袭父爵为南郡公。初守义兴，后弃官不做。安帝时，桓玄任江州刺史，都督荆江等八州军事，占据江陵。元兴元年(402)，桓玄叛乱，举兵东下，攻入建康，次年逼迫安帝禅位给他，建国号楚，定年号为建始，不久又改为永始。刘裕起兵讨伐，虏获桓玄，将之斩于江陵。

3 **孔琳之：**字彦琳，会稽山阴人。懂音律，善草隶。桓玄任其为西阁祭酒。

永初二年(421),任御史中丞,明宪直法,无所屈挠。后迁祠部尚书。

4 **嗣功龟贝:**语出《晋书·食货志》《宋书·列传十六》。接续龟贝作为货币的功能。龟贝,古代的货币。龟贝至秦而废,后王莽建新政权复作龟贝之品,有元龟、公龟、侯龟、子龟、大贝、幺贝、小贝等。

5 **梁:**朝代名。南朝萧衍所建。公元502年,萧衍代齐称帝,国号梁,建都建康,历史上称“萧梁”。其疆域有今长江流域和珠江流域各省。强盛时曾乘北魏衰弱,一度取得淮北和汉中。侯景之乱后,为东魏、北齐、西魏所攻,丧失蜀地、襄阳和江北各地。公元557年,为陈取代。历四帝,共56年。

6 **三吴:**古地区名。三国吴韦昭有《三吴郡国志》,其书久佚,所指“三吴”不详。这里泛指长江下游一带。

7 **荆、郢、江、湘、梁、益:**杜佑《通典》注:“荆州,今巴东、夷陵、云安郡等地。郢州,今江夏、齐安、竟陵、汉阳、富水郡地。江州,今浔阳、鄱阳、章郡、庐陵、临川郡地。湘州,今湘川之地。梁州,今汉川之地。益州,今蜀川之地。交、广,今岭南道之地。”

8 语出《通典·食货典第九》。交、广,地名,即交州和广州。

9 **陈:**朝代名。公元557年,陈霸先代梁称帝,国号陈,都建康。疆域有今长江以南各地,西境蜀地和襄阳属西魏,江陵属后梁,是南朝版图最小的王朝。后来虽一度攻占淮南,不久仍旧失去。公元589年为隋所灭。历五帝,共33年。

10 事见《通典·食货典第九》,亦可参见《隋书·志第十九》。

11 **北齐:**朝代名,北朝之一。公元550年,高欢子高洋取代东魏称帝,国号齐,建元天保,建都邺,史称“北齐”。以皇室姓高,又称“高齐”。疆域有今洛阳以东的北方各省。公元577年为北周所灭。历六帝,共28年。

12 原文“绢布”前有“以”字。语出《隋书·志第十九》。

13 **后周:**朝代名,北朝之一。公元557年,鲜卑族宇文泰之子宇文觉废西魏主自立,建号周,史称“北周”,又称“后周”。

14 语出《隋书·志第十九》。

原文

唐时民间用布帛处多，用钱处少。[1]大历[2]以前，岭南用钱之外，杂以金、银、丹砂[3]、象齿。[4]贞元二十年[5]，命市井交易，以绫、罗、绢、布、杂货与钱兼用。[6]宪宗[7]诏："天下有银之山必有铜，唯银无益于人，五岭以北，采银一两者流它州，官吏论罪。"[8]元和六年[9]，贸易钱十缗以上者，参布帛。[10]太和三年[11]，饰佛像许以金银，唯不得用铜。[12]四年，交易百缗以上者，粟帛居半。[13]按：唐以前，自交、广外，上而赋税，下而市易，一切无事于金银，其可考彰彰[14]若是。

译文

唐朝时，民间交易使用布帛的多，使用钱币的少。代宗大历以前，岭南除了以钱币充当货币外，还混杂使用金银、丹砂、象齿。德宗贞元二十年，朝廷下令，市场交易，绫罗、丝绢、布匹、杂货与钱币都可充当货币，一同使用。宪宗诏令："天下但凡出产银的矿山必蕴藏着铜，只有银对人毫无用处。五岭以北地区，凡私采银重量超过一两的人，要判流放他州之刑，当地官吏也要因之论罪。"宪宗元和六年，朝廷规定交易价值超过十串钱时，就要参用布帛。文宗太和三年，朝廷允许用金银修饰佛像，唯独不允许用铜。太和四年，朝廷规定，交易价值超过一百串钱时，要钱币和谷帛各一半进行交换。按：唐朝以前，除交州、广州两地以外，无论是官府收税，还是民间交易，一切都不使用金银，这些都是清清楚楚可考的。

注释

1 语出《新唐书·食货二》。

2 **大历**：唐代宗李豫年号(766—779)。

3 **丹砂**：也作"丹沙"，即朱砂。

4 语出《新唐书·食货二》。

5 **贞元二十年**：即公元804年。贞元，唐德宗李适年号。

6 语出《新唐书·食货四》。

7 **宪宗**:指唐宪宗李纯,原名李淳,被立为皇太子以后改名。唐顺宗长子。公元805年即位,至公元820年于病中被宦官所杀,终年43岁,在位16年。年号元和。

8 语出《新唐书·食货四》。五岭,由越城岭、都庞岭、萌渚岭、骑田岭、大庾岭五座山组成。地处广东、广西、湖南、江西、福建五省区交界处。

9 **元和**:唐宪宗年号。元和六年即公元811年。

10 原文“布帛”前有“用”字。

11 **太和**:即大和,唐文宗的年号(827—835),太和三年即公元829年。

12 语出《新唐书·食货四》。

13 语出《新唐书·食货四》。

14 **彰彰**:清楚地显露出来,易于识别。

原文

宋(元丰十二)[政和二]年[1],蔡京当国[2],凡以金银丝帛等贸易,勿受夹锡钱者,以法惩治[3]。盖其时有以金银为用者矣。然重和[4]之令,命官之家,留见钱二万贯,民庶半之,余限二年听易金银之类。[5]则是市易之在下者,未始不以钱为重也。绍兴[6]以来,岁额:金一百二十八两,银无额,七分入内库,三分归有司。[7]则是赋税之在上者,亦未始以金银为正供[8],为有司之经费也。及元起北方,

译文

宋(元丰)[政和]二年(1112),蔡京主持朝政,规定凡是用金、银、丝、帛等作为货币进行交易时,若不肯参用夹锡钱进行买卖,以法惩治。大概当时已有用金银作为货币使用的人了。然而,宋徽宗重和年间的诏令规定,官宦之家只允许留现钱二万贯,普遍民众家留一万贯,多出的钱币限两年内兑换成金银等一类的东西,可见民间的市场交易其实也将钱作为主要货币。宋高宗绍兴年间,规定每年上缴的赋税额度:金一百二十八两,银无限额,十分之七上交朝廷内库,十分之三归官府掌管。可见朝廷征收赋税,也未尝把金银

钱法不行。[9]于是以金银为母，钞为子，子母相权而行。[10]而金银遂为流通之货矣。	当作正规的纳税之物，只当作官府办事的经费而已。等到元朝从北方兴起以后，钱币停止流通。于是开始以金银作为币值重而大的钱，以钞票作为币值轻而小的钱，二者相互权衡而共同流通。这样，金银就成为流通的货币了。

注释

1 **宋（元丰十二）［政和二］年：**季学源、桂兴沅《明夷待访录导读》注："原文有误，当作崇宁二年(1103)。元丰为宋神宗年号，共八年，无十二年。蔡京是崇宁二年为相的。"按黄宗羲此处所指时间确实有误，但并非为崇宁二年，而应为政和二年(1112)。蔡京当国共有四次，根据所推行的政策看，此处当为"政和二年"。

2 **蔡京当国：**蔡京，字元长，宋仙游人。熙宁三年(1070)进士。徽宗时，因童贯得为尚书右仆射，后为太师。以恢复王安石新法为名，四掌政柄，排斥异己，专以奢侈迎合帝意，倡"丰、亨、豫、大"之说，广兴土木，工役繁重。又遍布党戚。金人入侵，率全家南逃，为钦宗贬死。

3 以往注本，此篇文字均标点为："凡以金银丝帛等贸易勿受，夹锡钱者，以法惩治。"此种断句正好与黄宗羲引用的《宋史》中所说推行夹锡钱的意思相反，在此根据《宋史》及《黄宗羲全集》第一册《明夷待访录》的标点更正。语出《宋史·食货下二》。

4 **重和：**宋徽宗赵佶年号。凡一年(1118)。

5 语出《宋史·食货下二》。

6 **绍兴：**是南宋皇帝宋高宗的年号，共计 32 年，即公元 1131—1162 年。

7 语出《宋史·食货下二》。

8 **正供：**法定的赋税。《尚书·周书·无逸》："文王不敢盘于游田，以庶邦惟正之供。"后因称田赋为天厨正供。

9 语出《明史·食货五》。

10 语出《元史·食货一》。母，即母钱。古代称货币之币值重而大者为母钱。钞，纸币。子，即子钱，币值轻而小。子母相权，调节货币流通的措施。货币之重者、大者为母，轻者、小者为子。币轻物贵，推行重币以市贵物，称母权子；币重物轻，推行轻币以市贱物，亦不废重，称子权母。轻重并行，子母相权，使货币和商品维持一定的平衡。

原文

明初亦尝禁金银交易，而许以金银易钞于官。[1]则是罔民[2]而收其利也，其谁信之！故至今日而赋税市易，银乃单行，以为天下之大害。盖银与钞为表里，银之力绌，钞以舒之，故元之税粮，折钞而不折银[3]。今钞既不行，钱仅为小市之用，不入贡赋，使百务并于一途，则银力竭。元又立提举司[4]，置淘金[5]户，开设金银场，各路[6]听民煽炼[7]。则金银之出于民间者尚多。今矿所封闭，间一开采，又使宫奴专之，以入大内，与民间无与，则银力竭。二百余年，天下金银，纲运[8]至于燕京，如水赴壑。承平之时，犹有商贾官吏返其十分

译文

明朝初年，朝廷也曾禁用金银流通，而允许用金银向官府兑换纸钞。这是欺骗民众而谋取利益，有哪个人会相信呢！所以，时至今日，无论是缴纳赋税，还是市场交易，都只用银子，以致成了天下的大害。银子与纸钞是互为表里的关系，银子短缺时，可以用纸钞来弥补而纾解银困，所以元朝征收税粮，常折成纸钞而不折算为银子来缴纳。如今，纸钞已不通行，钱只在小额交易中使用；进献土贡，缴纳赋税，都不用钱，使各种经济活动并为一途，（即只能用银子交易，）这样一来，银子的供给就严重不足了。元朝还建立提举司，专门设立淘金户，开设金银冶炼场，各行省准予民众提炼金银。所以产出于民间的金银还比较多。如今，金银矿所都被封闭，偶尔开采，又派宦官专管其事，冶炼好的金银统统运到大内库房，与民间毫无关系，于是，白银供给严重不足。明朝两百多年，天下的金银如同水流入沟壑一般成批运往燕京。天下太平时，商贾官吏们常将所拥有的金银的十分之二三，拿到市场

之二三。多故[9]以来，在燕京者既尽泄之边外，而富商、大贾[10]、达官[11]、猾吏[12]，自北而南，又能以其资力尽敛天下之金银而去。此其理尚有往而复返者乎？

上使用。自从陷入内忧外患以来，燕京的金银都流往边外，而富商、大贾、达官、猾吏能凭借自己的财力，从北到南将天下的金银全部搜刮而去。这样的世道，被搜刮的金银哪里有去而复还的道理呢？

注释

1 语出《明史·食货五》。

2 **罔民**：欺骗、陷害百姓。《孟子·梁惠王上》："及陷于罪，然后从而刑之，是罔民也。"赵岐注："是由张罗网以罔民者也。"

3 语出《元史·食货一》。

4 语出《元史·食货二》。提举司，官署名。提举，官名。宋时枢密院编修敕令所有提举，宰相兼；同提举，执政兼。又有提举常平仓、提举茶盐、提举水利等官。元明多沿其制。

5 **淘金**：用水冲刷含金的沙子，选出沙金。

6 **路**：宋元时行政区域名。宋代的路犹明清的省，元代的路犹明清的府。

7 **煽炼**：冶炼。

8 **纲运**：成批运送货物的组织叫纲。唐宋时转运大宗货物，分批启运，每批以若干车辆或船只为一组，编立字号，以便稽查，谓之纲运。其法始于唐代刘晏。

9 **多故**：多变乱。此文盖指农民起义及外族的入侵。

10 **大贾**：大商人。贾，商人。

11 **达官**：显贵之官。

12 **猾吏**：奸猾的官吏。

原文

夫银力已竭，而赋税如故也，市易如

译文

社会上的银子早已枯竭，然而朝廷的赋税仍然征收银子，市场交易也照样只使用银子。人们故也。皇皇求银，将于何所！故田土之价，不当异时[1]之十一，岂其壤瘠与？曰：否。不能为赋税也。百货之价，亦不当异时之十一，岂其物阜与[2]？曰：否。市易无资也。当今之世，宛转汤火之民[3]，即时和年丰[4]无益也，即劝农沛泽[5]无益也。吾以为非[废]金银不可[6]。废金银，其利有七：粟帛之属，小民力能自致，则家易足，一也。铸钱以通有无，铸者不息，货无匮竭，二也。不藏金银，无甚贫甚富之家，三也。轻赍[7]不便，民难去其乡，四也。官吏赃私难覆[8]，五也。盗贼胠箧，负重易迹[9]，六也。钱钞通路，七也。然须重为之禁，盗矿者死刑；金银市易者，以盗铸钱论而后可。

成天忙着想多挣几两银子，哪里有那么多呢？所以，如今田土的价格抵不上从前的十分之一，难道是土地变贫瘠了吗？我认为不是那样的，是由于田土所产之物不够用来缴纳赋税的缘故。各种货物的价格也抵不上前时的十分之一，难道是物产变丰富了？我认为也不是那样的，是由于市场交易没有足够的银子的缘故。当今之世，这些不断遭受刀兵之苦的民众，就算时局稳定，五谷丰登，他们也得不到好处；就算朝廷奖励农事，鼓励垦荒，他们的处境也不会有所好转。我认为，要改变民众的现状，在赋税和市场交易中一定要废除金银不可。废除金银有七大好处：第一，粟米布帛一类的东西，普通民众都能通过劳动而获得，家庭容易自给自足。第二，铸造钱币以供交换有无，只要铸造钱币的工作不停，货物供应也就不会匮竭。第三，民众不私藏金银，就不会出现巨富或者赤贫之家。第四，没有金银这样轻巧而便于携带的东西，民众难以离乡远走。第五，官吏贪污受贿所得钱财若不是金银，就难以隐藏。第六，盗贼背负所偷盗的重物（而非轻便的金银），容易被追捕。第七，废除金银后，钱和钞都可通行各地。此外，还需要官府制定禁令重典，盗采矿山者处以死刑，使用金银进行市场交易的人，以盗铸钱罪论处，只有这样，就可以有效废止金银了。

注释

1 **异时:**前时,先时。

2 **岂其物阜与:**意思是说,难道是物产的丰富吗。阜,盛多,丰富。与,同“欤”。有版本误将“与”的繁体字“與”当成了“兴”字的繁体字“興”。

3 **宛转汤火之民:**指不断遭受刀兵之苦的民众。宛转,展转,曲折,也作“婉转”。汤火,热汤与烈火。比喻刀兵之属能致人死伤者。

4 **时和年丰:**时局安定,五谷丰收。用以称颂太平盛世。

5 **沛泽:**沼泽,水草茂盛的低洼地。

6 二老阁本、邓先生藏本缺“废”字。今据道光金山钱熙祚刻本、成都本、番禺本、四川存古书局(富春宋育仁评《明夷待访录》)、海山仙馆本补。

7 **轻赍:**即“资装”,即旅费、行李。

8 **官吏赃私难覆:**官吏们贪污来的私人财产不容易掩盖。覆,遮盖,掩蔽。

9 **负重易迹:**这里指背负着重物,容易被追捕。迹,追踪。

财计二

导读

在此篇中，黄宗羲着重阐明了自己的货币理想，即追求国家久远的经济发展利益，而非一时之利益。他区分了久远之利和一时之利，批评后世顾此而失彼，导致最初的货币政策被破坏。他否定钱钞的“一时之用”，认为这种功能是构成民众财力被剥夺的原因。他看重的是“久远之利”，认为将钱钞作为流通媒介，可以促成“封域之内”的财用流转不穷，这样对发展经济是很有好处的。

在上一篇中，黄宗羲提出了“废金银”的设想。那么，废金银之后，将采取何种新货币呢？黄宗羲认为最佳选择当为用钞。他详细分析了明朝欲行钞法而终不能行的种种原因，而其中一个重要的原因是宝钞库没有真正行使它的职责。另外，言利之臣“但讲造之之法，不讲行之之法”。黄宗羲探讨了行钞的可能性，并进行了详尽的制度设计。

黄宗羲的废金银、行钞思想是在考察历史的基础上提出来的，它是对中国古代君主专制制度下所实行的货币政策弊端的一次大剖析。对此，后世有学者却认为这是不可行的幻想而已。清末的朱一新在《无邪堂答问》卷一《评〈明夷待访录〉书后》中主张“惟通商专用金银，故中国不可用钞”。朱一新的看法囿于君主专制时代以农为本的思想，没有看到新的生产关系已经萌芽，在工商业不断发展的过程中形成的“工商皆本”思想正日益对“以农为本”的统治理念形成挑战。黄宗羲从“工商皆本”的理念出发，尤其重视货币制度对经济发展的作用。从经济学、金融学的角度来看，中国古代使用的货币通常以金银为主，而货币符号——钞一直不被重视。黄宗羲的“用钞”法无疑对明代商品经济的发展有促进作用。

原文

钱币所以为利也，唯无一时之利，而后有久远之利。以三四钱之费得十钱之息，以尺寸之楮[1]当金银之用，此一时之利也。使封域[2]之内，常有千万财用[3]流转无穷，此久远之利也。后之治天下者，尝顾此而失彼[4]，所以阻坏其始议也[5]。

译文

钱币是用来谋求利益的，只有不追求短期的小利，才能有久远的大利。用三四钱的成本就可获得十钱的利润，拿尺寸大小的楮木做的纸币当作金银用，这些都是短期的小利。只有那些让其治域内，时时有千千万万的货财流通不穷，那才是久远的大利。后世人君，常常追求一时的小利而失掉了久远的大利，以至于阻挠破坏了最初实行钱币的本义。

注释

1 **楮：**木名，即构树，也叫穀树。叶似桑，皮可制纸。这里指纸钱、钱币。宋、金、元时发行的纸币，多用楮皮纸制成，故名。

2 **封域：**疆界，领地。

3 **财用：**指财物。

4 **尝：**二老阁本、成都本作“尝”；番禺本为“常”。**顾此而失彼：**照顾到了一时之利，而丢掉了久远之利。这里的“此”指一时之利，“彼”指久远之利。

5 **阻坏：**从中阻挠而使遭破坏。**议：**或作“义”。

原文

有明欲行钱法[1]而不能行者：一曰惜铜爱工[2]，

译文

明朝想实行好的钱币制度却未能如愿的原因是：其一，既吝惜铜的原料，又钱既恶薄[3]，私铸繁兴[4]。二曰折二折三，当五当十[5]，制度不常[6]。三曰铜禁不严，分造器皿。四曰年号异文[7]。此四害者，昔之所同。五曰行用金银，货不归一[8]。六曰赏赉[9]、赋税，上行于下，下不行于上[10]。昔之害钱者四，今之害钱者六。故今日之钱，不过资小小贸易，公私之利源皆无赖[11]焉，是行钱与不行等也。诚废金银，使货物之衡尽归于钱，京省各设专官鼓铸[12]，有铜之山，官为开采，民间之器皿，寺观之像设[13]，悉行烧毁入局[14]。千钱以重六斤四两为率[15]，每钱重一钱[16]，制作精工，样式画一，亦不必冠[17]以年号。除田土赋粟帛外，凡盐酒征榷[18]，一切以钱为税。如此而患不行，吾不信也。

想省工，所铸的钱币成色差且重量轻，因盗铸容易，导致民间私自伪造钱币的非常多。其二，大钱与小钱币值的比价，或折二或折三，或当五或当十，没有稳定的比值。其三，官府对私用铜的禁令不严格，有的铜还用来铸造器皿什物。其四，钱币上皇帝的年号文字不统一，造成使用上的混乱。这四个害处，明代以前各朝也都出现过。其五，赋税和市场交易中使用的金银，货币不统一。其六，朝廷可用钱赏赐臣民，而民众却不能用钱缴纳赋税。以前阻碍钱币广泛流通的弊端是四个，而现在却有六个。所以如今的钱币，不过为小宗的交易提供帮助，官府与私人都无法依赖钱币来获利，也就是说钱币流通与不流通结果都一样。果真能禁止金银的流通，使货物的价值统统由钱币来衡量，京城及各行省宜设立专门的官员主持冶炼、铸造钱币，蕴藏着铜的矿山，官府主持开采，民间用铜铸器皿什物，寺庙道观里的铜像，都要全部熔化后运到铸钱的官署。每一千钱的重量以一百两为标准，每个钱币重量为一钱，所造钱币要做工精致，统一式样，也不用在钱币上加皇帝年号。除了田土赋税可以用粟帛缴纳以外，所有盐酒专卖所征收的赋税，一概用钱币。我不相信，采取以上办法，还达不到推行钱币的目的。

注释

1 **钱法:**中国古代关于金属铸币的法规,包括金属铸币的铸造、流通、收藏以及长短钱等方面的立法。

2 **惜铜爱工:**意思是说,既吝惜炼铜的原料,又想要省工。

3 **恶薄:**指钱币成色差,重量轻。参见《明史·食货五》。

4 **私铸繁兴:**指明朝私人铸钱非常繁盛。参见《明史·食货五》。

5 **折二折三,当五当十:**这是当时铜钱与铁钱、大钱与小钱币值的各种比价。平钱亦称小平钱、折一钱,即当一文钱用。折二钱即当二文钱用,也就是指一枚当二文。

6 **制度不常:**这是黄宗羲批评明朝的财计政策,尤其是货币政策没有统一的标准。比如朱元璋统治时期,就经常改变币制。

7 **年号异文:**因年号不同,钱上面的文字有所不同,结果导致使用上的混乱。明初铸"洪武通宝"、永乐年间铸"永乐钱"、宣德年间铸"宣德钱"、弘治年间铸"弘治钱"、嘉靖年间铸"嘉靖钱""九号钱"。

8 **货不归一:**指货币不能统一。

9 **赏赉:**赏赐。赉,赐予。

10 **上行于下,下不行于上:**这句话的意思是:朝廷可用钱赏赐臣民,而民众却不能用钱来缴纳赋税。

11 **无赖:**没有依靠。

12 **鼓铸:**鼓风扇火,冶炼铜铁以铸钱。

13 **像设:**依式构造。这里指寺观中陈设的神像等设施。

14 **局:**官署名。

15 **以重六斤四两为率:**旧制十六两为一斤。六斤四两,即一百两。

16 **一钱:**"一钱"的"钱",是重量单位名。十钱为两,其制始自宋初。

17 **冠:**在前面加上某种名号或文字。

18 **征榷:**国家征收商品税与官府专卖。

原文

有明欲行钞法而不

译文

明朝想实行好的钞币制度而行不通,

能行者，崇祯间，桐城诸(臣)[生]蒋臣[1]，言钞法[2]可行，岁造三千万贯，一贯直一金，岁可得金三千万两。户部侍郎王鳌永主其说[3]，且言初年造三千万贯，可得五千万金，所入既多，将金与土同价。上特设内宝钞局，昼夜督造，募商发卖，无肯应者。[4]大学士蒋德璟言，以一金易一纸，愚者不为。[5]上以高皇帝之行钞难之。德璟曰："高皇帝似亦神道设教，然赏赐折俸而已，固不曾用之兵饷也。"按：钞起于唐之飞钱[6]，犹今民间之会票[7]也，至宋而始官制行之。然宋之所以得行者，每造一界[8]，备本钱三十六万缗，而又佐之以盐酒等项。盖民间欲得钞，则以钱入库；欲得钱，则以钞入库；欲得盐酒，则以钞入诸务[9]。故钞之在手，与见钱无异。其必限之

崇祯年间，桐城儒生蒋臣说可以实行钞币之法，他设想每年造钞币三千万贯，一贯价值一金，这样每年可获得三千万两金。户部侍郎王鳌永赞成蒋臣的说法，并且说第一年造钞币三千万贯，可以得到五千万两金，朝廷收入多了以后，将金与土地价值同价。崇祯批准他们的建议，特地设立了内宝钞局，日夜督促印造，招募商人出售钞币，结果却没有人响应。大学士蒋德璟说，要民众用一金换一张纸币，再愚蠢的人也不会干。崇祯皇帝拿高皇帝朱元璋也曾发行过钞币质问他。蒋德璟回奏："高皇帝的做法似乎也是利用神道来教化民众，他只用钞币来赏赐、折俸，并不曾用来发兵饷。"按：钞币起源于唐代的飞钱，相当于现在民间的会票，到宋代时，才改由官府印制发行。然而宋朝之所以能够通行钞币，是因为每发行一期的钞币，就准备了本钱三十六万缗，并且还辅以盐、酒等专卖品。民间如果想要得到钞币，就需向国库缴纳钱币；如果想要得到钱币，就需向国库缴纳钞币；如果想要买盐、酒，就需要用钞币去各相关机构购买。所以，拿在手上的钞币就等于是现钱。之所以一定要以界为限，一是当使官府的本钱与所造的钞币的价值相当，如果不实行限制的话，那么钞币的增加与制造就没有法度了；一是每界制造钞

以界者，一则官之本钱，当使与所造之钞相准，非界则增造无艺[10]；一则每界造钞若干，下界收钞若干，诈伪易辨，非界则收造无数。宋之称提[11]钞法如此。即元之所以得行者，随路设立官库，贸易金银，平准[12]钞法。

币若干，下一界就应收回钞币若干，这样钞币的真伪就很容易辨别，如果不实行限制的话，那么钞币的发行和收回就没有定数了。宋代所谓的称提钞法就是这样维持钞币的信誉的。到了元朝，钞币能够通行的原因是在各地设立了官库，负责钞币和金银的互相兑换，来平抑钞币币值的稳定。

注释

1 **诸(臣)［生］蒋臣：**蒋臣，字一介，又字一个。初名姬胤，字子卿。安徽桐城人。明末秀才。言钞法时，为户部主事。二老阁本、邓先生藏本、道光金山钱熙祚刻本、成都本、四川存古书局(富顺宋育仁评《明夷待访录》)本、海山仙馆本均为“诸臣”，似为“诸生”之误，今据番禺本改。

2 **钞法：**中国古代关于纸币发行、流通、兑换的法令。

3 **王鳌永主其说：**户部侍郎王鳌永赞同蒋臣行钞法的建议。王鳌永，字克巩，号蘅皋，又号涧溯，山东淄博人。明天启五年(1625)进士，崇祯年间曾任佥都御史，督治通州军务，后升为户部侍郎兼礼部侍郎。此时为户部侍郎。

4 **上：**指崇祯皇帝。**内宝钞局：**明代崇祯年间官方设立的督造纸币的机构。**发卖：**出售。

5 语出《明史》卷二百五十一。蒋德璟，字申葆，号八公，又号若柳，明泉州晋江福全人。天启进士，崇祯间累官礼部尚书兼东阁大学士。以争练饷事，乞归，卒，著有《敬日草》。

6 **飞钱：**唐宪宗时商贾至京师，委钱诸路进奏院及诸军诸使富家，以轻装趋四方，合券乃取之，号为“飞钱”。此为我国钞法之始，但仅限于商贾与富豪私人为之。至宋初，许民入钱京师，于诸州使换，朝廷始置务给券，商人持券入诸州，即时给付，不得留滞。其初公私称便，后以给钱不时，甚或无钱可付，钞法遂废。

7 **会票**：就是现今的“汇票”，明清时商人寄兑银钱的凭证。原为在一地付款领票，到另一地兑现的汇票。后因金属货币不足，加以发行者的信用良好，渐在市上流通，以代现款。

8 **一界**：一期。

9 **务**：官署名，多为掌管贸易和税收的机构。

10 **无艺**：无准则，无法度。

11 **称提**：南宋称提高纸币币值的政策为“称提”或“称提之策”，即限定发行总额，规定行使期限，按期调换。南宋的称提之策本来是指纸币贬值后所采取的补救措施。黄宗羲则将视作可借鉴的成功的纸币管理经验。

12 **平准**：古代官府转输物质、平抑物价的措施。

原文

有明宝钞库[1]，不过倒收旧钞，凡称提之法俱置不讲，何怪乎其终不行也！毅宗言利之臣[2]，不详其行坏之始末，徒见尺楮张纸居然可当金银，但讲造之之法，不讲行之之法。官无本钱，民何以信！故其时言可行者，犹见弹而求炙[3]也。然诚使停积钱缗，五年为界，敛旧钞而焚之，官民使用，在关即以之抵商税，在场即以之易盐引[4]，亦何患其不行！且诚废金银，则谷帛钱缗，不便行远，而囊括尺寸

译文

明朝的宝钞库，只是负责收回旧钞，凡称提的办法都弃置不用，难怪钞币最终不能流通啊！毅宗朝的那些只知道讲钞币好处的大臣们，根本不懂钞币发行流通和遭受破坏的缘由始末，仅看到尺寸大小的纸张居然可以当金银使用，便只讲制造钞币的方法，却不考虑如何发行、如何流动的问题。官府没有准备现钞的本钱，老百姓又怎么会相信钞票！所以那些主张钞币可行的，就好比是看见弹子便想烤鸟肉吃那样急功近利。不过，果真停止积聚钱币，每五年为一界，收回旧钞并将之焚毁，并且无论官府还是民间都使用钞币，在各地关卡用它来抵扣商税，在盐场等贸易场

之钞，随地可以变易，在仕宦商贾又不得不行。德璟不言钞与钱货不可相离，而言神道设教，非兵饷之用，彼行之于宋、元者，何不深考乎？

所用钞币来换得运销官盐的凭照，又何必担心钞币不可流通！况且，果真废除了金银，那么谷物、布帛及钱币都是不便于远程携带的东西，就只有尺寸大小的钞币可以到任意地方兑换，对于那些仕宦商贾而言，他们就不得不使用钞币了。蒋德璟不讲钞币与钱货不可分离的关系，而讲什么神道设教，钞币没有用之于兵饷等，怎么不去好好探究纸币之法为何通行于宋元两朝呢？

注释

1 **宝钞库：**是发放、贮存钱币之处。宝钞，即纸币。唐代有分钱，宋有交会，金有交钞，元明有宝钞。

2 **毅宗言利之臣：**指上文提到的蒋臣、王鳌永等人。

3 **见弹而求炙：**看见弹丸就想象着烤鸟肉。语出《庄子·齐物论》。

4 **盐引：**商人运销官盐的凭照。其法始于宋之盐钞，后钞法大坏，乃换给盐引。元明均沿用之。

财计三

导读

在此篇中，黄宗羲着重分析了三种导致民众贫弱的消费方式：一为习俗，二为蛊惑，三为奢侈，黄宗羲认为，即使天下施行了轻徭薄赋的政策，若此三者不除，也难使民众富裕起来。

所谓习俗，一为吉礼，一为丧礼。在黄宗羲看来，主要是吉凶之礼的弊端带来的不良影响。对于吉礼，黄宗羲主要反对在婚娶过程中，实行筐篚、装资、宴会等做法；对于丧礼，黄宗羲主要反对在丧葬过程中，实行含敛、设祭、佛事、宴会、刍灵等仪式或做法。对此，黄宗羲可以说言行合一、身行一致。他在晚年所写的《梨洲末命》中，对自己死后应如何从俭丧葬做了交代。他说："吾死后，即于次日之蚤，用棕棚抬至圹中，一被一褥，不得增益。棕棚抽出，安放石床。"又说："凡世俗所行折斋、做七、一概扫除。来吊者，五分以至一两并纸烛，尽行却之。"针对黄宗羲的这种反传统的倾向，《黄宗羲评传》的作者如此说："黄宗羲对自身后事的这般处置，不只是反对丧事的铺张与奢华，而是从思想家的思维逻辑上又选择了一个敢于同千年不变的传统礼义与丧葬制度进行大胆挑战的课题，并试图以自身丧事为实例，对如何突破传统，异于世俗作出最后一次令人惊异的回答。"

所谓蛊惑，在黄宗羲看来，主要是佛和巫两种。对于佛，黄宗羲一贯持抑制其发展的立场。他认为巫和佛都对民生无用，浪费了民众大量的财富，降低了民众的生活质量，故而应当极力摒除。

所谓奢侈，在黄宗羲看来，主要是指倡优、酒肆、机坊等超出正常消费水准的消费方式。这些都是对社会资源的浪费。

黄宗羲的这些主张，完全是从民众的自身利益出发的。在他看来，凡是不切于民用的，一概痛绝之，这只能算是救弊的一个方面。这相当于古圣王崇本抑末之道。然而，对此之道，后世的俗儒们亦不能明晓，而盲目地加以贬抑。黄宗羲认为这种做法背离了古圣王的初衷。为此，黄宗羲提出了在那个时代所能达到的最高理论水平的观点："夫工固圣王之所欲来，商又使其愿出于途者，盖皆本也。"今天，我们对于工商皆本思想早已耳熟能详，但在君主专制的统治之下，在以农为本的治国理念指导下，能够认为"工商皆本"，是何等难能可贵啊！

原文

治天下者既轻其赋敛[1]矣，而民间之习俗未去，蛊惑[2]不除，奢侈不革，则民仍不可使富也。

何谓习俗？吉凶之礼[3]既亡，则以其相沿者为礼。婚之筐篚[4]也，装资[5]也，宴会[6]也；丧之含殓[7]也，设祭[8]也，佛事[9]也，宴会也，刍灵[10]也。富者以之相高[11]，贫者以之相勉[12]矣。

译文

治天下的君主虽然减轻了民众的赋税、徭役，但是如果民间不合法度的坏习俗不改掉，佛巫等蛊惑人心的邪术没有被取缔，奢侈浪费的风气依然盛行，那么民众仍不能变得富足起来。

习俗是什么呢？三代圣王们制定的吉事、凶事的礼仪失传以后，民间便把相沿的习惯当作礼。比如办婚礼时，人们讲究聘礼、嫁妆和婚宴等；办丧礼时，讲究为死者准备入殓用的珠玉，陈设的祭品，出家人做的法事，宴请宾客的酒席以及送葬之物。凡此种种，富裕人家相互攀比，借此摆阔，炫耀地位和财富，贫苦人家受之影响，也不得不倾其所有，竭力操办。

注释

1 **赋敛**:田赋,税收。

2 **蛊惑**:迷惑,毒害。

3 **吉凶之礼**:吉事和凶事的礼仪,即古礼中的两种。吉、凶、宾、军、嘉,古称“五礼”。古代称祭祀、行冠礼、婚娶为吉事,称丧事等为凶事。凶礼包括丧、荒、吊、禬、恤等五种。

4 **筐篚**:原意为盛物竹器。方曰筐,圆曰篚。本文指婚前男方给女方的聘礼。

5 **装资**:置办嫁妆的费用和物质。

6 **宴会**:招待客人而置办的酒席。通常指婚宴或丧宴。这里指婚宴,下文的“宴会”指的是丧宴。

7 **含殓**:“含”亦作“唅”“琀”。古丧礼,放在死人嘴里的玉物,亦作“含敛”。古代丧礼,纳珠玉米贝等于死者口中,并易衣衾,然后放入棺中,叫作含殓,后泛指入殓。

8 **设祭**:陈设祭品。

9 **佛事**:原指和尚或尼姑诵经拜佛之事。这里指亡者之家请僧尼念经超度亡灵的仪式。

10 **刍灵**:用茅草扎成的人马,为古人送葬之物。

11 **相高**:互相攀比、比较高下。

12 **勉**:力量达不到仍要勉强行之。

原文

何谓蛊惑?佛[1]也,巫[2]也。佛一也,而有佛之宫室[3],佛之衣食[4],佛之役使[5],凡佛之资生器用无不备,佛遂中分其民之作业[6]矣。巫一

译文

蛊惑是什么呢?就是与佛和巫相关的一些事情。一是佛,要有供佛的庙宇、供养佛的衣食,还要有侍候佛、服务佛的杂役,凡是佛吃的、穿的、用的,应有尽有。佛于是在无形中就消耗了民众一半的劳动所得。一是巫,要专门花钱去买纸钱、香烛,

耳，而资于楮钱[7]香烛以为巫，资于烹宰以为巫，资于歌吹[8]婆娑[9]以为巫，凡斋醮[10]祈赛[11]之用无不备，巫遂中分其民之资产矣。

何谓奢侈？其甚者，倡优[12]也，酒肆[13]也，机坊[14]也。倡优之费，一夕而中人[15]之产；酒肆之费，一顿而终年之食；机坊之费，一衣而十夫之暖。

宰杀烹煮牲畜，还要去准备歌舞吹唱之类的东西，凡用于供斋醮神、祈求神佑的赛会等所需祭祀物品无所不备。巫于是在无形中也消耗了民众一半的家产。

奢侈是什么呢？消费最为奢侈的就是听歌伎舞娘们唱戏、在饭店里吃酒席、购买绸缎机坊的衣服。听歌伎舞娘们唱一晚上戏的花费，相当于一户平常人家所有的资产；在饭店里吃一顿酒席的花费，相当于一般人全年的饭钱；机坊一件绸缎衣服的花费，相当于自家所织的可免于受冻的十件衣服的价钱。

注释

1 **佛：**这里指与佛有关的行为、设施等的通称。

2 **巫：**这里指与巫术有关的一切事物。

3 **宫室：**这里指庙宇或庙宇里供奉的神龛等。

4 **衣食：**这里指佛像的装饰、贴金和供果之类的东西。

5 **役使：**为佛事服务的人。

6 **中分其民之作业：**这句话的意思是：（消费了）一半老百姓的劳动所得。中分，对半分。作业，所从事的事务、工作。这里指民众从事的工作所得的报酬。

7 **楮钱：**旧俗祭祀时用的纸钱。

8 **歌吹：**歌声和鼓吹声。

9 **婆娑：**舞蹈。这里指巫术的神职人员在仪式上所进行的表演，即民间所说的“跳大绳”。

10 **斋醮：**请僧道设斋坛，向神佛祈祷。

11 **祈赛：**民间常用歌舞、社戏、酒食等带有竞赛性质的敬神的赛会，祈求神佑和答谢神灵。

12 **倡优**：古代称以音乐歌舞或杂技戏谑为业的艺人。

13 **酒肆**：卖酒的商店。

14 **机坊**：从事丝织或棉织的作坊。

15 **中人**：平常人。

原文

故治之以本[1]，使小民[2]吉凶一循于礼，投巫驱佛[3]，吾所谓学校之教明而后可也。治之以末，倡优有禁，酒有禁，除布帛外皆有禁。今夫通都[4]之市肆，十室而九，有为佛而货[5]者，有为巫而货者，有为(优倡)[倡优][6]而货者，有为奇技淫巧[7]而货者，皆不切于民用，一概痛绝之，亦庶乎[8]救弊之一端也。此古圣王崇本抑末[9]之道。世儒不察，以工商为末，妄议抑之。夫工固圣王之所欲来[10]，商又使其愿出于途者[11]，盖皆本也。

译文

治本的办法，就是使民众在操办吉凶之事时，一概遵循礼制，丢掉巫术佛法那一套，这就是我所说的学校教化发挥了作用以后方可做到的事。治标的办法，就是要禁止倡优们的活动，禁止酒食上的浪费，除布帛之外，其他豪华的穿戴，都要有所禁止。现在城市中的绝大多数店铺在销售佛事、巫术、倡优所需的东西，也有的销售过于奇巧而没有任何实际用处的东西，都不切民众的实用，应该一概杜绝，也算是补救时弊的一个方面。这就是古代圣贤明君崇本抑末之道。当世儒生，多对此不能明察，以为手工业和商业都属于末业，胡乱地主张应对之加以抑制。要知道，手工业本是圣王明君用来招徕百工的，又可使商人愿意从事买卖，工商都是治国之根本啊。

注释

1 **本**：与末相对。指事物的根源。

2 **小民**：平民。

3 **投巫驱佛：**丢掉巫术佛法。

4 **通都：**四通八达的城市。

5 **货：**卖出。

6（**优倡**）[**倡优**]**：**二老阁本、邓先生藏本、成都本、道光金山钱熙祚刻本、番禺本、四川存古书局（富顺宋育仁评《明夷待访录》）本、海山仙馆本皆作"优倡"。

7 **奇技淫巧：**指过于奇巧而无益的技艺与制品。奇，奇异。淫，过分，极端。

8 **庶乎：**将近，差不多。

9 **崇本抑末：**崇尚根本，抑制末节。古时常以农桑为本，以商为末。

10《礼记·中庸》论"为天下国家有九经"，其中一经为"来百工"。并说"来百工则财用足"。来百工即百工来，招徕百工。

11 **商又使其愿出于途者：**这句话显然是受孟子的影响，是化用《孟子·梁惠王上》中的话而来的。《孟子·梁惠王上》曰："今王发政施仁，使天下仕者皆欲立于王之朝，耕者皆欲耕于王之野，商贾皆欲藏于王之市，行旅皆欲出于王之途。"

胥 吏

导读

明朝官制之坏盖有两途:其一,奄宦坏官制,重在上;其二,胥吏坏官制,重在下。“胥吏”原本是“吏”的一种。在《周礼》中,吏和官的范围是不同的,士以上谓官,士以下谓府、史、胥、徒。虽然有时官与吏二字通用,但官员与吏员的界线自秦汉始就逐渐明显起来。科举制度产生以后,官与吏截然分途。官是读书人科举追逐的目标,吏则成为官员之下的办事人员,为读书人所不乐为,其中只有少数人可以升为官员。贵官贱吏成为一种普遍的现象。明朝的“吏”既不从科举之士中选任,也不是低级官员,而是从民间签拔来的,实际上这种“吏”是一种徭役,按户出丁充役。李洵先生认为,在文献中对这种人最恰当的称呼,应该是“胥吏”或“吏胥”。“胥吏”最初主要指“有才智为什长”的人。而后来,“胥吏”是供官员驱使、靠雇佣或子承父业等方式进入官府的实际办事人员。在具体的行政事务上,士大夫们需要倚赖他们。从理想的制度安排上来说,胥吏作为实际办事人员,并没有实际权力。历朝虽对之限制较多,但对之监督却较少,这为胥吏投机钻营乃至弄权提供了可乘之机,也使胥吏之害成为历朝政治制度中一种难以根治的顽疾。胥吏之害常遭到士人的抨击。叶适曾发过“官无封建而吏有封建”的感叹。顾炎武对叶适这种观点极其赞赏,并根据以往人们对胥吏的普遍看法,将传统政治体制中的吏胥比拟为“养百万虎狼于民间”。黄宗羲也受到了叶适观点的影响，并对胥吏之害进行了批判。

宋明时期，胥吏窃取权柄的现象相当普遍。日本学者岛田虔次先生说，在中国近世（指宋、元、明、清），行政的实务仅仅被胥吏所把握，即使是天子任命的官员，在侵犯了胥吏的利害关系的时候也不能施政，这已是众所周知的事实。他分析认为，官僚所关心的唯有读书著述、诗文的应酬以及士大夫之间的社交；关于政务，不过只是观念性地主张治世的精神和德化的理想而已。有能力的官员原本严重缺乏，加之其他种种原因，这为胥吏充当官员角色提供了便利条件。在官署里，胥吏似官而又非官；他们只知行政技术，不懂行政精神，虽识字却不知文。那些不太关心具体政务的士大夫，虽然轻视或者鄙薄他们，但又必须依赖他们。这种吊诡的现象在明朝末年表现得十分突出。

明朝末年，朝纲混乱，官位空缺严重，这使胥吏有了可乘之机。同时，胥吏的人数也不断地增长。胥吏原本并不是政治官僚体制系统的成员，仅仅是办事员而已，但因其与士大夫的特殊关系，在一定的历史阶段，他们往往能够弄权于下，甚至破坏正常的政治运作。黄宗羲在反思明亡教训时，从“设施之科条”、吏与士人之关系、对胥吏的铨选以及京师权要之胥吏等方面总结了胥吏的四大危害。

其一，胥吏窃国柄，导致“天下有吏之法，无朝廷之法”。在黄宗羲看来，“今之吏胥，以徒隶为之”。“徒隶”指类似于狱卒一样身份低微的小吏。他们在官府谋职主要是为了生存、求利，也就是为了“私利”。由于这些人掌握着起草科条的权力，只要有谋利的机会，他们就会通过运用“创为文网”的方式达到目的。可见，胥吏们完全是出于“私利”为朝廷做事，尤其是当制定的科条都要出自他们的手时，他们更会变本加厉地攫取私利，完全没有一丝为天下人谋利的“公利”之心。这怎能不让黄宗羲无限感慨呢？

其二，士人羞与胥吏为伍，导致“有才者老死丘壑”。黄宗羲认为，天下的胥吏为一些刁顽耍奸、为非作歹的人（“无赖子”）占据着，而辅助主官的副官（“佐贰”）也多出身低贱，士人不能与他们很好地合作。即使在承平的时代，士人众多，而出仕之途狭窄，结果导致许多有才能的人不能自拔于草野之间，而老死丘壑。人才的匮乏，自然会引起政治贫弱。

其三，副官本应由各自的长官通过辟召的方式进行挑选，事实却是全由吏部考核。吏部连这些副官的名姓都弄不清楚，更不好说知晓他们的贤与不肖了。既然如此，铨选无法做到客观公正地评判这些副官，吏部甚至采用抽签这种贻笑千古的愚蠢办法来对之进行考核。通过这种极不负责的方式挑选出来的官员的素质如何，便可想而知了。

其四，权臣纳贿，导致上下狼狈为奸，胥吏相互勾结，关系盘根错节。黄宗羲说，若要获得做京师权要的胥吏等职位，所要贿赂的钱多达数千金。一般的家庭是交不起这笔高昂的费用的，只要是一人占据了某个职位后，“父传之子，兄传之弟”。即便不是如此，也是由传衣钵者继承之。久之，胥吏的关系网就盘根错节地织成了，这张大网不仅大而且牢不可破。对此，顾炎武也有同感。顾炎武说：“从来仕宦法网之密，无如今日者。”大概是受叶适的影响，黄、顾二人都对胥吏“父以是传子，兄以是传弟”的现象进行了鞭挞。不过，黄宗羲是针对京师胥吏据权要之位而谈的，顾炎武则是认同叶适的观点，即针对“今天下官无封建，而吏有封建。州县之敝，吏胥窟穴其中”而谈的。

鉴于胥吏存在如此多的害处，黄宗羲设想，假使将胥吏都换成士人，不仅可以消除胥吏之害，而且一切情况都会变得好起来。为达到这个目标，黄宗羲构想了两种方法：

其一，欲消除胥吏之害，可针对不同的胥吏采用不同的方法。比如，针对“奔走服役吏胥之害”，黄宗羲采取的措施是“复差役”。此措施可以补救任用胥吏之失。其二，运用多种取士方法，为社会选拔更多优秀的人才，避免胥吏依靠手中的权力危害社会。

原文

古之胥吏者一[1]，今之胥吏者二[2]。古者府史胥徒[3]，所以守簿书、定期会[4]者也。其奔走服役，则以乡户充之。自王安石改差役为雇役[5]，而奔走服役者亦化而为胥吏矣。故欲除奔走服役吏胥之害，则复差役；欲除簿书期会吏胥之害，则用士人。

译文

古代的胥吏只有一种，现在的胥吏却有两种。古时候的府、史、胥、徒，这四种胥吏职责是专管簿册文书，限定政务完成期限的。那些官府中的跑腿、当差服役的胥吏是用乡民充当的。自从王安石把民众担当的差役改为雇用人服役以后，从前在官府中跑腿、当差服役的也都变成胥吏了。所以，想要革除官府中的跑腿、当差服役的吏胥所带来的害处，就要恢复原本的差役法；想要革除专管簿册文书、限定政务完成期限的那些吏胥所带来的危害，就要起用士人来担任这些工作。

注释

1 **胥吏：**古代官府中办理文书的小吏。**一：**专一，此指专管文书工作。黄宗羲认可此类的胥吏。这与他提出的“用士人”的设想是一致的。

2 **二：**不专一。意思是，不仅管文书的是胥吏，连奔走服役之人也称胥吏。在该文中，黄宗羲使用“吏胥”二字将用士人的胥吏与服差役的胥吏相区别，前者可称之为“小吏”，后者才是真正的“胥吏”。文字秩序的不同，蕴含的意义也不同。对于此点，前人往往忽视。

3 **府史胥徒：**古代官府的四种职务，都是小吏。府史，古代管理文书的官。胥徒，古代官府中的小吏及步行供差役的人。

4 **期会：**指定期限，也泛指政令的施行。

5 **王安石改差役为雇役：**王安石执政时曾行免役法，改差役为雇役。以后又恢复。明代实行一条鞭法后，差役渐废。差役，古代科派民众轮流供官府驱使和压榨的无偿劳役。雇役，官府出钱雇人服役，即募役。

原文

何谓复差役？宋时差役，有衙前[1]、散从[2]、承符[3]、弓手[4]、手力[5]、耆长[6]、户长[7]、壮丁[8]色目[9]。衙前以主官物，今库子[10]、解户[11]之类。户长以督赋税，今坊里长[12]。耆长、弓手、壮丁以逐捕盗贼，今弓兵[13]、捕盗[14]之类。承符、手力、散从以供驱使，今皂隶[15]、快手[16]、承差[17]之类。凡今库子、解户、坊里长皆为差役，弓兵、捕盗、皂隶、快手、承差则雇役也。余意坊里长值年之后，次年仍出一人以供杂役。

译文

为什么要恢复差役制度呢？宋朝的差役，有衙前、散从、承符、弓手、手力、耆长、户长、壮丁等名目。衙前，主管官府的财务，类似现在的库子或解户。户长，负责监督赋税，类似现在的坊长、里长。耆长、弓手、壮丁，用来追捕盗贼，类似现在的弓兵、捕盗。承符、手力、散从，用来专供驱使差遣，类似现在的皂隶、快手、承差。凡现在的库子、解户、坊长、里长都是差役，弓兵、捕盗、皂隶、快手、承差则是官府的雇役。我的意思是，坊长、里长在轮值年满后的第二年，仍应从他们家中各选一人到官府服杂役。

注释

1 **衙前**:宋代官役之一。主管运送官物或看管府库粮食，或管理州县官府的食物。

2 **散从**:宋代衙署的外班差役名。

3 **承符**:宋朝衙署前的供驱使的差役。

4 **弓手**:又号弓箭手，习射的兵卒。主要负责缉捕之事。

5 **手力**:官府担任杂役的小吏。

6 **耆长**:宋代役法中所定的差役名目，又称“耆户长”，职司缉捕盗贼。

7 **户长**:宋代替催赋税的差役，里正的副手。里正一般由一等户轮流充当，户长由二等户充当。

8 **壮丁**:指可以服劳役的青壮年男子。

9 **色目**:诸色杂目，种类名目。

10 **库子**：明代管理仓库财务的差役。

11 **解户**：明代承当解纳钱粮差役的人。

12 **坊里长**：即坊长和里长的合称。坊长，街坊之长。里长，古之乡职，谓一里之长，犹里尹、里正。

13 **弓兵**：元朝始置，属巡检司。负责地方缉捕之事。明初天下冲要之地皆设巡检司，于丁粮相应人户内佥点人员应役，一年更替，以司地方缉捕之责。

14 **捕盗**：差役名。明代官署担任追查缉捕盗贼的差役。

15 **皂隶**：原指奴隶。后称旧时衙门的差役为皂隶。明洪武四年(1371)规定，皂隶公使人服制，穿皂盘领衫，戴平顶巾，结白搭膊，带牌。

16 **快手**：旧时衙署掌缉捕、行刑等职事的差役。

17 **承差**：官府中听候差遣、转承文书的差役。

原文

盖吏胥之敢于为害者，其故有三：其一，恃官司[1]之力，乡民不敢致难[2]；差役者，则知我[3]之今岁致难于彼者，不能保彼之来岁不致难于我也。其二，一为官府之人，一为田野之人，既非同类，自不相顾；差役者，则侪辈[4]尔汝，无所畏忌。其三，久在官府，则根株窟穴[5]牢不可破；差役者，伎俩[6]生疏，不敢弄法[7]。是故坊里长同勾当[8]于官府，而乡民之于坊里长不以为甚害者，则差

译文

雇佣制下的吏胥之所以敢于为害民众，有三个原因：第一，仰仗官府的势力，乡里民众不敢反对他们；而若是变成了差役制的话，吏胥们就知晓今年刁难别人，难保来年不被别人刁难。第二，一是官府的人，一是乡间的普通人，他们既然不是同一类人，自然相互不会有所顾惜；而差役制下的吏胥与乡民都是一样的，不分彼此，自然谁也不畏忌谁。第三，吏胥长期在官府当差，其关系盘根错节，牢不可破；而差役制下的吏胥因临时任职，对官场的各种伎俩不熟悉，不敢徇私枉法。所以，坊长、里长们为官府办事，但乡民们并不觉得坊长、

与雇之分也。治天下者亦视其势，势可以为恶，虽禁之而有所不止；势不可以为恶，其止之有不待禁也。差役者，固势之不可以为恶者也。议者曰：自安石变法，终宋之世欲复之而不能，岂非以人不安于差役与？曰：差役之害，唯有衙前[9]，故安石以雇募救之。今库子、解户且不能不仍于差役，而其无害者顾反不可复乎？宋人欲复差役，以募钱为害。吾以谓募钱之害小，而胥吏之害大也。

里长对他们有什么太大的危害。这就是差役制和雇役制的区别。治理天下的人也要察形观势，形势让人可以为恶时，虽禁不止；形势让人不可以为恶时，无需禁止。实行差役制，就是要形成一种不能干坏事的形势。有议论者说：从王安石变法一直到宋朝灭亡，其间有人想恢复差役制，却都没办成，难道是人们都不乐意接受差役制吗？也有人认为：差役制的害处，仅在衙前一职，所以王安石采用雇募民众的方式来救治。如今的库子、解户这些职役尚且不能不沿袭差役制，而那些无害处的职役，反倒不能恢复吗？宋朝人想恢复差役制，理由是雇役制的募钱之法害处太大。我认为募钱的害处小，而胥吏的害处大。

注释

1 **官司**：旧时泛指官吏或官府。

2 **致难**：予以责难。

3 **我**：服差役者的自我称谓。

4 **侪辈**：同辈。

5 **根株窟穴**：比喻基础巩固，门路相通，容易行取方便。根株，树木的根，比喻基础。窟穴，洞穴，指藏身匿居之所。

6 **伎俩**：技能。后多用于贬义。

7 **弄法**：玩弄法律，营私舞弊。

8 **勾当**：办理。

9 **差役之害，唯有衙前**：《宋史・食货上五》云："今乡役之中，衙前为重。

民间规避重役，土地不敢多耕，而避户等；骨肉不敢义聚，而惮人丁。”

原文

何谓用士人？六部院寺[1]之吏，请以进士之观政[2]者为之，次及任子，次及国学[3]之应仕者。满调[4]则出官州县，或历部院属官[5]，不能者落职。郡县之吏，各设六曹，请以弟子员之当廪食者[6]充之。满调则升之国学，或即补六部院寺之吏，不能者终身不听出仕。郡之经历[7]、照磨[8]、知事[9]，县之丞、簿、典史[10]，悉行汰去。行省之法，一如郡县。

译文

为什么要起用士人呢？中央机构，如六部、都察院和大理寺等的小吏，派观政进士担任，其次由任子担任，再次由太学里授官出仕的学员来担任。任职期满后，经考核，合格的或到地方上担任州县的长官，或者升任各部院的属官，不合格的就降职或罢免。地方机构，如郡和县的小吏，各分六个衙署办事，派食朝廷俸禄的弟子员去担任。任职期满，经考核，合格的或升入太学学习，或升为中央机构的小吏，不合格的永不让他们做官。郡里的经历、照磨、知事，县里的县丞、主簿、典史，一律废除。各行省衙署中的胥吏任用之法，也和郡县一样。

注释

1 **六部院寺**：六部指隋唐以后中央行政机构中吏、户、礼、兵、刑、工各部的总称。院寺，古代官署名。唐御史台之属有三院，即台院、殿院、察院。宋有枢密院、学士院、舍人院等，明有都察院等。寺，如大理寺、鸿胪寺等。

2 **观政**：了解政绩。后谓从政为观政。

3 **国学**：国家设立的学校，与乡学相对。指设于王城及诸侯国都的学校。

4 **满调**：考满迁调，即任期满后，考核合格者调任他处。

5 **历部院属官**：选择出任各部院的属官。历，选择。

6 **廪食者**：享受官府供给粮食的人，即食朝廷俸禄的人。

7 **经历：**官名。元以后主要设于御史台及都察院。明清之布政使司、按察使司均设经历，职掌文书出纳。

8 **照磨：**官名，以照对磨勘为职，为主管文书照刷卷宗之官吏。

9 **知事：**官名。地方长官。宋时命朝臣出守列郡，称为权知某府或某军、某州或某县事。知事之称，来源于此。后称知府、知州、知县。

10 **丞、簿、典史：**即县丞、主簿、典史，是知县下的僚佐和属员。

原文

盖吏胥之害天下，不可枚举，而大要有四：其一，今之吏胥，以徒隶[1]为之，所谓皇皇[2]求利者，而当可以为利之处，则亦何所不至，创为文网[3]以济其私。凡今所设施之科条，皆出于吏，是以天下有吏之法，无朝廷之法。其二，天下之吏，既为无赖子[4]所据，而佐贰[5]又为吏之出身，士人目为异途[6]，羞与为伍。承平之世，士人众多，出仕之途既狭，遂使有才者老死丘壑，非如孔孟之时，委吏[7]、乘田[8]、抱关[9]、击柝[10]之皆士人也。其三，各衙门之佐贰，不自其长辟召，一一铨[11]之吏部，即其名

译文

吏胥为害天下的事情，不可枚举。主要有四个方面：其一，如今的吏胥，用的是服贱役的人，这些人就是所谓的皇皇求利之人，凡是有利可图的地方，他们就无所不为，甚至创立法网来满足他们的私心。如今所实行的种种规章条文，都出自这些人之手，所以说天下只有实际意义上的吏胥之法，而没有真正意义上的朝廷之法。其二，天下的吏职，既已被奸诈无赖之徒所占据，而各级官府的僚属也都是吏职出身，读书人视吏职为非正规的仕途，羞与吏员为伍。天下太平时，读书人特别多，既然做官的途径仅有科举这一条狭窄的道路，以致有才干的士人老死于民间而终身不得志，不像孔子、孟子所生活的年代，委吏、乘田、抱关、击柝的岗位都由士人担任。其三，各衙门的副官僚属，不是由长官自行任命，而是由吏部逐一选授，这些人的姓名尚且不能遍知，更何况贤与不肖！所以，吏部由专司选官的铨部变成

姓且不能遍，况其人之贤不肖乎！故铨部化为签部[12]，贻笑千古。其四，京师权要[13]之吏，顶首[14]皆数千金，父传之子，兄传之弟，其一人丽于[15]法后而继一人焉，则其子若弟也；不然，则其传衣钵[16]者也。是以今天下无封建之国，有封建之吏。诚使吏胥皆用士人，则一切反是，而害可除矣。且今各衙门之首领官与郡县之佐贰，在汉则为曹掾[17]之属，其长皆得自辟，即古之吏胥也。其后选除出自吏部，其长复自设曹掾以为吏胥，相沿至今，曹掾之名既去，而吏胥之实亦亡矣。故今之吏胥，乃曹掾之重出者也。吾之法，亦使曹掾得其实，吏胥去其重而已。

了用抽签选官的签部，留下千古笑柄。其四，那些处于京城官署中的吏胥职位，顶替一个就得花费数千金，他们的职位都是父传子，兄传弟，若某吏胥违反法纪被制裁了，顶替其职位的或是他儿子或是他弟弟，要不然便是他徒弟。因此，如今天下虽没有世袭分封的诸侯国，却有世袭分封的吏胥。果真吏胥都由士人来担任的话，情势就与当下完全相反，而吏胥的弊端就可清除。况且，如今各衙门的长官与郡县的佐贰官，在汉朝就是分曹办事的掾属，其长官皆得自己征聘属吏，即古时候的吏胥。后来，官员的选拔任用虽都出自吏部，但是各部的长官再自设分曹办事的掾属来做吏胥。这种做法一直沿袭到现在，曹掾的名称已不存在，而吏胥的实质也已消亡。所以，现在吏胥就是过去属官的重复设置。我提出的办法，也不过是使曹掾成为实际的吏胥，而去掉重复设置的吏胥罢了。

注释

1 **徒隶：**指服贱役的小吏。

2 **皇皇：**匆忙貌。

3 **文网：**法网，法禁。

4 **无赖子：**奸诈、刁狡、强横之徒。

5 **佐贰:**作为副职的官员。

6 **异途:**指非正规的仕途,即非科举出身。

7 **委吏:**古代负责仓库保管、会计事务的小官。

8 **乘田:**春秋时鲁国管理牧场、饲养六畜的小官。有版本误将“田”写成了“用”,文义不通。

9 **抱关:**守门的小兵。

10 **击柝:**打更。此代指打更小卒。柝,打更用的梆子。

11 **铨:**选授官职。

12 **铨部化为签部:**铨部,旧以吏部专司铨选,故称吏部为铨部。签部,抽签的部。实际上没有这个部,这是黄宗羲对明朝因官员太多,吏部忙不过来,于是用抽签的方法来选官的嘲讽式说法。

13 **权要:**犹言权贵。

14 **顶首:**亦作“顶头”,谓出钱承购他人的职位或财产。

15 **丽:**同“罹”,遭受。

16 **传衣钵:**师徒传授继承的泛称。衣钵,佛家僧尼的袈裟和食器。中国禅宗初祖至五祖师徒间传授道法,常授与衣钵为信证,称为衣钵相传。后来泛指学问、思想、技能上的继承等。

17 **曹掾:**汉朝郡县的属官。

奄宦上

导读

《奄宦》分上下两部分，上部主要分析奄宦之祸产生的原因。

奄宦肇事于古，五刑中淫刑用宫。《诗经·小雅·巷伯》中记载：“寺人孟子，作为此诗。”郑玄注曰：“巷伯，奄官寺人，内小臣也。奄官，上士四人，掌皇后之命，于宫中为近，故谓之巷伯。”可见，在周朝，奄宦已入官列。之后，历朝不断有奄宦危害朝廷的事情发生。黄宗羲谓：“奄宦之祸，历汉、唐、宋而相寻无已，然未有若有明之为烈也。”实际上，阉人为祸自秦朝开始，之后历代相继发生，以明朝为最烈。郑观应在《盛世危言·阉宦》中称：“暴秦灭六国而一统，用赵高为中车令，遂杀扶苏，弑望夷，而墟秦社。汉则家法坏自高祖，病不见大臣，独枕一宦者卧。厥后子孙效法，至呼宦者为阿父。桓、灵之际，遂有十常侍之乱。操贼奸凶亦起于阉腾余孽，尤可叹惜而痛恨者也。六朝重女乐、声伎，宦官不甚假权，故寂然无闻。唐自元宗信任高力士遂启祸窦，至子孙不免于阉人之手。有宋家法稍严，初亦静谧。至徽宗宠高俅、王童贯而北宋亡矣。明太祖深惆前辙，不许宦者衣绸帛，不许宦者干朝政，宫中至立铁碑以垂训。乃子孙不能绳祖武，始刘瑾，继王振，数传而至魏忠贤，屠剑天下忠臣义士若封犬豕，致罹天厌，猝覆其邦。虽思宗之英武，不能挽朱明之末运。”这段文字可以作为黄宗羲上述观点的注脚。

虽然历朝都不同程度地出现了宦官为害朝政的祸端，但明朝的宦官擅权又明显与前几朝不同。黄宗羲认为,“汉、唐、宋有干与朝政之奄宦,无奉行奄宦之朝政”。也就是说,汉、唐、宋三朝的奄宦只不过是乘人主昏庸而后干预朝政,从而可以得志。而明朝的奄宦为害可以说达到了极点,他们把持朝纲,俨然把朱家朝廷变成了奄宦朝廷。郭嵩焘曾说“明与宰相太监共天下”。也就是说,在郭嵩焘看来,明朝是君主、宰相、奄宦共同控持着朝政。若真是如此,还犹可说,但问题是,历史的事实并非如此。黄宗羲曾一针见血地指出:“宰相之实者,今之宫奴也。”(《置相》)黄宗羲如此描述奄宦把持朝政的表现:“今夫宰相六部,朝政所自出也。而本章之批答,先有口传,后有票拟。天下之财赋,先内库而后太仓。天下之刑狱,先东厂而后法司。”这导致朝廷完全变了样,宰相、六部官员成了奄宦的属员了。天下的所有财货,无不取之于禁城数里之内。这种格局终于酿成了毅宗临死都不能见廷臣一面的惨剧。

那么,奄宦为何能够得势而为害天下呢?黄宗羲分析认为,主要是师友之道混同于奄宦之道造成的。“人主之有奄宦,奴婢也;其有廷臣,师友也。所求乎奴婢者使令,所求乎师友者道德。”在黄宗羲看来,奄宦与廷臣因职责的不同,人主对待他们的态度和需求也是不一样的:一者为奴婢,一者为师友。与之相应,奄宦之道和师友之道也就截然有别了。奄宦之道应以“伺喜怒为贤”,而师友之道应以“规过失为贤”。因为奄宦和廷臣在对待人主的态度上存在着很大差异,于是,有奄宦为了挑拨离间君主与廷臣的关系,他们以自己对待人主的态度为标准来衡量一些正直的廷臣对待人主的态度,并大加指责,致使那些昏暗的人主误认为廷臣对之不敬。在奄宦炙手可热的时候,有些廷臣也舍弃了师友之道而趋于奴颜婢膝的奄宦之道了。久而久之,小儒们难以明晓君臣之义,此道就暗而难彰了。

原文

奄宦[1]之祸,历汉、唐、

译文

宦官的祸害,经历汉、唐、宋各朝,虽

宋而相寻无已[2]，然未有若有明之为烈也[3]。汉、唐、宋有干与朝政之奄宦，无奉行奄宦之朝政。[4]今夫宰相六部，朝政所自出也。而本章之批答，先有口传，后有票拟。天下之财赋，先内库而后太仓[5]。天下之刑狱，先东厂[6]而后法司[7]。其它无不皆然。则是宰相六部，为奄宦奉行之员而已。人主以天下为家，故以府库之有为己有，环卫[8]之强为己强者，尚然末王[9]之事。今也衣服、饮食、马匹、甲仗、礼乐、货贿[10]、造作[11]，无不取办于禁城[12]数里之内，而外庭所设之衙门，所供之财赋，亦遂视之为非其有，哓哓[13]而争。使人主之天下不过此禁城数里之内者，皆奄宦为之也。汉、唐、宋之奄宦，乘人主之昏而后可以得志。有明则格局已定，牵挽相维，以毅宗之哲王[14]，始而疑之，终不能舍

从未间断，却都没有明朝严重。汉、唐、宋各代虽有干预朝政的宦官，却没有任宦官指使的朝廷。如今，虽然朝政事务皆由宰相及六部官吏处理。但百官奏章的处理，先由奄宦口传圣旨，然后再由阁臣们撰写批示答复之辞。天下的财货贡赋，先充盈奄宦们掌管的内库，然后才进入国库；天下的各种刑狱案件，先由奄宦掌管的东厂处理，然后再移交刑部等官署。其他各类事情，无不如此。这表明，宰相及六部官吏只是奄宦的听差罢了。君主把整个天下当作自己家的，因此，他们把皇宫府库中的财物视作自己的私有，把禁卫军的强大当作是自己的强大；他们尚且如此，更不要说衰世的君主了。如今宫内所需的衣服、饮食、马匹、甲仗、礼乐、财帛及各种制品，无不是奄宦在皇城数里之内置办，而皇城外所设立的衙门，民众所纳的财赋，也就不被认为是人君所拥有的，奄宦们就为这些东西争抢不休。导致君主的权力范围只有皇城周边数里，都是由奄宦造成的。汉、唐、宋三朝的奄宦，都是趁着君主昏庸逐步掌权而志得意满。明朝奄宦弄权的格局已定，他们相互牵连勾结，就连毅宗那么贤明的君主，开始还怀疑他们，最终不得不完全信任而依赖他们，直到临死，也没能与朝臣们见上一面。奄宦

之,卒之临死而不能与廷臣一见,其祸未有若是之烈也!

的祸害,从来没有比这还惨烈的。

注释

1 **奄宦:**亦作“阉宦”,指宦官、太监。

2 **相寻无已:**相继没有停止。

3 **然未有若有明之为烈也:**意思是:然而没有哪个朝代的宦官像明朝的宦官那样为害朝廷及社会的。

4 **“汉、唐、宋”句:**干与,即干预。强行参与、过问别人的事。奉行,遵照执行。这句话的大意是:汉、唐、宋三朝有干预朝廷政治的奄宦,却没有任奄宦指使的朝廷。

5 **太仓:**古代京师储粮的大仓。

6 **东厂:**明代官署名。永乐十八年(1420),明成祖设东厂于京师东安门之北,缉访谋逆、妖言、大奸恶事,采用特务手段,监视官员,镇压人民,以亲信宦官掌管。

7 **法司:**指掌司法刑狱的官署。明代刑部、都察院、大理寺,合称“三法司”,掌司法刑狱。

8 **环卫:**指宫廷的守卫军队,即御林军。

9 **末王:**与“先王”相对,指衰世的君主、末代的帝王。

10 **货贿:**财帛。

11 **造作:**制造、制作之物。

12 **禁城:**宫城。

13 **哓哓:**争辩声。

14 **哲王:**贤明的君主。

原文

且夫人主之有奄宦,奴婢也;其有廷臣,师友也。所求乎奴婢者使令[1],所求乎师

译文

奄宦对于人君来说,如同奴婢一般;廷臣对于人君来说,如同师友一般。君主对奴婢的要求在于听其使

友者道德。故奴婢以伺喜怒为贤,师友而喜怒其喜怒,则为容悦[2]矣;师友以规过失为贤,奴婢而过失其过失,则为悖逆[3]矣。自夫奄人以为内臣[4],士大夫以为外臣,奄人既以奴婢之道事其主,其主之妄喜妄怒[5],外臣从而违之者,奄人曰:"夫非尽人之臣与,奈之何其不敬也!"人主亦即以奴婢之道为人臣之道,以其喜怒加之于奄人而受,加之于士大夫而不受,则曰:"夫非尽人之臣与,奈之何有敬有不敬也!盖内臣爱我者也,外臣自爱者也。"

唤,对老师和朋友则是期望其有高尚的品行。因此,能迎合君主喜怒哀乐的奴婢就是好奴婢,如果作为君主的老师和朋友也像奴婢一样,那就是逢迎取悦君主;君主的师友以能规谏君主过失为贤能,如果奴婢也如此,那就是悖逆。自从奄人被用作宫内之臣,士大夫被用作外廷之臣后,奄人以奴婢之道侍奉君主,当君主无端地发怒或狂喜而大臣们不肯依从时,奄人们就会说:"不都是君主的人臣吗?为何他们对君主那么不敬畏?"如此一来,君主也就以为奄宦的侍奉之道就是人臣之道,当人君肆意对奄人喜怒时,奄人们会欣然接受,但以之对待士大夫时,士大夫们却不肯接受,而君主说:"你们不都是我的臣子吗?怎么会有的敬我,有的不敬我呢?大概内臣是爱我的,朝臣却只会自爱。"

注释

1 **使令:**使唤。

2 **容悦:**逢迎以取悦于上。

3 **悖逆:**违反正道,犯上作乱。

4 **内臣:**指宫廷内的官僚,本文指宦官、太监。与下文的"外臣"相对。

5 **妄喜妄怒:**形容不能以理智控制感情,因而随便地高兴,随便地发怒。

原文

于是天下之为人臣者,

译文

于是,天下做臣子的看到君主衡量贤

见夫上之所贤所否者在是，亦遂舍其师友之道而相趋于奴颜婢膝之一途。习之既久，小儒不通大义[1]，又从而附会[2]之曰："君父，天也。"故有明奏疏[3]，吾见其是非甚明也，而不敢明言其是非，或举其小过而遗其大恶，或勉以近事而阙于古则，以为事君之道当然。岂知一世之人心学术为奴婢之归者，皆奄宦为之也。祸不若是其烈与！

能的标准如此，也就舍弃他们本该遵循的师友之道而趋于奴颜婢膝之途了。时间一长，逐渐成为习惯，那些普通儒生不能通晓君臣大义，从而附会着说："君主犹如父亲，这是天道。"因此，我看明代大臣的奏章中所论之事的是非原本十分清晰，他们却不敢把它明白地说出来，有的只避重就轻，指出君主的小过失而回避大过错，有的拿新近之事而不用古代圣贤的教训来勉励君主，还认为这是理所当然的事君之道，哪里晓得一世的人心和学术具有了奴婢之性都是奄宦造成的啊。还有什么祸害比这更惨烈的呢！

注释

1 **大义：**正道，大原则。

2 **附会：**牵强凑合。

3 **奏疏：**同"奏章"。

奄宦下

导读

针对上篇奄宦之祸的分析,《奄宦下》中,黄宗羲提出了裁减奄宦的设想。

奄宦历来被看作是政治的毒瘤,黄宗羲称之为“毒药猛兽”。之所以如此称之,是因为奄宦之祸是历朝破灭的主要原因之一,到了明朝则更为惨烈。黄宗羲认为,奄宦存在的根本原因是“人主之多欲”,是后世之君将天下视为“娱乐之具”所导致的。

后世之君为何有此态度呢?黄宗羲认为可能是郑玄注的《周礼》对后世的误导。郑玄在注中说:“女御八十一人当九夕,世妇二十七人当三夕,九嫔九人当一夕,三夫人当一夕,后当一夕。”黄宗羲批评说,这样就把古之贤王与后世之君等同了。若从这个意义上说,《周礼》简直是诲淫之书。

虽然孟子曾说:“侍妾数百人,我得志,弗为也。”当时的齐、梁、秦、楚的国君,极为豪奢,但东、西周都没有此事。由此可见,这并非周公本意。

假如按照郑玄的说法,那么王妃至少不下百人,而王妃们手下又有若干侍从,这样算下来,在王宫中守卫服役的大概有好几千人。对于这部分人,后儒将之归于冢宰的管辖之下,认为《周官》深得治理奄宦的方法。但黄宗羲并不认为这是正确的。在黄宗羲看来,奄宦皆为“刑余之人”。这些生理上有缺陷的人,根本不讲求礼义,寡廉鲜耻,皆是一些凶暴之徒。对于这些凶暴之徒,不对之严加管束可以吗?

自古至今,历朝对奄宦的要求都是使其不至于为害朝廷,而不是期望能够治理好他们。但是,如果宦官数量多到一定程度,就容易引发祸乱,历史已经证明了这个规律。对此,黄宗羲提出了裁减宦官数量的主张。他说:"为人主者,自三宫以外,一切当罢。"在黄宗羲看来,宫中只留下三宫及数十个奄宦就足够了。这样不仅能为朝廷节约大量的经费,还可以避免宦官多而祸乱朝纲的弊端。

从今人的眼光来看,黄宗羲毕竟没有看到奄宦与君主制的紧密联系,不铲除君主制,就无法根除奄宦带来的危害,但黄宗羲的裁剪奄宦数量的想法,在君主专制时代无疑大大地降低了宦官为害的概率。但后人多批评黄宗羲没有提出彻底根除奄宦的方法,这对古人未免有些过于苛刻了。我们应尽可能地站在黄宗羲所处的时代,客观地看待其思想与同期思想发展的可能高度,方可看到黄宗羲此提法的伟大之处。可以说,黄宗羲秉承前人思想,从抑制人主的私欲角度所设计的做法,已经远远超出了当时的"流俗富翁之见"。黄宗羲批驳这种庸俗的观点:"彼鳃鳃然唯恐后之有天下者不出于其子孙,是乃流俗富翁之见。故尧、舜有子,尚不传之。宋徽宗未尝不多子,止以供金人之屠醢耳。"对此,当代学者李存山先生深刻地理解了黄宗羲如此结语的深意,他说:"《明夷待访录》至此而终篇,它所内蕴的深刻历史教训与新思想欲喷薄而出的张力,正是后来中国文化实现近现代转型的一个契机。"(《儒家礼制中"男尊女卑"的历史局限》,未刊稿。)

原文

奄宦之如毒药猛兽,数千年以来,人尽知之矣,乃卒遭其裂肝碎首者,曷故哉?[1] 岂无法以制之与?则由于人主

译文

奄宦的祸害,就像毒药和猛兽一样,几千年来,人所共识,但最终还是遭到他们的裂肝碎首之刑,这是为什么呢?难道奄宦之祸没有办法来制止之多欲也。夫人主受命于天[2]，原非得已。故许由、务光之流，实见其以天下为桎梏[3]而掉臂去之。岂料后世之君，视天下为娱乐之具。崇其宫室，不得不以女谒[4]充之；盛其女谒，不得不以奄寺[5]守之。此相因之势也，其在后世之君，亦何足责。

吗？实际上，这都是君主的贪欲太多导致的啊。君主禀受天命来管理人间，原本并非出于己愿。许由、务光等高人，看到治理天下就像戴脚镣手铐一样束缚人，因而面对天子之位，甩手而去。谁料到后世人君却把天下视为供自己享乐的工具，所建宫殿由于过于高大堂皇，不得不安置大量女宠在里面；女宠多了，又不得不用奄宦来守卫、侍候她们。这是各种因素相互凭依而导致的，怪不得后世的君主如此。

注释

1 语出苏轼《始皇论》。

2 **人主受命于天：**人主受命于上天来管理人间。这是古人为君主统治寻找的合法性基础。

3 **以天下为桎梏：**这句话的大意是：（许由、务光之流）一定是看到君主管理天下的职责完全是束缚人的枷锁。桎梏，刑具，脚镣手铐。引申为束缚人的事物。

4 **女谒：**即女宠。

5 **奄寺：**指宦官。古称阉人、寺人，后称宦官、太监。

原文

而郑玄[1]之注《周礼》也，乃谓："女御八十一人当九夕，世妇二十七人当三夕，九嫔九人当一夕，三夫人当一夕，后当一夕。"[2]其视古之贤王与后世无

译文

而郑玄注《周礼》，称："（君主临幸后宫，半个月中，）女御八十一人占用九个晚上，世妇二十七人占用三个晚上，九嫔九人占用一个晚上，三夫人三人占用一个晚上，正后一个人占用一个晚上。"他把古代的贤明君主与后世那些纵欲无

异，则是《周礼》为诲淫[3]之书也。孟子言："侍妾数百人，我得志，弗为也。"[4]是时齐、梁[5]、秦、楚之君，共为奢僭[6]，东西二周，且无此事。若使为周公遗制，则孟子亦安为固然，"得志弗为"，则是以周公为舛错[7]矣。苟如玄之为言，王之妃百二十人，妃之下又有侍从，则奄之守卫服役者势当数千人。后儒以寺人[8]隶于冢宰[9]，谓《周官》深得治奄之法。夫刑余之人[10]，不顾礼义，凶暴是闻，天下聚凶暴满万，而区区以系属冢宰，纳之钤键，有是理乎？且古今不贵其能治，而贵其能不乱。奄人之众多，即未及乱，亦厝火积薪之下也。

度的君主等同而视，这不是把《周礼》变成了一本诲淫之书了吗？孟子说："服侍的姬妾有好几百人，即使我得志了，也不会这样做。"当时，齐、梁、秦、楚各诸侯国国君竞相豪奢、僭越礼制，而东周、西周尚无此类事情。如果郑玄说的真是周公遗留下来的制度的话，那么，孟子也应安于原来的样子，"得了志也不会干"这类的话，说明孟子认为周公的规定是错的。果真像郑玄所说的那样，君王的妃子有一百二十人，妃子之下又有侍从，那么守护、侍候这些人的奄人势必要有几千人。后世的儒生因为《周官》中有寺人归冢宰管辖，就说《周官》管理奄人很得法。遭受宫刑的人不会顾及礼义，以凶狠残暴著称，全天下成千上万的凶暴之徒聚集在一起，而仅仅由冢宰来管理、约束，能办得到吗？况且，自古以来，对于管理奄人，不以将其管理好为重，而以令其不作乱为重。奄人太多，即使未引发乱局，也好似把火放在柴薪之下那样危险啊。

注释

1 **郑玄：**字康成，东汉高密人，著名经学家。

2 语出《周礼·天官冢宰·九嫔》。女御，妃嫔称号。《周礼》载，天子之妾有女御，位在九嫔、世妇之下，掌管安排后妃依照尊卑次序侍寝的事务，遇祭祀等事，辅助或随从世妇。世妇，妃嫔称号。世妇掌祭祀、宾客、丧祭之事。九嫔,指帝王之妾。位于后妃之下,在其他侍妾之上。故既可与妃合称“妃嫔”,亦可与其他侍妾合称“嫔御”。嫔有帝女出嫁、帝王之妾、妻子死后美称等义。

3 **诲淫:**引诱别人产生淫欲。

4 这句话的大意是:服侍的姬妾有好几百人,即使我得志了,也不会这样做。语出《孟子·尽心下》。

5 **梁:**战国时魏国的别称。公元前364年,魏惠王迁都大梁(今河南开封),从此魏也被称为梁。

6 **奢僭:**谓奢侈逾礼,不合法度。

7 **舛错:**错乱。

8 **寺人:**指宦官。参见“奄寺”条。

9 **冢宰:**周代官名。为六卿之首,一称太宰。

10 **刑余之人:**原指受过刑罚的人,后来指宦官。宦官必受宫刑,故称“刑余之人”,省称“刑余”。

原文

吾意为人主者,自三宫[1]以外,一切当罢。如是,则奄之给使令[2]者,不过数十人而足矣。议者窃忧其嗣育[3]之不广也。夫天下何尝之有!吾不能治天下,尚欲避之,况于子孙乎!彼鳃鳃然唯恐后之有天下者不出于其子孙,是乃流俗富翁之见。故尧、舜有子,尚不传之。[4]宋徽宗未尝不多子[5],止以供金人之屠醢耳[6]。

译文

我认为,君主除了保留三宫之外,其余的嫔妃都应当罢黜。如此一来,听差侍候的奄人,不过几十人就够了。有的人私下议论,担心这样做会造成皇室子嗣繁育不旺。天下哪里能够永久地属于一家一姓呢!自己如果不能治理好天下,尚且要让贤,何况子孙后代呢?那些唯恐天下不为其子孙所统治的人君,所持的是世俗富翁的浅见。所以尧、舜虽然有儿子,仍不把天下传给他们。宋徽宗的儿子倒是多,但只是作为金人肆意屠戮的对象罢了。

注释

1 **三宫:**儒家称天子六宫,诸侯之夫人减半,称为三宫。或指皇帝、太后、皇后。本文指中宫、东宫、西宫,皇后居中宫,妃嫔居东、西两宫。黄宗羲借三宫代指皇帝的众嫔妃。

2 **给使令:**指供差遣的人,王公贵族的随从或内侍。

3 **嗣育:**犹生育,养育。

4 尧之子丹朱,舜子商均皆不肖。故尧传位于舜,舜传位于禹。这就是上古所谓的“禅让”之制。

5 **宋徽宗未尝不多子:**史载宋徽宗有三十一个儿子,故而黄宗羲称其未尝不多子。

6 **以供金人之屠醢耳:**指北宋的徽、钦二帝及其子女、侍从被金人掠走一事。金人,女真族,公元1115年,建都会宁,国号金。太宗天会三年(1125)灭辽,1127年灭北宋,先后迁都中都、开封,与南宋对峙,统治中国北部。天兴三年(1234),在蒙古和南宋联合夹击下灭亡。

附录一：《明夷待访录》序跋摘录

《明夷待访录》跋郑性订，大节校

《明夷待访录》一卷，姚江黄太冲徵君著。同时顾亭林贻书叹为“王佐之才，如有用之，三代可复”。是岁为康熙。自言所刻可惜也。谢山全祖望书后。

乙卯长夏，临溪后学戴山谨录于苕上之原学斋南时用汉瓦当研书。

《明夷待访录》跋翁心存校并跋

咸丰四年六月□，以近时粤东潘氏海山仙馆新刊本对勘一过。刻本伪缪脱落，难以枚举，不逮此本远甚。然此本亦颇多脱误处，略加是正，其两本互异义并可通者，则注于右旁，它日得精钞本。当□详校之。知止斋学人翁心存识，时年六十有四。

《明夷待访录》跋当涂夏燮刻本

是编从潘氏海山仙馆丛书录出。弁言以亭林老人贻书一通。今检《亭林文集》遗之。按全谢山吉士撰《梨洲先生神道碑》言是书为经世之略，昆山顾先生炎武见而叹曰：“三代之治可复也！”乱世无法，盖取法必于王者，霸以下皆自郐也。又推胡翰所谓十二运以为“向后二十年交入大壮，始得一治”计。是录削笔于康熙癸卯，为圣祖仁皇帝御极之二年。是时郑氏方踞台湾，继以三藩之叛，用兵无虚岁，自真人应运，次第削平。吴氏之灭，以辛酉；郑氏之灭，以癸亥。于是薄海内外，悉隶版图，适交上元，甲子成一统之盛治。盖先生得三易洞玑之传于漳浦，其前知固非亿中矣。校录之余，喜无讹脱，儿辈请即以初写本付之手民。因识其缘起如此。同治丙寅之春当涂夏燮嗛父书后。

越缦堂日记摘录

阅《明夷待访录》，据全氏《鲒埼亭集外编》跋是书。谓“中多嫌讳，故原本不尽出”。予于丙寅岁暮，得四明原刻本读之，今十年矣。先生之学，卓绝古今，是《录》为先生王佐大略所以自见，乃转觉意过其通，千虑一失，末学后生妄加訾议，要何以当南雷舆隶乎！”

重刻黄梨洲先生明夷待访录序成都官书局校印本

余姚黄别乘芝生，梨洲先生之族孙也。同仕吴门，以兵后先生遗集多散轶，《明夷待访录》仅汇刻潘氏海山仙馆，无单行本行世，谋重刻之。既成，属序其端，固辞不敏，不获。嗟乎！先生，忠孝人也。其书内圣外王之学，布帛菽粟之言也。余生晚，又私淑末由，幸同郡去姚氏之墟不远耳。故老传述久曰：先生以童年孤陋，跋涉数千里，讼冤魏阙，椎仇天廷，拔逆党之须，归祭忠端公墓。纠集死珰难，诸孤恸哭诏狱，天子动容悯恻。称孝然乎？对曰：然。厥后两都覆没，越中多士，拥戴鲁宗为螳臂之拒。先生首率乡曲子弟，立世忠营，击楫渡江，豪杰响应，有并吞三吴、席卷中原之志，乃孙熊失策，柯柄授人，方王无谋。释甲执冰以戏。北兵宵济，江上师溃。先生仓皇返旆，弃散徒众，间道从亡。君臣聚泣落日乱礁之中。势穷力竭，犹欲嘘已冷之灰。乞师海外，不避风涛、鲵鳄之险。然乎？对曰：然。然则先生忠孝大节，参乎天地而无愧，并乎日月而无亏，立乎人极而无疑。宜乡之人，虽野夫岩叟，至今嗟叹如昨日事也。是录世远年湮，士大夫或知或不知，盖行事实也，著述华也。实者，有迹可寻，昭然在人耳目；华者，徒垂之空言，非用之不见其效。故有旷世而感，亦有交臂而失者。昔贾生患诸侯强大，建分封子弟之策，汉文不行，至孝武之世而大用。文中子奏太平十二策，隋主不能用，而房魏辈窃其余绪，佐唐成贞观之治。时有遇不遇耳。况先生之作是书也，当元黄再造之日，独卧空山，屡征不起，悲天悯人之志，顾不能自休，遂损益百王宪章，研求尽善，深藏以待清问。其曰《明夷待访录》者，见箕子洪范之意，有王者作，援其道而审行之。顾宁人所谓可复见三代之隆，岂虚语哉？先生眷念故国，究覆亡之由。其《取士》篇，谓“科举无人材，徒使庸妄之辈，充塞天下”，立言或过乎激。其《方镇》篇，谓“封建既不可复，宜沿边俱设方镇，务令钱粮兵马，内足自立，外足捍患；田赋商税，听其征收，一切政教张弛，不从中制，属下官员，亦听自行辟召，然后名闻。每年一贡，三年一朝，终其世兵民辑睦，疆埸宁谧者，许以嗣世”。实为千古守边良策！方今自辽碣迄闽粤，海滨广莫，鲸蜃交错，嘘气成市，诡幻万端，眈眈焉抵我之巇，一兕出柙，举国驿骚，草野筹之，庙堂议之，汲汲求贤，汲汲备敌，安攘大计，仍茫如捕风影。斯时也，有以先生方镇之说进，讵惟中流失船，一壶千金而已。芝生之重付，剞劂氏有心哉。将百世以俟圣人乎？庶亦旦莫遇之也。山阴后学傅怀祖谨序。（此为前序）

族祖梨洲公，抱经世才，鲁王监国，授左副都御史。国朝征遗献不就。著书数十种。其中《明夷待访录》，尤平生经济所寄。当时有二老阁梓本。后又刊入海山仙馆丛书。迩来二老阁板片久不存。丛书刻于粤东，卷帙繁重，购之颇艰。承乙曾祖石泉公考藏书籍至五万余卷。筑五桂楼储之。而于邑人著述，尤加意搜求。逮承乙四世，保守弗失。曩年与同邑朱镇夫孝廉商，将虞世南《北堂书钞》、赵考古《六书本义》及梨洲公著述，集资汇刻，藏板试院。会镇夫殁而止。承乙尘网羁牵，楹书废读，永惟先人聚书之意。取《待访录》先行校梓，将来遇有同志如镇夫者，再将邑人著述如虞氏书钞诸书，逐一刊枣，未始非劝学之一助也。公是书成于康熙癸卯，迄今己卯，历二百十六年。二老阁本附刊公所著《思旧录》，可以考见当时盍簪之盛。全谢山撰有序文一首，载《鲒埼亭集》，今并钞附梓焉。光绪五年冬，族孙承乙谨识。（此为末识）

附录二：明夷待访录纠谬

序

光绪戊申之秋，言官奏请以国初大儒王夫之、黄宗羲、顾炎武从祀文庙。礼部议准以炎武从祀，声明夫之所著《黄书》之《原极》等篇，宗羲所著《明夷待访录》之《原君》《原臣》诸篇，或托旨于《春秋》，或取义于《孟子》，狃于所见，似近偏激。流传刊本间留墨匡，疑涉指斥，应否一律从祀，恭候圣裁。

其时廷臣奏牍亦屡有异议，乃我德宗景皇帝如天之仁，超越前代，明降谕旨，准予一律从祀。后学鲰生瞻望前贤，何敢别生异议？窃取原书读之，夫之《黄书》之《原极》《宰制》等篇，语近指斥，本留墨匡，诚如原奏。至宗羲之《明夷待访录》，全书具在坊本流传，并无一字不具，立言宗旨主于废弃纲纪，不专指斥圣朝也。如以"君为天下之大害"及"在君为路人"，与夫"伐鼓号众""士子哗而退长官"之说，皆为今日之革命独立、监督政府诸悖说所藉口。至以君臣之义不足重，导源于小儒"君臣之名可屡更"，不同于父子，与孔子"君臣之义不可废"及"资于事父以事君。孝者，所以事君也"等言显相刺谬，离经畔道，贻误后学，实非浅鲜。宗羲纯孝性成，生平事迹颇类叠山，所辑宋、元、明儒《学案》亦多可采，独《明夷待访录》一书悖乱"君为臣纲"大义，实不能曲为之讳。当异说横流之日，苟不严为辩焉，则人伦恐几乎息矣。爰取篇中逆谬之语，逐一纠正，以维纲纪。俾知圣朝之准予从祀者，不因言以废人也。

宣统三年七月臣李滋然谨识

明夷待访录纠谬

赐同进士出身二品封典特赏主事特用学部七品小京官总务司行走兼袭云骑尉前广东东莞顺德电白曲江揭阳等县知县、大计卓异臣李滋然恭撰

原　君

故古之人君，量而不欲入者，许由、务光是也；入而又去之者，尧、舜是也；初不欲入而不得去者，禹是也。岂古之人有所异哉？好逸恶劳，亦犹夫人之情也。后之为人君者不然，以为天下利害之权皆出于我，我以天下之利尽归于己，以天下之害尽归于人，亦无不可。使天下之人不敢自私，不敢自利，以我之大私为天下之公。始而惭焉，久而安焉，视天下为莫大之产业，传之子孙，受享无穷，汉高帝所谓"某业所就，与仲孰多"者，其逐利之情不觉溢之于辞矣。

按：宗羲此言是直谓由夏以后，下迄有明之末，无一明君令主矣。窃谓后世人君特患不能以我之大私为天下之公，视天下之大为己之产业耳。果能如此，则营私之念必周于为公，保产之心必挚于谋国，推谋一己私事之心以谋天下之公事，推守一己产业之法以卫天下之民产，即《大学》所云"家齐而后国治，国治而后天下平"也。夫百姓徒役犹妻子臣妾，经有明训，倘能以天下为一家，而以治家之法治之国，未有不治者也。人君既以天下为产业而经之营之，必视天下民庶若子弟而约之束之，爱之护之。从古未有祖父现享富厚之产业，而子孙即受饿殍者也。宗羲转以此为诟病，是欲尽废君臣之伦而使天下各为自治以自利自

私，即后日之轻视君权而专图自治之歧说，势不至趋天下而胥为无君之国不止也。至其言“以天下之利尽归于我，以天下之害尽归于人”，视天下为无足重轻之物，以百姓为可陵可虐之端，惟桀纣及五季之暴主近之，外此即操、莽之暗干，未有不以收拾人心为务者也。宗羲乃谓尧舜而后四千余年，天下无一非虐民之主，因欲并君之名而去之，其谬妄之处固非专有所指斥也。

此无他，古者以天下为主，君为客，凡君之所毕世而经营者，为天下也。今也以君为主，天下为客，凡天下之无地而得安宁者，为君也。是以其未得之也，屠毒天下之肝脑，离散天下之子女，以博我一人之产业，曾不惨然！曰“我固为子孙创业也”。其既得之也，敲剥天下之骨髓，离散天下之子女，以奉我一人之淫乐，视为当然，曰“此我产业之花息也”。

按：此段尤为荒谬！《礼记·郊特牲》云：“天子无客礼，莫敢为主焉。君适，其臣升自阼阶，示民不敢有其室也。”《诗》云：“溥天之下，莫非王土；率土之滨，莫非王臣。”虽以纣之无道，而孟子答公孙丑之问，犹曰“尺地，莫非其有也；一民，莫非其臣也”。孙疏：“一尺之地，莫非纣之所有；一民，莫非为纣之臣。”是天子主制天下，经有明文。当三代封建之世，天子巡守，所到之处，诸侯不敢有其国，臣民不敢有其家。宗羲称“古者君为客，民为主”，不知沿于何代？近世创为独立民权之说，至有君为客体之谬论，乃不谓其妄沿于二百年以前。五帝官天下之说，出于《韩氏易传》。其实自伏羲以来皆传子世及。详后《置相》篇“古者不传子而传贤”条。尧、舜始改为禅让，实不得已之创局。古史所载，除燧人氏以前，书契未兴，年代世及均无可考外，自太昊伏羲氏代燧人氏而王，下讫有明之末五千余年，历世凡二百六十有五。合之春秋、战国及两晋间十六国，北魏、齐、周、五代时，十国并辽、金、西夏之分国而王者，殆千有余世矣。以禅让传贤之美名，何以绝无再举？其有伪托禅让，皆假借美名，以阴济其篡逆之谋，不足道也。亘古以来，天下统绪皆主于天子，其非君为客而民为主也，明矣。使古者果以君为客民为主，则尧、舜不过天下一贵客耳，天下之百姓皆主人翁也，天下之田土财物皆主人翁之产也。虽天位暂属于尧、舜，凡得主人翁欢欣之客，皆可取而代之也。尧、舜何得以主人翁之产业转授他人乎？舜、禹皆天下之主人也。既为众主人所推戴，则昔日为主，今暂作客；朝易此客，暮易彼客，事属寻常，何以必于尧、舜既崩之后，犹复避其不肖之子而后践位乎？岂尧、舜之作客，独当以主人翁之产业袭子孙乎？宗羲之论天位轻亵至于如此，无惑乎？后世无父无君之革党，皆矫托《明夷待访录》以张其凶悖也。又谓“天下之无地而得安宁者，为君也”，信斯言也，是小民有君之日，皆天下大乱之时。然考三皇五帝以来，斯民无一日无君，何以天下治乱互见，不皆乱世乎？后世创业之主，兵戈杀戮，屠毒肝脑，离散子女，事诚有之。若谓既得之后，日日以敲剥天下之骨髓，离散天下之子女为事，遍考历史，除王莽及五季时之暴主而外，虽曹桓、司马之暗干窃据，未有不笼络人心者也。宗羲书托《孟子》，而其言乃与《孟子》大相抵牾，贻误后学，不可不严为之辨也。

然则为天下之大害者，君而已矣。向使无君，人各得自私也，人各得自利也。

按：君臣之义，为五伦之首。《书》曰：“众非元后，何戴？”《礼》曰：“君天下曰天子。”《春秋》称王必冠以天。孔子亦屡言君臣之义，不可废天下。无无父之国，即天下无无君之治也。宗羲乃以君“为天下之大害”，而欲去之。欲使人人无君，人人皆自私其私，自利其利，群相竞争以为治。是即目人君为代表，视皇王若雇工之逆说也，无惑乎？今日之谈革命、讲自由、重独立者，皆托此篇以济其邪妄，其患遂隐中于人心，而莫能挽救，此言实阶之厉也。

古者天下之人爱戴其君，比之如父，拟之如天，诚不为过也。今也天下之人怨恶其君，视之如寇仇，名之为独夫，固其所也。而小儒规规焉以君臣之义无所逃于天地之间。

按：君臣之义，肇于皇初，而彰明于孔子。六经严君臣之分者，指不胜屈。惟其义无可逃，是以尊无二上，尧、舜、禹、汤、文王、周公、孔子，由此其选也。宗羲乃以君臣之义为小儒所规规，岂尧、舜、禹、汤、文、周、孔子之大圣，悉为小儒乎？至“视之如寇仇，名之为独夫”，虽为暴主所自招，然以天经地义律之，终非臣民所应言。是以汤有惭德，武未尽善，圣人微旨，非为桀、纣恕也，所以明义无可逃也。今乃谓“固其所也”，是君臣之伦可灭矣。

至桀、纣之暴，犹谓汤、武不当诛之，而妄传伯夷、叔齐无稽之事。

按：成汤放桀之言，出于古文《尚书》，乃东晋梅赜伪本，今文《尚书》所无也；武王杀纣，出于司马迁《史记》。其实桀自避汤远遁，非汤放之；纣遇周师，战斗而死，非武杀之也。《逸周书·殷祝解》言：桀行而汤仍避之于中野，再让三让，桀知天命人心咸属于汤，委而去之。是时民皆归汤，不得不从，是汤之心犹舜、禹之心，惜所处之时势不同耳。贾谊《新书·连语篇》：“纣走，还于寝庙之上，身斗而死，左右弗肯助也。纣之官卫舆纣之躯，弃之玉门之外，观者皆蹴之。”周武王使人帷而守之。夫既帷守其尸，其必以天子之礼葬之，何至复斩其首而县之旗也？《史记》：“武王亲斩纣之首，而县诸大白之旗。”是时臣民戴周已久，纣亡而天下无君，武王有不得不受之势，初非欲夺其国而篡其位也。然而，《孟子》《史记》《逸周书》《战国策》《荀子》等书均书“汤放桀、武王杀纣”者，史臣以桀之奔由于汤，故直书曰“放”；以纣之死由于武，故直以为“杀”，所以严君臣之义，正无将之诛。故伊尹非放太甲，而《史》亦曰“放”；赵盾以出亡在外，而《春秋》直书为“弑君”，皆其义也。或谓齐宣王以武王伐纣为臣弑其君，《孟子》亦言“诛一夫纣”，又言“周公相武王，诛纣伐奄”，不得谓武王无杀纣之事。不知“诛”字不专训杀，《白虎通》：“诛，犹责也。”《说文》：“诛，讨也。”亦谓“以言讨之”也。《周礼·大宰》：“八曰诛，以驭其过。”注：“诛，责让也。”《礼·曲礼》：“振书，端书于君前有诛，倒筴，侧龟于君前有诛。”《论语》："于予与何诛？"《左传》齐襄公失屦，"诛屦于徒人费"，皆谓责让之，不专训杀也。《孟子》言"闻诛一夫纣"，谓武王欲以兵威责让纣，使改其虐政，非杀纣也，故又言"未闻弑君"。盖谓纣非武王所弑，非谓纣不得为君也，如谓纣已众叛亲离，不得谓之君，则"尺地，莫非其有；一民，莫非其臣"，亦孟子答公孙丑之问也。纣虽暴虐，犹得有其地，臣其民，则不得不谓之君也，明矣。据此则纣之称为独夫者，乃后世以其残虐众类，故以此名加之。孟子生于周兴七百余年之后，无所讳忌，故称纣为独夫。武王亲为纣臣，断不敢以独夫名纣也。《书》言"独夫受"及"惟受罪浮于桀"等语，皆出于东晋梅赜伪本。至夷、齐叩马谏伐，稿饿终身，孔子屡称其仁，《论语》《史记》详其事。宗羲欲废君臣大义，乃依托胡其久明隆庆丁卯举人。夷、齐考疑之言，谓夷、齐叩马耻粟等事，均多不实，遂明斥为无稽之事。夫以数千年前之正经正史，目为无稽，岂近代之野史臆断，转为有稽乎？《孝经》云"非圣人者无法"，吾为此惧，不能曲为之讳也。

岂天地之大，于兆人万姓之中，独私其一姓乎？是故武王，圣人也；孟子之言，圣人之言也。后世之君，欲以如父如天之空名禁人之窥伺者，皆不便于其言。至废孟子而不立，非导源于小儒乎？

按：天下非一人之私，此言为暴主挟天下以自纵其欲者儆也。至臣民之事君，断不可以天下为众民之天下，而非大君所独有。《毛诗》云"溥天之下，莫非王土；率土之滨，莫非王臣"。《左传》言"封略之内，何非君土；食土之毛，谁非君臣？"《孟子》亦言"尺地，莫非纣有；一民，莫非纣臣"。是以臣之于君，如子事父，如人戴天，仁暴不易其心，治乱不改其节，此定理也。《易》首乾坤，以喻天位；《书》称元后，作民父母；《春秋》书天王，以尊共主。经传子史，比君于天，资父事君，移孝作忠，圣贤之言更仆难举。《左·襄十四年》传："民奉其君，爱之如父母，仰之如日月，敬之如神明，畏之如雷霆。"而宗羲乃以"空名"二字斥之，是有明十六世主均在空名之列，为所指摘矣。臣之事君也，有死命而无二心，岂可肆言窥伺?《易》曰：“臣弑其君，子弑其父，非一朝一夕之故。其所由来者，渐矣。”《春秋》之义“人臣无将，将则必诛”，窥伺者即渐与将之一念所由发也。宗羲以大君之禁人窥伺为非，直欲启草窃暗干之徒，而显助其逆谋。今考《孟子》全书，并无人君当予人窥伺之论。宗羲所读《孟子》，不知出于何本也？至言小儒“废孟子而不立”，则专斥明太祖释奠而罢孟子祀矣。

虽然，使后之为君者，果能保此产业，传之无穷，亦无怪乎其私之也。既以产业视之，人之欲得产业，谁不如我？摄缄縢，固扃镭，一人之智力不能胜天下欲得之者众，远者数世，近者及身，其血肉之崩溃在其子孙者矣。昔人愿世世无生帝王家，而毅宗之语公主，亦曰：“若何生我家！”痛哉斯言！回思创业时，其欲得天下之心，有不废然摧阻者乎！

按：自黄帝以迄有明，开创之主莫不以战争杀伐、互有死亡而后得天下。若人皆以此为深虑，是人人皆不愿为君，而天下竟无一君，尚复成何世界？至其述毅宗之语，而谓其当“废然催阻”，殆直斥明太祖之得天下，不以其道，故有怀宗之惨报也。宗羲本黄尊素长子，父冤已雪，大厦既倾，犹自请以布衣参军，力图恢复，叠经危难，矢志不渝。及至垂暮将死，自以身遭国难，期于速朽，遗命不棺而葬。父子之孤忠劲节，固已彪炳《明史》，而乃言与行违，贻误后学。编辑至此，盖深伟其行之笃而不能不纠其言之谬也。

原 臣

有人焉，视于无形，听于无声，以事其君，可谓之臣乎？曰：否。杀其身以事其君，可谓之臣乎？曰：否。

按：“视于无形，听于无声”，子事父之道也。《左·定公四年》传：“事君犹事父也。”《公羊传》云“臣子一例也”。《礼记》《孝经》均云“资于事父以事君”。文信国云：“人臣事君，如子事父母。”盖臣之于君，虽不重乎形声之揣度，而推其事之之心，则君父相同，不可歧而二之也。至能杀其身以事其君，则纯乎忠荩之臣矣。《礼·文王世子》“为人臣者，杀其身有益于君则为之”。况于其身以善其君乎？周公优为之。《论语》子张曰：“士见危致命。”邢疏言：“为士者，见君有危难，不爱其身，致命以救之。”《穀梁·桓十年》传：“死君难，臣道也。”以周公之圣，子张之贤，其言事君之道不过如此，而宗羲则谓皆不得谓之臣，必如下文之意，臣不以君为当事，而以天下之民为当事，然后可谓之臣，与六经言君臣之义大相违戾也。

缘夫天下之大，非一人之所能治，而分治之以群工。故我之出而仕也，为天下，非为君也；为万民，非为一姓也。吾以天下万民起见，非其道，即君以形声强我，未之敢从也，况于无形无声乎？非其道，即立身于其朝，未之敢许也，况于杀其身乎？

按：“天下之大，非一人所能治，必分治之以群工”，此定理也。至谓士之委质为臣，非以为君而专为万民，非为一姓而兼为天下，则于圣人言君臣之义显悖。夫人君欲得贤臣而用之，因欲以治民而非专在奉己也。至臣之策名于君而别谋所事，以要结民心而牢笼天下，此陈恒、曹操、司马之用心，终必至于篡逆，未得为臣道之正也。文王当纣之世，已三分天下有其二，固已为天下之望而万民所归也。使文王不事一君而事万民，不事一姓而事天下，则当取商之天下而王之，免致万民再受纣之残虐，天下再受纣之荼毒，何以蒙难艰贞，仍率殷之叛国以事纣乎？信如宗羲所言，则文王当日不为万民起见，而专忠于独夫之君；不为天下起见，而谨守夫子姓之臣。舍天下万民，而效忠一君一姓，不得谓之圣也。春秋时，齐自景公以后，横征暴敛，久失民心，陈氏厚施市德，民爱之若父母，而归之如流水，事一国不事一君，事万民不事一姓，固已合于宗羲之论臣道矣。乃陈恒弑简公，孔子沐浴而朝，请讨之，以正其罪，不贺齐国除暴主，欲为姜姓报私仇，孔子之意不与宗羲大相反对乎？孔子，圣人之至也；圣人，人伦之至也。其言君臣之道乃如此，欲权两途之是非，知无待乎蓍龟矣。赵宣子事晋，群颂为民之主也，《传》有明文。其时晋灵公厚敛妄杀，早为民怨所归，乃赵盾出亡，赵穿弑主，董狐书简，直归狱于赵盾，是董狐当日仍以事一君一姓为主，义不主事一国事万民也。孔子称为古之良史，其论君臣之义不与宗羲同也。《国语·晋语》：晋人执鼓子鸢鞮归晋，禁其臣勿从行。夙沙釐以其帑从鼓子，军吏执之，辞曰："我君是事，非事土也。名曰君臣，不曰土臣。今君实迁，臣何赖于鼓？"夙沙釐以小国亡臣，主事一君一姓，晋穆子叹而美之。《周书·洪范》云"惟辟作福"，又曰"臣无有作福"，又谓"臣之有作福，为凶家害国"。《左·昭二十六年》传"家施不及国""大夫不收公利"。杜注："不收公利，不作福也。"孔疏："大夫不得妄施遗之，以树己惠"，"不得聚收公利，自作福也。陈氏作福以招国人之心，施民作福是收公利也"。盖臣之事君，承奉君之命令，传宣君之德，意以抚绥万民，协和天下，固属应尽之职。若于委质之初，专注意于收拾人心，广施福惠而以君为赘疣，则断非纯臣所忍为也。又言"非其道，即君以形声强我，未之敢从，况乎无形声？非其道即立身于朝，未之敢许，况于杀其身"诸语，虽不大背于理，而亦不能无弊。盖士人未经立朝事君，则君门万里，固无从君致身之义。若既立朝事君矣，则此身即君之所有，非一己所敢自私。《论语》云"事君能致其身。"《文王世子》云"为人臣者，杀其身有益于君则为之"。《国语》云"委质为臣，无有二心；委贽而策死，古之法胥此道也"。其言非其道之形声，未之敢从，犹不失大臣事君之义；其言立身于朝，而犹私其身以贰其心，则非臣道之正轨，不可从也。

世之为臣者昧于此义，以谓臣为君而设者也。君分吾以天下而后治之，君授吾以人民而后牧之，视天下人民为人君橐中之私物。今以四方之劳扰，民生之憔悴，足以危吾君也，不得不讲治之牧之之术。苟无系于社稷之存亡，则四方之劳扰，民生之憔悴，虽有诚臣，亦以为纤芥之疾也。

按："君分吾以天下而后治之，君授吾以人民而后牧之"，惟封建之世始敢语此。至一统之天下为之臣者，义无有土有民之责，不敢遽言分之授之也。宗羲之论臣道，乃欲不待分，不必授，而即自为治之牧之，非有割据暗干之谋者，不能臻此势力也。天下有如此事君而谓其合于为臣之义乎？《春秋穀梁传》云"故非天子，不得专封诸侯，诸侯不得专封诸侯"。《公羊》僖十有二年、昭十有三年传均云"不与诸侯专封也"，又云"诸侯之义，不得专封也"。宣十有一年传"诸侯之义，不得专讨也"。夫诸侯既已受地于天子，各君其国，小国君处危难，大国存亡继绝，即就天子所分之地而封其君，就天子分地所出之军旅而讨不义。《春秋》尚斥其不奉天子之命，以为专擅，况无土无民之臣不奉天子之命令，而帝制自为乎？《孟子》曰："有安社稷臣者，以安社稷为悦者也。"事君者，果能时时以奠安社稷为心，固臣道之至纯也。宗羲以为昧于为臣之义，书托孟子而立言，仍背之，甫入室而遂操戈，当亦孟子所不及料也。

盖天下之治乱不在一姓之兴亡，而在万民之忧乐。是故桀、纣之亡，乃所以为治也；秦政、蒙古之兴，乃所以为乱也。晋、宋、齐、梁之兴亡，无与于治乱者也。为臣者轻视斯民之水火，即能辅君而兴，从君而亡，其于臣道固未尝不背也。

按：从古兴亡递嬗，民遭荼毒，天下未有不先乱而后治。秦蒙之兴，固所以为乱，即汤武之兴，亦未始不由乱中得也。至晋宋齐梁之兴，则纯乎以乱济乱。神州陆沉，中原板荡，不得谓其无与于治乱者也。是故桀纣既亡之后，汤武安集人民，以转乱而为治，则可谓桀纣频亡之时，即所以为治，则言之无乃过激。古来创造之主，必有辅佐之臣，戡乱定业及其宗社将屋，并有效命之臣，致死竭忠，勋业炳诸旂常，灏气充于河岳，或为良臣，或为忠臣，胥足以立顽懦，而亘终古。而宗羲皆谓其与臣道有背，不亦傎乎？伊尹、莱朱辅成汤，而兴殷者也；周、召、望散辅武王，而兴周者也。龙逢、比干、伯夷、叔齐因桀纣之亡，而从君并亡者也。律以宗羲之言，其于臣道，则皆背也。至两汉唐宋之兴亡，其贤臣开国，忠臣致身之炳于史册者，更不足言矣。究而言之，明太祖之兴，徐达、刘基诸臣辅君而兴者也；明社之屋，史、瞿、刘、范诸臣从君而亡者也。今皆谓其有背于臣道，是上至五帝，下讫有明，立朝服官，无一人不背于臣道矣。宗羲因恶天下之有君，而并欲天下无一臣，是即后世之各结团体、竞争权力、蔑视君王、监督政府之悖说所由仿也。宗羲为尊素长子，父抱孤忠，死于罗织。怀宗即位，诏下昭雪，予谥赠官，宗羲躬沐恩荫，其受有明之恩，不可谓不厚矣。乃谓臣之死君即背臣道，不特甲申殉难诸臣，不达时务，不得为忠，即尊素蒙难殒身，亦只得谓之仇雠陷害，不得言捐躯殉节者矣。宗羲纯孝性成，斯言其未之思乎？

夫治天下犹曳大木然，前者唱邪，后者唱许。君与臣，共曳木之人也。若手不执绋，足不履地，曳木者唯娱笑于曳木者之前，从曳木者以为良，而曳木之职荒矣。

按：宗羲以治天下为曳大木，试即以曳木论大木之产于名山也，欲取之以为栋梁之用，必先命工师督率匠人斧斤伐之；应用之规矩尺度，必听工师指挥裁定而后可。若不用工师，第由诸匠各纵斧斤，则必有斫小不胜任之虞，况大木之曳到何处，何地起曳，何地止曳，亦必有发纵指示之人，而后可言曳也。至曳之之时，何者在前执绋，何者在后推挽，何者旁行助力，及曳行之路径，何处可顺行，何处有阻碍，曳到之迟速，交木于何人，均须有主持督率者，而后利于行，而不误于期。若无人指示，不用首领，不探路径，不识区所，交木迟速，漫无限制，群焉逞其劳力，争拖此木，冥然喘息，倡倡乎其何之，则阻碍既多，趋向不一。虽有万人拖曳此木，将一步不可行矣。势必中途委弃，风雨剥蚀，暴露日久，讫于腐朽，又焉用此一曳也。盖天下之为君者，即主用大木之人也；其受命辅政之大臣，即工师采木及督率曳木、指示途径、酌定期限之人也。下此百僚庶司，分任授职，承长官之命令，各供乃事，始为用力曳木之人。故自大君以下，犹必分劳心、劳力，判以职司等级，而后天下乃治。譬之用大木者，先由用木之主命工师统率匠人，入山斩伐；工师授匠人以尺度规矩，乃施斧斤。其曳木也，又必有督率统驭之人，如法曳运其木，乃应时而至。曳木者不能强用木之主及工师督曳者，同用力以曳木。治天下者，即不能混君臣士庶之等级，而各逞材力，互相竞争也。宗羲专以用力曳木之人为尽职，而谓主持督曳及量用规矩之人皆为荒职。是谓君与民平等，上与下平等，即许行并耕之说也。孟子曰："有大人之事，有小人之事。且一人之身，而百工之所为备。如必自为而后用之，是率天下而路也。故曰：或劳心，或劳力；劳心者治人，劳力者治于人；治于人者食人，治人者食于人。天下之通义也。"夫曰治人、曰治于人、曰食人、曰食于人者，是孟子言治天下，君与臣民显分等级，主臣民胥受治于君，不主臣民皆分治于君也。宗羲以曳大木喻治天下，而谓君与民均当同用力以曳木，即孟子所斥"率天下而路"，及后世民分君之治以为自治，君同民之权而无特权之悖说也。宗羲书托孟子，即起孟子而问之，恐亦非所愿闻也。

后世骄君自恣，不以天下万民为事。其所求乎草野者，不过欲得奔走服役之人。乃使草野之应于上者，亦不出夫奔走服役，一时免于寒饿，遂感在上之知遇，不复计其礼之备与不备，跻之仆妾之间而以为当然。万历初，神宗之待张居正，其礼稍优，此于古之师傅未能百一，当时论者骇然居正之受，无人臣礼。

按：臣事君如子事父母。传曰："事君犹事父也。"若策名委质，先窥君待我之优绌，优则感知遇，绌视如路人，此臣道之衰也。盖子事父母，不得以亲之慈恶而殊其孝思，即臣事君不得视君之仁暴而异其忠荩。信如宗羲之言，是龙比不当忠于夏殷，虞舜不当孝于顽父矣。至谓张居正之受宠于神宗，尚未及古之师傅于百一，而以当时见者，骇然为非是。夫周公辅成王，以懿亲而备师傅之任者也，其进谏于成王，皆主巽顺，未尝如居正之恃宠而骄，厉声呵斥神宗也。《明史》：神宗在讲筵，读《论语》"色勃如也"，误读作"背"字。居正从旁厉声曰："当作勃字"。上悚然而惊，同列皆失色。其启沃成王，皆告以惇大，未尝如居正之擅作威福，倾危峭刻，罗织异己也。周公摄政七年，除大义灭亲，不得已而诛管叔一人，此外并无妄戮。周公秉圭代兄，金縢以告三王，位权皆备，忠孝性成，毫无侈心。居正亲贤不如周公，权位逊于周公，而乃大权独揽，父丧夺情，三月归葬，六月还朝。宰我之意惟在短丧，曹瞒之心恐失兵权，而且吴中行、赵用宾以星变陈言；艾穆、沈思孝、邹元标以忘亲入告，横被锁镣，咸加杖戍，又且论死。刘台痍斃士期，锡爵以刎颈惊奔，张瀚以拊膺被斥。虽王巨君之芟除忤恨，梁将军之收拷太史，不是过也。使非天夺其年，其流极尚忍言乎？宗羲犹谓其礼之未备。呜呼！谬矣！

夫居正之罪，正坐不能以师傅自待，听指使于仆妾。而责之反是，何也？是则耳目浸淫于流俗之所谓臣者以为鹄矣！

按：居正以异姓之臣，作冲人之相，亲承顾命，纵恣自为，权势炫赫，已有爵赏由心，刑戮在口，所爱光五宗，所恶灭三族。群谈受显诛，腹议蒙隐戮，道路以目，百辟钳口之态矣。假令天假之年，长辔获骋，则卓莽曹桓之祸，安知不再录于《明史》也？宗羲以严天泽之分，肃靖献之宜，为流俗之所谓臣，故反责居正之不能以师傅自待，是欲率天下之臣，而尽归于无君者也。

又岂知臣之与君，名异而实同耶？

按：比君于天，比臣于地，天尊地卑，君尊臣卑。君为民所归往，臣事君主屈服。名分既殊，等级自判，载于经籍，述自圣人。宗羲乃谓君与臣“名异而实同”，是即后世逞逆谋者，谓天下以民为主，人君与臣皆国民之代表之悖论也。

或曰：臣不与子并称乎？曰：非也。父子一气，子分父之身而为身。故孝子虽异身，而能日近其气，久之无不通矣；不孝之子，分身而后，日远日疏，久之而气不相似矣。

按：古圣遗言，群经大义，莫不视君父为一体。是以民生于三，事之如一。惟其所在则致死焉，事师尚同于事父，而况君乎？君臣之义，父子之恩，于五常为最重。其名虽殊，其理则一。臣子并称，沿于古圣。自有生民以来，未之或易也。宗羲明斥为非，又欲区忠孝为二理，别君父为两途。臣子并称既斥为非，则六经之言纲常名教者，无一不为非矣。

君臣之名，从天下而有之者也。吾无天下之责，则吾在君为路人。

按：君臣之名，虽由天下而定，然人既处于天下之内，则当翊戴天子，所谓“率土之滨，莫非王臣”，理无分乎贵贱也。天下无无君之国，即天下无不臣之人。《左·昭七年》传：“食土之毛，谁非君臣？”固统臣工黎庶而并言之，初无有任事不任事之分。宗羲乃谓“吾无天下之责，则吾在君为路人”，是君临天下之共主可以臣辅弼之大僚，不可臣嗤嗤之氓庶也。伯夷、叔齐之于殷无天下之责者也，何不对纣若路人，而必为之扣马谏伐，稿饿终身，不亦违于理乎？宗羲此言离经叛道，背理灭伦，固不待智者而知之矣。

出而仕于君也，不以天下为事，则君之仆妾也；以天下为事，则君之师友也。

按：臣之事君，不以天下为事，既下等于仆妾；以天下为事，又自尊若师友；无天下之责，复相视若路人。臣无分贤否，民无分远近，既统以仆妾、师友、路人三途，尽其位职，天下无一人可谓之臣，实天下无一时可以有君矣。与上文“君臣之名，从天下而有之”之言，亦自相矛盾。宗羲欲废君臣之伦，而一篇之中，前后相抵牾若此，幸尚未到言伪而辩之，一境天教，留此罅漏，以待后人之纠诘也。

夫然谓之臣，其名累变，夫父子固不可变者也。

按：以豫让之忠，犹恶天下为人臣而怀二心者，盖臣之于君，一日受君之职，即承君之命，随所在而致死，无有二心，所谓策名委贽，贰乃辟也。宗羲乃谓臣之名可累变，是今日可臣于甲，明日可臣于乙，后日复可臣于丙，日日可以易君而事，日日可以改臣于人，则直谓之无君无臣可也。谓之变臣之名，犹未尽其义也。夫事君犹事父，移孝以作忠，古圣之言。宗羲既知父子之名不可变，奈何将君臣之名而累变之？若因言以观人，宗羲可以为孝子，不得谓之忠臣也。

原　法

后之人主，既得天下，唯恐其祚命之不长也，子孙之不能保有也，思患于未然以为之法。然则其所谓法者，一家之法，而非天下之法也。

按：人主立法，当考其善不善，不当强分家与天下为二也。如其不善，不可为家法，即不可为天下之法。如其善也，则由治家以治国，由治国以治天下。其序由近及远，理无二致也。《大学》云“平天下在治其国，治国在齐其家”，胥此道也。人主抚有天下，必先立一法，以治吾家；而复另立一法，以治天下。将天下与家歧而二之，未有能济者也。后世人君特患不能视天下为一家耳，果能视天下如一家，则推爱子孙之心以爱百姓，推保产业之念以治民田，推防寇盗之心以除民害，家治而天下亦治矣。宗羲之言反是，无乃谬乎？

是故秦变封建而为郡县，以郡县得私于我也；汉建庶孽，以其可以藩屏于我也；宋解方镇之兵，以方镇之不利于我也。此其法何曾有一毫为天下之心哉？

按：封建、郡县，皆时势所趋，不容不变，不得指此为公而彼为私也。上有有道之天子，则封建固属公之天下，即郡县亦未必尽私于一己也；上无有道之天子，则郡县不得其人，固属以私害民，即封建分土以治，亦未必不流毒万姓也。周之战国，率土地而食人肉，封建之天下也；汉之文景，除繁苛而致刑措，郡县之天下也。不得以争地争城之战国为公，家给人足之文景为私也。至唐末五季之祸，肇于方镇跋扈自恣，荼毒生民，不得谓其专不利于君也；宋解方镇之兵，而民困稍苏，不得谓其与天下无一毫之关系也。宗羲论法，而言皆偏激，律以《原君》《原臣》诸篇，犹其谬之小焉者耳。

三代之法，藏天下于天下者也。山泽之利不必其尽取，刑赏之权不疑其旁落。贵不在朝廷也，贱不在草莽也。

按：三代时，山泽之利取之虽不至尽，而亦不能不取。白圭曰："吾欲二十而取一。"孟子以为貉道。后世易封建而为郡县，民田得自相售卖，国家征税较井田之世为尤轻，即有横征暴敛之主，竭泽而渔，取尽锱铢，以奉一己，三代而下亦不能多见，不得谓世世皆然也。至刑赏之权，二帝三王以来，均皆操之天子，未闻以威福之柄旁落臣下以为治也。四凶之极，八元之举，令必出于大舜，不闻操之皋夔；大赉之赏，廉来之诛，权必定于武王，不闻出自周召。孔子曰："天下有道，则礼乐征伐自天子出；天下无道，则礼乐征伐自诸侯出。"《春秋》之义，诸侯不得专封专讨，经有明文。夫诸侯受分土于天子，各君其国，各子其民。非奉王命，尚不得专封专讨，况无爵、无地、无民，辅佐政治之臣，可握刑赏之大权乎？汉之卓、莽、曹操，魏之司马，晋之刘裕，以大臣而操刑赏之权者也，其祸遂极于篡逆，天下未见其治也。《洪范》曰"惟辟作福，惟辟作威。臣无有作福作威，臣之有作福作威，其害于而家，凶于而国，人用侧颇僻，民用僭忒。"宗羲以刑赏之权旁落臣下，为三代之盛治，不知出于何书也？

论者谓一代有一代之法，子孙以法祖为孝。夫非法之法，前王不胜其利欲之私以创之，后王或不胜其利欲之私以坏之。坏之者固足以害天下，其创之者亦未始非害天下者也。乃必欲周旋于此胶彼漆之中，以博宪章之余名，此俗儒之剿说也。

按：开创之主莫不立法，以为子孙之世守，然必安辑其人民，而后克延乎国祚也。若悉以济其利欲之私，不但足以害天下，害先及于子孙矣。守文之主或鉴于成法之未善，斟酌而损益之，亦未见其尽出于利欲之私也。今言前王之立法足以害天下，后王之坏法亦足以害天下。夫前王之立法足以害天下，则后王坏此法者，必另立良法以善天下矣；后王之坏法足以害天下，则前王之立此法者，必于天下有关系，而非尽出于害也。若两法皆为济利欲之私，均足以害天下。然则将何法之从，而后免于非法之法也？《中庸》曰“仲尼祖述尧舜，宪章文武”。宗羲以宪章余名为俗儒之剿说，是孔子亦为俗儒矣。

置 相

有明之无善治，自高皇帝罢（承）[丞]相始也。原夫作君之意，所以治天下也。天下不能一人而治，则设官以治之。是官者，分身之君也。

按：有明二百七十年间，乱日多而治日少，诚鲜善政可纪。然仁宣之朝，专务德化，仓廪（瞻）[赡]足，生齿繁殖，任用贤臣，父子济美，六十余年。论者拟以周之成康、汉之文景，不可谓非小康之世也。宗羲统以“无善治”三字该括明之终始，而推原祸于高皇帝之罢（承）[丞]相，是显斥明太祖为祸首，而十六世继体之君无一非暗主矣。宗羲世食明禄，而忍为此谤君之言，其毋乃未致思乎？古者刑赏德教权，均出自天子。宰相宣化承流，辅佐天子以为治，若必大权独（览）[揽]，置天子于守府，威福自作，收拾人心，以阴逞其暗干篡夺之谋，卓、莽、曹瞒之祸，未有不托始于丞相秉政之一言，而窥窃神器者也。孔子曰：“天无二日，民无二王。”是君王之号固为生，是使独谈天者不能统五星百宿，而并称为日，即论政者不能合卿大夫士而悉目为君也。《礼运》以君与臣同国为非礼。夫同国尚嫌非礼，矧臣窃君之名以自居乎？宗羲以百官为分身之君，是人人皆可为官，实人人皆可谓之君矣。人人皆可称君，实天下并无一君矣。作官既可僭君之名，实天下并无一官矣。后世创言，欲废君臣之等级，而归于平权，皆宗羲此言阶之厉也。

孟子曰：“天子一位，公一位，侯一位，伯一位，子男同一位，凡五等。君一位，卿一位，大夫一位，上士一位，中士一位，下士一位，凡六等。”盖自外而言之，天子之去公，犹公、侯、伯、子、男之递相去；自内而言之，君之去卿，犹卿、大夫、士之递相去。非独至于天子，遂截然无等级也。

按：孟子言天子一位，次公、次侯、次伯、次子、次男共五等者，所以明天子统五等，诸侯其位为首，尊无二上也。言君一位，次卿，次大夫，次上士，次中士，次下士，共六等者，所以明诸侯受天子之分土，各君其国，对于卿、大夫士，其位为首，亦尊无二上也。如谓天子之去公，犹公、侯、伯、子、男之递相去；君之去卿，犹卿、大夫、士之递相去。孟子当于子、男同一位下，直接卿一位，以至于下士。凡十等，文例乃合，又何必添"凡五等，君一位"六字横亘其中？又混合公、侯、伯子、男为君一位，总计又少三等矣。惟天子之位，独尊于天下，统公、侯、伯、子、男而皆臣。言五等者，计数言之，不得谓公之位，仅去天子之位一级也。惟诸侯之位独尊于其国，统卿、大夫、士而皆臣，故增"君一位"三字，以立其纲。言六等者，亦计数言之，不得谓卿之位，仅去君之位一级也。《春秋》王天下称天王，《礼记》"君天下曰天子"。宗羲言"非独至于天子，遂截然无等级"，今试问天王、天子以上之等级，为何人所居乎？

昔者伊尹、周公之摄政，以宰相而摄天子，亦不殊于大夫之摄卿，士之摄大夫耳。后世君骄臣谄，天子之位始不列于卿、大夫、士之间，而小儒遂河汉其摄位之事。

按：摄政一事，自有天下以来，世不恒见。盖必继体守文之君，时值冲幼，天下多故，又必如伊周之懿亲，有伊周之圣德，而后可言摄也。使太甲成王虽冲龄践祚，不遇有伊尹、周公之亲贤，即莱朱、望散之重臣，不敢轻言摄政也。宗羲乃谓"以宰相而摄天子，不殊于大夫之摄卿，士之摄大夫"，是直视天子之位，参伍于百僚庶司之间，遇有事故，人人皆可跻其位，亦犹今之督抚解任，司道得以护理；道府解任，承倅得以护理；州县解任，佐贰得以护理。仓卒更易，无关重轻。是天位一席，犹远逊于公、侯、伯、子、男之统绪相承，各君其国之为尊也。又谓"后世君骄臣谄，天子之位始不列于卿、大夫之间"，夫二帝三王之世，非君骄臣谄之世也。其以天子之位列于卿大夫之间者言，果出于何书？

宗羲既有所见，何不一一引证详考之？何为突忽言之，以启小儒之疑？即谓书史失传，理所必有。则孔子删订六经，《虞书》屡言帝位，何以不厕于岳牧之俦？《周书》屡言王位，何以不差于周召之列？信如斯言，是孔子亦左袒于君骄臣谄之世矣。

不幸国无君长，委之母后，为宰相者，方避嫌而处，使其决裂败坏，贻笑千古，无乃视天子之位过高所致乎？

按：如宗羲之言，国家多故，为宰相者即当僭位乘权，抚驭天下，而后为不避嫌也。汉之董卓、王莽、曹操，皆以宰相操天下之柄，不避嫌疑者也，何以天下仍决裂败坏，以速其亡乎？古者比君王如帝天，群经载籍均有明文。故《礼》言天子称天以诔，《春秋》书王必冠以天，尊之至也。今乃谓视天子之位过高，为足以乱天下，无惑乎？后世邪说披猖，目天子为代表，皆宗羲此言阴启其无君之心者也。

古者君之待臣也，臣拜，君必答拜。秦汉以后，废而不讲。然丞相进，天子御座为起，在舆为下。宰相既罢，天子更无与为礼者矣。

按："臣拜，君必答拜"者，乃列国诸侯之礼。若天下共主，其位至尊，礼无答拜，不与侯国同也。考《礼经》燕礼、聘礼、射礼，均以诸侯行之。故经文凡言"臣再拜稽首"，下皆有"公答再拜"句。至觐礼，则以天子觐诸侯。故篇中凡言"臣再拜稽首"，均无答拜之文，不与聘燕诸礼同也。古者天子无答拜之礼，《礼经》具在，昭然可考。宗羲乃谓秦汉以后始废此礼，不亦诬乎？《战国策》云："都大者，危其国；臣强者，危其主。"又曰"大臣太重者，国危"。后世强臣制主日久，遂逞暗干逆谋，未始非君之待臣礼节过重。天泽分淆，积渐而成此祸也。

古者不传子而传贤，其视天子之位去留犹夫宰相也。其后天子传子，宰相不传子。天子之子不皆贤，尚赖宰相传贤，足相补救，则天子亦不失传贤之意。宰相既罢，天子之子一不贤，更无与为贤者矣，不亦并传子之意而失者乎？

按：自《韩氏易传》有云："五帝官天下，三王家天下。"后世传贤不传子之说，殆缘误于此。其实自三皇以来，君临天下，皆传子世及，绪统相承，未有更易，此万世不易之定理也。昔汉哀帝欲禅位于董贤，王闳进曰："天下乃高皇帝之天下，非陛下之有也。陛下承宗庙，当传子孙于无穷，统业至重。"即本此义。考之古史，太昊伏羲氏代燧人氏而王，风姓相承者一十六世；炎帝神农氏继风姓而立，姜姓相承者凡八世，五百二十年。其时书契初兴，史笔简略，虽未明言某为某子，而一姓相承，标明世数，即传子之正统也。古者兄弟不同姓，必子以代父，嫡长相承，始为一姓。黄帝之子，二十五人，得姓者十四。是兄弟旁支，均不同姓也。据此则风姓、姜姓，一姓相承，确为传子之证。由黄帝以讫帝尧，传子统绪，历历可考。少昊金天氏，黄帝之子也；颛顼高阳氏，黄帝之孙也；帝喾高辛氏，黄帝曾孙也；帝尧陶唐氏，黄帝元孙也。及尧乃改为禅让以传贤，实不得已之创局，五帝并无以天下为官之实事也。盖非有尧舜之圣以为君，不可轻言禅；非有舜禹之圣以为臣，不可轻言受禅。虽有尧舜之圣为君，舜禹之圣为臣，而非遇朱均之不肖，亦不可实行禅让之事。当日者，既有尧之圣德以禅让于上，复得舜之圣德以摄位于下，丹朱不肖，固已亲承尧命矣。荐之于天，而天命暴之于民而民受。尧崩之后，舜即帝位，天与人归，五臣、四岳、群黎、百姓，谁曰不宜？而舜乃于三年丧毕，躬避尧之子于南河之南者，岂故为是矫情哉？夫亦谓统绪相承，天位当畀之丹朱，不得因尧有禅让之语，而遂因而据之也。迨至朝觐、讼狱、讴歌，皆集于一己，丹朱万不能为君。天下无主，不得已而始之中国，践天子位焉，乃可告无罪于尧也。夫以舜之圣德，摄位二十八载，而又亲受尧禅，即使不避而即天位，固已名正言顺，薄海倾心矣。而孟子犹以不避则为逼为篡，何也？盖尧崩之后，天位固丹朱之位也，天下皆丹朱之土也。使非避之不得而后践位，犹夫篡逆也。是以遍考历史，上至三古，下讫有明，五千年来，传贤者除尧舜以外，别无一人。王莽、曹桓、司马伪托尧禅，僭夺神器，不得谓之传贤也。审是则宗羲"古者不传子"之文，未足为据也。孔子曰："唐虞禅，夏后殷周继，其义一也。"盖必有尧舜之圣德，唐虞之时事，而后可言禅。稍一不备，则莫如法殷周之继，方无流弊。继承之统，三古皆同。传贤之事，生民以来，独有尧舜。孔子告子张曰“其或继周者，圣人重继而不重禅。”所以杜后世乱臣贼子，假美名以藉口也。宗羲坚执韩氏“五帝官天下”之说，竟谓“古者不传子而传贤”，并未稽古史之实录，岂为定论？至其言“天子之位去留犹夫宰相”，尤为背谬。盖宰相之任去留，操自天子，或数年而不易，或一年而屡易，均无定局。天子为天下臣民共戴，岂可以去留之说启臣下暗干之心？无论纲纪坠亡，无此伦理。即就事论事，朝更一主，暮易一君，社稷宗庙，时时变置，小民趋向，莫知所从。强有力者，互相竞争；愚无知者，屡受荼毒。生民扰攘，土宇崩裂，尚复成何世界？即以五季之衰，国祚短促，君如弈棋，犹十余年而始易一姓，世乱之极，已为从古蔑有，况夫随时更易，视天位如鸿毛之飘荡乎？又谓“天子传子，宰相不传子，天子之子不皆贤，尚赖宰相传贤足相补救”，夫天子之子不皆贤，岂宰相尽皆贤圣乎？究而言之，天子之子不贤，尚有自顾统绪之心，即或肆无忌惮，世臣大家之贤者，人人得以匡扶之。若大权寄之宰相一人，一遇不贤，则天子守府于上，百辟钳口于下，一任宰相之专恣暴戾，天下事尚可问乎？宗羲是书，种种荒谬，而以此篇为尤亟，故不得不严为之辩耳。

使宰相不罢，自得以古圣哲王之行，摩切其主，其主亦有所畏而不敢不从也。

按：万乘之主不制于人臣，十乘之家不制于众人。政由君出，臣奉而行之，此古今通义也。若身为人臣，而使吾君事事有所畏，而不敢不从，其威权震主，尚有何事而不敢为乎？伊尹、周公，商周之重臣也，未闻太甲、成王事事畏惧而顺之也。夫以人臣秉政，先挟一不敢不从之心，以威摄吾主，即事皆为国，毫无私意，亦嚣拳兵谏，先轸唾面之流，不得谓之纯臣也。宗羲乃以主畏其臣，为宰相之职司。噫嘻！悖矣！

天子批红。天子不能尽，则宰相批之，下六部施行，更不用呈之御前。转发阁中票拟，阁中又缴之御前，而后下该衙门，如故事往返，使大权自宫奴出也。

按：硃批章奏，先发阁中票拟，阁中又缴之御前，而后下部施行者，所谓政由君出。票拟之文虽出自阁中，票拟之权仍操之天子也。若宰相批本不呈天子核定，迳下六部施行，是庆赏刑威悉以宰相主持而迳行之。天子不但不能分其权，且并不能知其事矣。伊古以来，相业之隆，除卓、莽、操、裕而外，鲜能臻此分位也。后世欲尽废旧官制，而组织新内阁，全取天子之权，归诸臣下。名为代天子担任劳怨，实则以天子侪诸木偶，即阴袭宗羲宰相批红之宗旨，以曲为之说也。

学　校

授田之法废，民买田而自养，犹赋税以扰之；学校之法废，民蚩蚩而失教，犹势利以诱之。是亦不仁之甚，而以其空名跻之曰君父、君父，则吾谁欺！

按：封建之世，小民家无寸土。故必待天子授田而始得，耕耨而食；郡县之朝，天子不私寸土，故必待取民之赋而始能国用有资，此定理也。天子既无公田以自给，百姓转有私田以自耕。若不取民田所入而供赋于天家，则天子将槁饿于上，而遑论设官分职、礼乐庆赏乎？夫以暴主之横征重敛，取之尽锱铢，固属扰民之政。若税有常供，轻徭薄赋以供天家之用度，而亦谓之曰扰民，从古无兹政策也。宗羲以此为不仁之甚，而斥君父之尊曰空名。此书着墨不多，而屡斥“君父”为空名，已互详《原君》篇。灭废天伦，弃绝纲纪。吾为此惧，不敢曲为附和也。

郡县朔望，大会一邑之缙绅士子。学官讲学，郡县官就弟子列，北面再拜，师弟子各以疑义相质难。其以簿书期会，不至者罚之。郡县官政事缺失，小则纠绳，大则伐鼓号于众。其或僻郡下县，学官不得骤得名儒，而郡县官之学行过之者，则朔望之会，郡县官南面讲学可也。若郡县官少年无实学，妄自压老儒而上之者，则士子哗而退之。

按：学校之设义主作育人材，而尤必先端士习，盖士习端而后人材以正。若学尚未成，辄欲干预政事之得失，出位以纠绳之，甚至聚众伐鼓，显与行政之官师相抗，此处士横议之习，乃敢如此嚣陵。宗羲以此为学人应尽之职，恐先王设学校之本意，未必如斯也。至称官无实学，士子即当哗而退之，是学校之设不但全揽地方行政之权，直当上干朝廷用人之柄矣。后世士气嚣张，未有研究科学之本心，先逞干预政治之能力，小则遇事要求，倾排异己；大则纠众罢学，陵逼长官。甚至职列搢绅，谬托时誉，知法犯法。欲显分朝廷用人行政之权，内而卿贰重臣，外而督抚疆寄。于己不合，虽奉朝命，竟敢联名纠众，电达政府，阻其视事，上则违背制书，蔑视宪典；下则矫托社会公益之名，煽诱人心，广为要结，皆宗羲士子哗退长官之言，有以启之也。

建都

当李贼之围京城也，毅宗亦欲南下，而孤悬绝北，音尘不贯。一时既不能出，出亦不能必达，故不得已而身殉社稷。

按：明史载：李贼内犯之先，群臣上议南迁者，前后凡三次。督察院左都御使李邦华少詹事、项煜右庶子李明睿各言南迁及东宫监抚南京，怀宗怒曰："国君死社稷，乃古今之正。朕志已定，勿复多言。"此为第一次。督师大学士李建泰上书请南迁，愿奉太子先行，上召对平台，谕阁臣曰："李建泰有疏劝朕南迁，国君死社稷，朕将何往？"此为第二次。贼警益逼，诸臣劝南迁。怀宗怒曰："卿等平日专营门户，今日死守，夫复何言？"此第三次。怀宗均以正言谕之，誓以死守，是怀宗殉社稷之心早定之于平日，并非事到仓卒，不得已而始出此策也。宗羲谓"音尘不贯，既不能出，出亦不达"，甲申春末，始有此危境也。若前此决意南迁，东道犹可通也，安见其心不能达乎？夫兴亡递嬗，何代蔑有为之君者，非逃亡奔命，爱惜身躯，即屈志新朝，甘心耻辱，卒之卵破巢倾，终归于尽。求其以天下共主，临危引决，不负宗庙社稷者，生民以来，止有明怀宗一人。从古亡国之君，未有如斯之得其正者也。孟子曰："世守也，非身之所能为也，效死勿去。"怀宗志节固已出乎周太王之上者矣！是以我世祖章皇帝定鼎之初，首崇庄烈帝号，改葬如礼。即至宏光授首，唐桂并诛，百余年后，高宗纯皇帝《御批通鉴辑览》，乙酉一年，不黜留都，位号二王，本属窃据，续编即钦定《明史》，亦仿《宋史》甲戌、乙亥之例，大书而特书之。甚至诏录史可法之来书，褒恤瞿式耜之忠荩，不顺天命，强挽人心之胜国，诸臣并蒙，忧悯圣人至公之心，卓越前古，所以维纲常名教于不敝也。宗羲身为明臣，父子均食明（録）[禄]，历有年所。怀宗即位，昭雪尊素沉冤，赠官赐祭。宗羲伏阙上书，请诛父仇曹钦（陈）[呈]、李实、许显纯等，复蒙论斩如律。其后又与吴江周延祚、光山夏承锥牢子叶咨、颜文仲，应时而毙。二人乃昔年毙尊素诸君子于狱中者。怀宗悯其纯孝，不加之罪。宗羲身受怀宗殊恩，不得谓之薄也。豫让有云："智伯以国士遇我，我故以国士报之。"若怀宗之遇宗羲，尚不止于国士已也，乃宗羲论甲申之变，忍心害理，以"不得已"三字，上府怀宗之狱，亡国余生鬻言以诬故主，孤忠纯孝之子应如是乎？迹宗羲平日立身行己，似不至如此荒悖，而言竟如是，毋乃丧心病狂、痰迷五内，而语不由衷者乎？

奄宦上

小儒不通大义，又从而附会之曰："君父，天也。"

按：称君以天，比父于天，六经互见，更仆难终。尧、舜、文、周、孔、孟以来，均主斯义。非三代而下，始尊君父以此名也。宗羲乃谓不通大义之小儒，附会曲说，始有"君父，天也"之名。是尧、舜、文王、周公、孔子、孟子均为"不通大义"之小儒矣，无惑乎？后世尊社会而废纲纪者流，公然开会演说，目君为代表，侪君于雇工，拟父以同胞，非圣无法，实宗羲此言有以倡之也。

右都三十五则，其悖谬尤甚者，如《原君》篇“古者天下为主，君为客”，又曰“为天下之大害者，君而已矣。向使无君，人各得自私也，人各得自利也”。又曰：“后世之君，欲以如父如天之空名，禁人以窥伺。”《原臣》篇“吾无天下之责，则吾在君为路人”。又谓“君臣之名可累变”。《置相》篇“天子之位去留犹夫宰相也”。又曰“宰相批本，不用呈之御前，迳下六部施行”。《建都》篇“当李贼之围京城也，毅宗亦欲南下，而孤悬绝北，音尘不贯，一时既不能出，出亦不能必达。故不得已而身殉社稷”等语，皆专主废灭君臣之大伦，诬毁恩深之故主。余亦诬圣离经，倒乱纲纪，润非而泽，不为纠发其非，均足为名教纲常之害。夫以毛奇龄之《四书改错》言多有本，初无灭伦诬圣之言，只以攻诘朱子，不遗余力，犹干销毁之例。若取《明夷待访录》以相衡，其悖谬殆有十倍于《四书改错》者。当此异说横流之秋，此篇之为害甚大。鄙人世受国恩，展卷滋惧，五夜思维，不得不严加驳诘，以力阻其流煽，用是纠厥谬戾，以著于篇。臣滋然再识。

附录三：《明夷待访录》版本流传考辨

《明夷待访录》是明末清初大思想家黄宗羲（1610—1695）猛烈批判君主专制制度，具有近代民主启蒙思想倾向的政治思想代表作。此书在清末民初被维新派、革命派所推崇，成为他们宣传各自政治主张的重要宣传品。自梁启超在其所著《中国近三百年学术史》第五节关于《明夷待访录》一书的一个注解说“此书乾隆间入禁书类”以后，似乎成为定论。

近来，吴光先生首次质疑之，其理由有四：“第一，乾隆时代成书的《四库全书》并无一字提及《明夷待访录》书名及内容；第二，近代学者邓实、孙殿起等在清道光年间姚觐元汇刻的《禁毁书目》基础上编定的《清代禁毁书目（补遗）》和《清代禁书知见录》，所列四库馆臣上奏乾隆皇帝并经乾隆御批认可的‘禁毁书目’，包括黄宗羲的《明文案》《行朝录》《南雷文定》《南雷文约》四种，但都没有《明夷待访录》书；第三，根据四库馆总裁官于乾隆四十七年的奏请以及浙江巡抚于乾隆五十三年的奏议等资料可知，当时朝廷查禁书籍的重点放在浙江，但所请销毁、禁止的书目中均未提到《明夷待访录》书；第四，当时浙江根据朝廷命令负责采集遗书、编写进呈总目录的‘总裁官’是黄宗羲的五世孙黄璋，而今存浙江图书馆藏乾隆三十九年由黄璋等人校定并进呈朝廷的《浙江采集遗书总录》中也不见《明夷待访录》书踪影。”[1]

[1] 吴光：《“〈明夷待访录〉是禁书”一说缺乏证据》，《北京日报·理论周刊》，2008年7月21日。

上述四条理由，在笔者看来，实际上可归结为一条，即在四库禁毁书目中尚未发现《明夷待访录》一书或者说《四库全书》中未见此书。吴先生所使用的证据，即《清代禁毁书目（补遗）》和《清代禁书知见录》都是采用姚觐元汇刻的《清代禁毁书目四种》的观点，二书都未超出姚书范围。姚觐元汇刻的《清代禁毁书目四种》[1]是按照大学士四库馆正总裁管翰林院事的大臣英廉等上乾隆皇帝的奏本编撰而成的，全书共分为全毁书目、抽毁书目、禁书总目和违碍书目四个部分，应是研究乾隆朝禁毁书最可信的资料。按照姚书的分类，《明文案》《行朝录》属军机处编，奏准全毁书目；《南雷文定》《南雷文约》属浙江省查办奏缴应毁书目。若仅从不见《明夷待访录》，就认定其没有被禁，恐难以令人信服。职是之故，笔者不揣浅陋，在吴光先生质疑的基础上，详细考证《明夷待访录》的版本及传播情况，分析此书未被列入禁书的可能原因，并初步揭示梁启超、孙中山等秘密印发节钞本的历史真相。

一、《明夷待访录》版本流传三阶段

在清朝早期森严的文字狱氛围下，士人们纷纷转向从事文字训诂、考据等方面的学问。《明夷待访录》在很长的一段时间内，除少许士人关注外，一直处于被冷落的状态。然而，在经历了近两百年的沉寂之后，在中华民族内忧外患的特殊时期，此书终于得到士人们的极力推崇。到清末，其版本之多，流传区域之广，就明清思想家们的单本著作的传播来说，几乎无一能与之比肩。在1662年到1912年的两个半世纪的时间里，《明夷待访录》的流传大致可分为三个阶段。

第一阶段，为传抄期。自壬寅年（1662）黄宗羲动笔撰写，癸卯年

[1] 姚觐元撰：《清代禁毁书目四种》，《续修四库全书》第921册，上海：上海古籍出版社2002年版。此书亦可见于李学勤主编的《中华汉语工具书库》第87册（合肥：安徽教育出版社2002年版）；长沙商务印书馆1947年出版了与此同名、同内容的书，为英廉［等］编。

（1663）改就到此书的二老阁刻本问世，约七八十年的时间。

《明夷待访录》写就后，长期处于被传抄状态，据笔者考证的资料来看，最早对此书发表看法的应为顾炎武。康熙丙辰（1676），顾炎武在给黄宗羲的信中称："顷过蓟门，见贵门人（陈万二君），具稔起居无恙。因出大著《待访录》，读之再三，于是知天下之未尝无人，百王之敝可以复起，而三代之盛可以徐还也。天下之事，有其识者未必遭其时，而当其时者或无其识，古之君子所以著书待后，有王者起，得而师之。然而《易》：'穷则变，变则通，通则久。'圣人复起而不易吾言，可预信于今日也。"[1] 二老阁初刻本没有"陈万二君"四个字，此根据黄宗羲的《思旧录》"顾炎武"条、黄梨洲先生遗书二种所补。《顾亭林先生年谱》"十五年丙辰六十四岁"条张穆按称："陈万二君者，陈介眉锡嘏，定海人，以是年成进士，入翰林。万谓季野先生，时客健庵尚书家。"[2] 也就是说，顾炎武六十四岁这年到京师，遇到了黄宗羲的门人陈锡嘏、万斯同，并通过二人看到了《明夷待访录》抄本。由此可推知，陈锡嘏、万斯同在京师时可能持有是书抄本。这说明，在当时，《明夷待访录》已经在黄宗羲众弟子中广为传抄了。

《明夷待访录》不仅在黄宗羲弟子中流传，而且还在当时的学者中流传。江藩在《国朝汉学师承记》卷一中说："（阎若璩）论太冲，则曰：'太冲之徒粗。《待访录》指其谬讹不一而足。'"[3] 对此，据钱穆先生推测，服膺黄宗羲，并自称弟子的阎若璩（1636—1704）在《潜邱劄记》卷五《与戴唐器书》中，驳正《待访录》，"似已在梨洲身后，故有'乞设身处南雷先生地，一一驳我以归一是'之说"[4]。由阎若璩驳正《待访录》来看，可

[1] 黄宗羲著：《思旧录》，《黄宗羲全集》第一册，杭州：浙江古籍出版社 2005 年版，第 393—394 页。
[2] 张穆编：《顾亭林先生年谱》第二册，上海：商务印书馆 1937 年版，第 75 页。
[3] 江藩著：《国朝汉学师承记》，北京：中华书局 1983 年版，第 10 页。
[4] 转引自钱穆著：《中国近三百年学术史》，北京：商务印书馆 1997 年版，第 247 页。

能不仅仅是阎若璩，还有可能同时期的其他学者也曾阅读过此书。

虽然现在已难以寻觅到陈万二君或阎若璩等所持所见的抄本，但仍有其他抄本被爱好者或好事者保存下来。比如，邓之诚先生收藏的《明夷待访录》抄本。邓先生在该书的封面上写道："五石斋藏本。此本讳"玄""丘"而不讳"弘"字，似是乾隆以前旧钞。"[1]"五石斋"是他的号。邓先生于1942年至1944年间写的《桑园读书记》一书说："抄本黄宗羲《明夷待访录》，署后学郑性订，大节较。其字避及历字，则乾隆时所抄矣。盖应就二老阁本传抄者。"[2]此看法与所藏抄本封面上的看法略有不同，邓先生已将抄本的时间往后推到了乾隆年间。不论是乾隆之前旧钞还是乾隆时抄本，认定此抄本不晚于乾隆之后大概较符合史实。邓先生所藏抄本为郑性订、郑大节校。此抄本很有可能是为刊刻而准备的样稿。

需补充说明的是，并不是说传抄期之后就只有刻本而没有抄本了。目前能看到的抄本还有咸丰朝翁心存校并跋、题名为《待访录》的抄本[3]以及《黄梨洲先生遗书二种》收录的难以确定朝代的、戴望校并跋及萧穆跋与二老阁本体例相同的抄本[4]等。

---

[1] 按：原文为毛笔行书，无标点，此处所引标点为笔者所加。邓之诚（1887—1960），号明斋，又号五石斋，字文如，中国历史学家。

[2] 邓之诚著：《桑园读书记》，沈阳：辽宁教育出版社1998年版，第13页。关于《明夷待访录》中的避讳字问题，吴光先生有很详细的考证，可参见《黄宗羲遗著考（一）》(《黄宗羲全集》第一册，杭州：浙江古籍出版社2005年版，第428页）。

[3] 翁心存校并跋抄本中跋曰："咸丰四年六月□，以近时粤东潘氏海山仙馆新刊本对勘一过。刻本伪缪脱落，难以枚举，不逮此本远甚。然此本亦颇多脱误处，略加是正，其两本互异义并可通者，则注于右旁，它日得精钞本，当□详校之。知止斋学人翁心存识，时年六十有四。"知此跋写于1854年。

[4] 戴望跋为："乙丑五月，在邵武官舍阅一过，中有朱墨笔细草书注在上者，周礼传文学汝遗墨也。礼翁于湖州陷时，自经已亡去今已四季矣。望又记。"下面有"戴子高印"。旁边有萧穆跋，记曰："戊辰仲冬，桐城萧穆借抄于和州试院。中有脱误。子高兄尚宜精校之。"按：戴望为周中孚甥，其生卒年为1837—1873年，戴望读此抄本时为乙丑年，即□年，其跋中称"周礼传文学汝遗墨"来看，此抄本定为周中孚所藏抄本。

第二个阶段，为沉寂期。从二老阁刻本问世到指海本刊刻，近百年的时间。

二老阁是黄宗羲老友郑禹梅的儿子郑性[1]在56岁时，为了祭祀其先人郑溱和黄宗羲而建的。《黄梨洲先生年谱》称："（康熙）六十一年，慈溪郑子南溪性建二老阁于半浦，祀公及其祖秦川公溱，成其父寒村先生梁之志也。春秋致祭，至今百五十年矣。"[2]建好二老阁以后，郑性于70岁即雍正十三年（1735）时，开始续刻《明儒学案》万氏未竟部分，直至乾隆四年（1739）刻完，五年后郑性去世。从时间上看，《明夷待访录》最迟不会晚于乾隆朝就应该刊刻出来了。从二老阁建好到开始续刻《明儒学案》，期间共有十多年的时间，从郑性打算刊刻黄宗羲著作来看，可能早就打算着手刊刻黄宗羲著作。前面已指出，邓先生所藏抄本是经郑性订、郑大节校的，是为刊刻而准备的样稿。因为从刊刻的难度上看，《明儒学案》不知要比《明夷待访录》复杂多少倍，若从这个角度来理解，郑性先刻难度小的比较符合情理。[3]这是其一；其二，也有可能是此两本著作或更多的著作同时刊刻，即使是刻完《明儒学案》再刻《明夷待访录》，到郑性去世的五年时间有充裕的时间从事此项事业。若刊刻《明夷待访录》，最多一年时间可毕，郑性大概不会等到自己去世还尚未完成乃父的遗愿吧。吴光先生考订认为《明夷待访录》初刻本应在乾隆朝完成，此结论符合史实。

二老阁初刻本完成之后约八九十年，《明夷待访录》被收录到指海

---

[1] 郑性（1665—1743），字义门，号南溪，慈溪人。贡生，有《南溪偶刊》，二老阁的创始人。

[2] 黄炳垕撰：《黄宗羲年谱》，北京：中华书局1993年版，第51页。

[3] 关于此点，黄宗羲后人黄承乙在刊刻《明夷待访录》的跋中就表达了这个意思。光绪五年（1879）余姚黄氏五桂楼刻本黄承乙识曰："曩年与同邑朱镇夫孝廉商，将虞世南《北堂书钞》、赵考古《六书本义》及梨洲公著述，集资汇刻。藏板试院。会镇夫殁而止。承乙尘网羁牵，楹书废读，永惟先人聚书之意。取《待访录》先行校梓。将来遇有同志如镇夫者，再将邑人著述如虞氏书钞诸书，逐一刊布，未始非劝学之一助也。"(《重刻黄梨洲明夷待访录序》，成都官印局校印，国家图书馆藏刻本。)

本中。指海本刊刻于道光十九年（1839）。台湾学者沈云龙先生称："'指海'共二十集，一百六十册，成于金山钱熙祚（锡之）之手。其前十二集，即嘉庆十七年（1812）壬申昭文张海鹏所刻借月山房汇钞原板，张氏书成，板归上海陈璜，更名泽古斋丛钞。清道光中，其板片复为熙祚购得，已多毁失，乃出家藏旧籍，重加校补，增入若干种，改题'指海'而后付梓。其内容较借月山丛钞，泽古斋丛钞，尤为精善。惜刊行未久，熙祚即以通判谒选吏部，于道光二十四年（1844）甲辰正月，遘疾卒于京师，其友人张文虎（啸山）、李长龄（兰槎）护丧归，传遗言，命其子培让、培杰续辑，是为后八集，皆梁唐迄清世不经见之秘笈，及未经刊行之稿本，珍罕为清代丛书之冠。"[1]这说明，在此之前，尚有刻于嘉庆十七年（1812）的借月山房汇钞本，但现在已看不到此本的原貌了，不知此版中有没有收录《明夷待访录》一书。若从《明夷待访录》收录于指海本第九册来看，此书被借月山房汇钞收录的可能性很大。若当时未被收录，就可推知钱熙祚[2]家必藏有此书，也就是说，在对借月山房汇钞重加校补时，他将此书增入其中。

指海本的序言是绩溪胡培翚[3]所写。胡培翚在文中表彰了钱熙祚辑佚刊刻守山阁丛书之功。他说："钱君锡之，既辑守山阁丛书，复仿鲍氏知不足斋丛书例。采集遗珠，辑为'指海'。先成凡若干集，盖以国家稽

[1] 沈云龙选辑：《明清史料汇编初集》第一册，台北：文海出版社 1967 年版，前言第 1 页。

[2] 钱熙祚（？—1844 年），清藏书家、文献学家。字雪枝，一字锡之。松江金山（今上海金山）人。官叙选通判。生平好古今秘籍，收藏极多。道光十七年（1837 年）建宗祠堂，堂后建阁以贮书，名曰"守山阁"。楼分四层，聘名士如顾观光、李长龄、张文虎、钱熙泰等人在藏书楼中校勘、抄书，每日校书 80 余种，抄书 400 余卷。道光中，曾得第海鹏《墨海金壶》《借月山房汇抄》残版，又从文澜阁《四库全书》中录出流传较少之书。增补删汰校订，辑成《守山阁丛书》112 种，652 卷；《珠丛别录》28 种；《指海》20 集 144 种。参加编校者有张文虎、顾观光等人，校勘精审，世称善本。又选有《素问》《灵枢》等书，均以秘籍称。对辑佚、保存传播古籍有贡献。后以谒选而病逝于京师。

[3] 胡培翚（1782—1849），字载屏，一字竹村，安徽绩溪人。胡匡衷之孙，胡秉钦之子。

古，古文古书，日就彰显。而自乾隆中岁以后，老师宿儒请求经学、时考、据之书，次第日出多有。四库所未收者书籍之盛，远迈前古。故旁搜远绍，就其所得，随刊随续，将汇众流，以归沧海，其津逮后学之心弥殷，其表彰前哲之功尤伟也！”[1] 胡培翚幼年时代，正值四库馆刊编修《四库全书》。胡培翚青年时代继承家学，好学博闻。从序文“惜刊行未久，熙祚即以通判谒选吏部，于道光二十四年（1844）甲辰正月，遘疾卒于京师”看，此序当写于钱熙祚去世前，大约作于1842年到1844年之间。胡培翚与钱熙祚皆为乾嘉时期的饱学之士，均仕宦多年，应知晓《明夷待访录》是否被禁。从钱氏收录《明夷待访录》以及胡氏称钱搜求四库未收书推知，《明夷待访录》不应是禁书。

还可证明《明夷待访录》没有被禁的有力证据是：清人丁仁撰的《八千卷楼书目》(钱塘丁氏聚珍仿宋版印本）一书。丁峻在叙（一）中说：“两丈既还其书，因居家藏书著录四库之书，构堂以储之。额曰：嘉惠。识天语，拜君恩也。其存目之旧，既未经四库著录者，则藏于八千卷楼，志彝训述旧德也。编目二十卷。”[2] 在此书卷九，史部、政书类中收录有“《明夷待访录》一卷”，为低二格。按照罗振玉在叙（二）中所说“其编目体例，顶格者为文渊阁著述，低一格者为四库附存，低二格者为四库未收”来看，《明夷待访录》亦当为四库未收书。

第三个阶段，为广泛传播期。从指海本问世到清朝灭亡约七十年的时间。

指海本之后不到八年的时间，各种版本开始陆续出现。就目前能看到的版本，据不完全统计不下30种。以下是一些可以确定具体年代、极有代表性的版本：道光二十七年（1847）海山仙馆丛书本（此本于光绪年间补刻）；道光二十九年（1849）广东番禺孟鸿光刻本；同治五年（1866）当涂夏燮文江官廨本；同治十三年（1874）中虞顾氏小石山房丛

[1] 钱熙祚编：《指海・序》，国家图书馆藏清道光守山阁钱氏刻本。
[2] 丁仁撰：《八千卷楼书目》，《续修四库全书》第921册，第62页。

书本；光绪五年（1879）余姚黄氏五桂楼刻本；光绪二十三年（1897）沔阳李氏校印铁香室丛刻本；光绪二十四年（1898）丰城余氏宝墨斋丛书本；光绪二十八年（1902）湖南书局据五桂楼本重刻本、正文斋本；光绪三十年（1904）甘肃文学堂本；光绪三十一年（1905）开智书局本；宣统二年（1910）上海时中书局《梨洲遗著汇刊》本，等等。此外，还有一些难以确定时间的版本，如刘氏嘉业堂重印之二老阁刻本、粤雅堂本、成都官书局校印本，等等。

以上仅是目前能看到的一些版本，若加上未搜集到的，仍流布在民间的刻本或抄本，以及因保存不善而毁坏的版本，尚不知还有多少。上述所列的版本中，以光绪朝为多。无疑，《明夷待访录》已经成为当时士人渴望能读到的一本好书，其之所以在光绪朝受到出版者的高度重视，与当时士人推崇此书有密切的关系。当然，这种《明夷待访录》热潮的形成，不能说不与当时政治时局的剧烈变化有密切的关系。

另外，我们若从其刻本或抄本的区域分布，仍旧不难发现此书所受到的重视程度之高，影响之大。《明夷待访录》的流传主要集中于这么几个地方：一、江浙一带。以二老阁初刻本和刘氏嘉业堂重印之二老阁刻本、黄氏五桂楼刻本为主要代表。二、闽粤地区。以番禺（孟鸿光校）刻本、海山仙馆丛书本、粤雅堂本（据张之洞《书目答问》知）为代表；三、蜀地。以成都官书局校印的《黄梨洲明夷待访录》为代表。此书是光绪五年（1879）余姚黄氏五桂楼刻本的重刻本，其前有山阴后学傅怀祖谨序，后有光绪五年冬，族孙承乙的识。四、北方地区，多为抄本。概而言之，《明夷待访录》的流传呈现这么一种趋势：南方多刻本，北方多抄本。这可能与清朝中晚期的政治时局风云变幻有关，南方维新、革命的思想传播广，对于《明夷待访录》这样的政治著作需求量就大，故而刻本较多。而北方，因京师所在，其周围省份，在思想方面表现得相对谨慎、保守，毕竟此书中有许多反君主专制的成分存在，在这种情况下，此书以抄本秘密的传播，应是情理之中的事。

二、《明夷待访录》缘何未被禁？

梁启超到底是根据何种著作认定《明夷待访录》是禁书？梁启超真的看到了什么材料明确说明此书是禁书吗？可以说，这一直以来都是一个疑窦，即使是从梁启超本人的著作中也难以寻到证据。从四库的禁毁书目不见《明夷待访录》，以及此书在不同历史时期都有不同刻本等来看，可以证明《明夷待访录》一书一直都没有成为禁书，而梁启超的"《明夷待访录》是禁书"一说显然缺乏足够的证据。那么是不是梁启超将"四库未收书"误认为"禁书"呢？也未可知。既然我们不能从梁启超的著作中找到本证，那么，只好通过旁证来证明此书并非禁书，而是四库未收书。

在有关清朝禁书的著作中，陈乃乾编的《索引式的禁书总录》(上海：海宁陈乃乾慎初堂 1932 年版)、安平秋、章培恒主编的《中国禁书大观》(上海：上海文化出版社 1990 年 3 月版)、李肇翔等编的《四库禁书》(北京：京华出版社 2001 年 1 月版)、张越、刘瑋主编的《四库禁书精华》(长春：时代文艺出版社 2001 年 2 月版)，都未收录《明夷待访录》一书。上述各书的编撰基本上都是依据姚觐元汇刻的《清代禁毁书目四种》。唯有夏于全、齐豫生主编的《四库禁书精华》第五卷收录了《明夷待访录》。编者在《序言》中说："整部《四库全书》将李贽所有作品全部禁毁，仅'特存其目，以深暴其罪焉'。与之相类似而遭禁的尚有黄宗羲的《明夷待访录》等作品。"[1] 此书并没有将其编撰的根据告知读者，从"与之相类似"来看，编者将《明夷待访录》编入《四库禁书精华》的理由完全出于推测，极有可能是受梁启超的说法影响所致。

据姚觐元汇刻的《清代禁毁书目四种》可知，当时朝廷查禁书籍的重点放在浙江，吴光先生在第三条理由中也已提到。虽然当时浙江负

[1] 夏于全、齐豫生主编：《四库禁书精华》，长春：吉林摄影出版社 2001 年版，序言第 2 页。

责采集遗书、编写进呈总目录的总裁官是黄宗羲的五世孙黄璋，乾隆三十九年由黄璋等人校定并进呈朝廷的《浙江采集遗书总录》中也不见《明夷待访录》的踪影，但并不能据此认为《明夷待访录》就没有进呈朝廷。因为浙江采集遗书进呈朝廷并非仅限于乾隆三十九年一次，之后曾进呈多次。[1] 乾隆五十三年五月初四日的上谕中还提到陈用敷在奏疏中弹劾江苏、江西、浙江三省查缴不利，故而上谕明令各省仍旧严查。[2]可见，曾频频出现在不同著作中的《明夷待访录》[3]，想必是隐瞒不住的，实际上也没有隐瞒的必要。黄宗羲的著作共有四部列入禁毁书目，那么，为何《明夷待访录》这样一部猛烈批判君主专制制度的政治著作能幸免于难、未遭禁毁呢？笔者认为，原因至少有二。

其一，《明夷待访录》未被禁，与此书正文前类似于“题辞”的内容有关。“向后二十年交入‘大壮’，始得一治，则三代之盛犹未绝望也”一句，完全可以被清朝统治者拿来作为粉饰自己统治的证据。而“昔王冕仿《周礼》著书一卷，自谓‘吾未即死，持此以遇明主，伊、吕事业，不难致也’，终不得少试以死。冕之书未得见，其可致治与否，固未可

[1] 据觉罗琅奏：“臣查浙江省查缴应禁各书，自乾隆三十九年奉旨查办以后，于四十三年十二月，钦奉上谕，予限二年呈缴，扣至四十五年十二月，二年限满，经前抚臣陈辉祖于四十六年五月奏请展现一年，统计先后共奏缴过二十四次，计书五百三十八种，共一万三千八百六十二部。四十九年七月，前抚臣福崧，于第二十四次具奏之后，浙省即未经奏缴……”（姚觐元编：《清代禁毁书目四种》，第 421 页。）

[2] “各严饬所属，悉心查察。如应禁各书，俾搜查净尽。勿得久而生懈，视为具文。仍著将现在因何不行查缴之处，据实覆奏。”（姚觐元编：《清代禁毁书目四种》，第 420 页。）

[3] 比如黄宗羲的儿子黄百家在《先遗献文孝公梨洲府君行略》中说：“《待访录》一卷，此弼帝匡王之略也。”（《黄氏续录》卷一，黄炳垕撰：《黄宗羲年谱》，北京：中华书局 1993 年版，第 75 页。）学生绍廷采的《遗献黄文孝先生传》中说“所著《孟子师说》……《待访录》……《纳甲纳音》等皆有成书，不下百种，约置圹中石几上，门人流传钞録，遍行京国。”（绍廷采著：《思复堂文集》卷三，台北：华世出版社 77 年版，第 347—348 页。）私淑弟子全祖望的《梨洲先生神道碑文》大致作于雍正末至乾隆初。文中提到“《明夷待访录》二卷，《留书》一卷，则佐王之略”（全祖望撰：《鲒埼亭集》卷十一，《续修四库全书》第 1428 册，第 53 页）。

知。然乱运未终，亦何能为‘大壮’之交！吾虽老矣，如箕子之见访，或庶几焉”[1]。此段话更容易让清朝统治者接受，四库馆臣们会根据“明主”身份的模糊性，将“明主”解释为我大清圣主仁皇帝或后之皇帝。假若因黄宗羲的“为天下之大害者，君而已”等论断具有叛逆性，就将之毁禁，岂不是告知世人，我满清皇帝并非黄宗羲所待的“明主”呢？关于此点，我们从光绪三十四年将黄宗羲从祀文庙这一事件来看，不能说不与此理解相关。1906年，章太炎在《衡三老》一文中说：“黄太冲以《明夷待访录》为名，陈义虽高，将俟虏之下问。”[2]章太炎对黄宗羲节操的批评就是基于类似于上述的理解。

顾炎武在给黄宗羲的信中所说：“知天下之未尝无人，百王之敝可以复起，而三代之盛可以徐还也。天下之事，有其识者未必遭其时，而当其时者或去其识，古之君子所以著书待后，有王者起，得而师之。”此段话亦能说明《明夷待访录》可以被后世力图恢复“三代之治”的英明之主“得而师之”。而其不致被禁毁，实际上还另有隐情。关于此，全祖望在《明夷待访录跋》中已经道破。他说：“《明夷待访录》一卷，姚江黄太冲徵君著。同时顾亭林贻书，叹为王佐之才，如有用之，三代可复。……原本不止于此，以多嫌讳弗尽出，今并已刻之板亦毁于火。”[3]若全祖望之说不失真的话，说明流传下来的《明夷待访录》中已经较少触怒朝廷的内容了。而清廷重点禁毁的书目中，以违碍、夷夏之辨的内容居多，既然《明夷待访录》中的“嫌讳弗尽出”，加之“已刻之板亦毁于火”，欲恢复全书原貌似乎已经不太可能了，在这种情况下，此书能躲过禁毁就很自然了。

其二，从光绪朝屡有大臣上书请求将黄宗羲、顾炎武、王夫之从祀

---

[1]《黄宗羲全集》第一册，第1页。

[2]朱维铮、姜义华编：《章太炎选集》，上海：上海人民出版社1981年版，第402页。

[3]全祖望著：《鲒埼亭集外编》卷三十一，《续修四库全书》第1430册，第63页。

来看，说明士大夫们对《明夷待访录》一书思想的理解历来存有较大的分歧。这也许就是当时《明夷待访录》既不被禁毁，也不被采用的根本原因。支持黄宗羲从祀的大臣几乎都将《明夷待访录》看做是“经济家必资之书”。光绪十年（1884），陈宝琛在奏疏中称：“《钦定四库全书总目》采宗羲之书多至十有四种，……大抵引天下为己任，以圣贤为我师；大则窥制作之原，小亦备见闻之助。《提要》谓：宗羲推究事理，不为空疏无用之谈。”[1] 潘祖荫、翁同龢在上光绪皇帝疏中都称：“《肇域志》《宅京记》诸书具有深意，尤非仅舆地之学，盖与宗羲《明夷待访录》同为经济家必资之书矣。夫空言经济，能欺一时而不能垂之后世，至传之二百余年，而读者尤思取法，则其非空言经济可知矣。”[2] 从陈宝琛、潘祖荫、翁同龢等奏疏的内容看，他们对《明夷待访录》都推崇备至。光绪三十三年（1907），御史赵启霖请求朝廷将顾炎武、黄宗羲从祀的奏疏呈上，恰逢张之洞调至军机处，于是二人同时邀请。赵启霖上书称：“臣查王夫之、黄宗羲、顾炎武，其立身行己，皆于坚苦卓绝之中具忠贞笃诚之操，毅然以扶世翼教，守先待后为己任。其于圣贤之道，非但多所阐明，皆能躬行实践，深入堂奥，为后来儒者所不能及。其论著之关于政治者，多具运量千载、开物成务之识，于今日变通损益之宜，往往悬合事理。承学之士咸奉为斗杓岱岳，人无间言。”[3]

虽然陈、潘、赵等力挺三先生从祀，但在很长一段时间里，朝廷中的支持者与反对者是势均力敌的。据胡思敬称：赵启霖以顾、黄、王三先生从祀上疏，“诏下部议，部臣以议驳在先，不敢主稿，乃用戴鸿慈奏定新章，交廷臣会议。自科场废八股，改试策论，又废科举，改学堂。

[1] 陈宝琛著：《陈文忠公奏议》卷下，台北：成文出版社有限公司 1970 年版，第 229 页。
[2] 王钟翰点校：《清史列传》（第十五册）卷五十八，北京：中华书局 1987 年版，第 4529 页。谢俊美编：《翁同龢集》，北京：中华书局 2005 年版，第 49 页。
[3] 赵启霖著：《赵瀞园集》，长沙：湖南出版社 1992 年版，第 4 页。

《日知录》《明夷待访录》《读通鉴论》三书盛行于世，主准者十居八九。唯礼部郎中吴国镛不好新说，以黄书驳杂，摘其可议者数条，上说帖于堂官。尚书溥良以为是，侍郎郭曾炘以为非。然部务当由尚书主政，遂拟稿准顾、王驳黄。通行六部九卿大臣诣内阁会衔，邮传部尚书陈璧先画诺。吏部尚书陆润庠、都察院左副都御史陈名侃继之。画未竟，而之洞遣使持说帖至，大意言黄学与孟子相合，议驳非是。……之洞私语同僚谓，梨洲若驳，当并顾、王黜之。……严修、宝熙、吴郁生、定成、刘若曾、徐定超各具封奏如之洞指。”[1] 由此看见，当时关于顾、黄、王三人从祀之事，在朝廷中争辩得厉害，但最终因张之洞的作用，终于在光绪三十四年（1908）九月初三日上谕，准许黄、顾、王三人从祀文庙。张之洞之所以力挺此事，与他本人的某些思想倾向有很大关系。在张之洞撰写的《书目答问》中，他将《明夷待访录》编在“儒家类议论经济之属”[2] 内可窥一斑。

三、梁启超、孙中山等秘散此书节钞本的原因

既然《明夷待访录》没有被禁，那么，又如何解释清末维新派或革命派秘密散布以《原君》《原臣》为资料的节钞本呢？

在“康乾盛世”及其之后，考据学兴起，对君主政治的反思或许不再处于主流，故而黄宗羲这本书在清朝统治的大部分时间里没有什么影响。近日学者在比较顾炎武、王夫之、黄宗羲对清朝的影响时说：“从著作史的角度来看，黄宗羲著作等身，但在一六九五年去世后的两百年内，其实际影响是不引人注目的。自从康熙晚年特别表彰朱熹，王学又成统治学说的异端。自从乾隆用修《四库全书》作为禁止异端邪说的手段，通过纵容汉学家反理学，以实现分裂汉族士大夫的卑劣目的，黄宗

[1] 胡思敬著：《国闻备乘》，北京：中华书局 2007 年版，第 104 页。
[2] 张之洞撰：《书目答问》，《续修四库全书》第 921 册，第 644 页。

羲的寓社会改造理想于历史研究之中的著作，更乏人问津。他在清中叶学术界受重视的程度，远不如顾炎武。……在晚清，黄宗羲的学说，有很长时间，影响不及王夫之，也是事实。”[1] 此观点的前半部分较符合史实，后半部分说“在晚清，黄宗羲的学说，有很长时间，影响不及王夫之，也是事实”，值得商榷。因为，从历史的角度来看，清末满清贵族王朝更加软弱无能，中华民族不断遭受着列强的蹂躏，一大批具有革新思想和具有强烈历史责任感的知识分子，开始寻找救国救民的新思想，此时，对君主专制政治的反思重新成为热点。以梁启超、谭嗣同等为代表的维新派借助《明夷待访录》这部“怪书”（梁启超语）宣传维新变法思想的活动就在这种背景下发生的。

梁启超在作于1920年10月的《清代学术概论》中回忆道：“梁启超、谭嗣同辈倡民权共和说，则将其书节钞数万本，秘密散布，于晚清思想之骤变，极有力焉。”[2] 对于当时秘密分布的原因及情况，他如此解释：“（谭）嗣同与黄遵宪、熊希龄等，设时务堂于长沙，聘启超主讲席，唐才常等为助教。启超至，以《公羊》《孟子》教，课以札记，学生仅四十人，而李炳寰、林圭、蔡锷等称高才生焉。启超每日在讲堂四小时，夜则批答诸生札记，每条或至千言，往往彻夜不寐。所言皆当时一派之民权论，又多言清代故实，胪举失政，盛倡革命。其论学术，则自荀卿以下汉唐宋明清学者，掊击无完肤。时学生皆住舍，不与外通，室内空气日日激变，外间莫或知之。及年假，诸生归省，出札记示亲友，全湘大哗。先是嗣同、才常等，设‘南学会’聚讲，又设《湘报》（日刊）、《湘学报》（旬刊），所言虽不如学堂中激烈，实阴阳策应。又窃印《明夷待访录》《扬州十日记》等书，加以案语，秘密分布，传播革命思想，信奉者日众，于是湖南新旧派大哄。叶德辉著《翼教丛编》数十万言，将康

[1] 朱维铮著：《求索真文明——晚清学术史论》，上海：上海古籍出版社1996年版，第354页。
[2] 梁启超著：《清代学术概论》，上海：上海古籍出版社2000年版，第18页。

有为所著书，启超所批学生札记，及《时务报》《湘报》《湘学报》诸批文，逐条痛斥。”[1]在这段回忆中，梁启超并没有说《明夷待访录》是禁书，而只是说他们将此书与《扬州十日记》等书一起秘密散布。然而，等到他于1923年冬到1925年春期间撰写《中国近三百年学术史》时，除对《明夷待访录》仍旧高度评价（认为它“对于三千年专制政治思想为极大胆的反抗”等）外，还在注解中补充了“此书乾隆间入禁书类”[2]等语。

对于上述梁启超的不同回忆，我们该如何解释呢？笔者认为，虽然梁启超和谭嗣同等在湖南宣传革命思想得到了湖南巡抚陈宝箴等人的支持，但从“叶德辉著《翼教丛编》数十万言，……逐条痛斥”等语，尤其是后来出现了驱除樊椎、皮锡瑞等事件来看，可见当时反对的势力有多么强大。在这种情况，在宣传革命思想的策略上，使用两手，“阴阳策应”，就不足为奇了。从这个方面来看，用比较隐秘的方式宣传革命应是时势使然，这是其一。

其二，对于二十年前的此事，梁启超大概有些记不清了。从梁启超说“加以案语”，以及其学生张君劢对此事件发表的看法[3]来看，梁谭等散布节钞本之事不应是捏造，倒是日本学者小野和子教授的质疑[4]显得证据不足。可以肯定地说，当时秘密散布那些节钞本，并不是因为《明

[1] 梁启超著：《清代学术概论》，第84—85页。

[2] 梁启超著：《中国近三百年学术史》，太原：山西古籍出版社2001年版，第50—51页。

[3] 张君劢说：“当满清结束，梁启超重印该书（指《明夷待访录》——引者注）并广为传播时，就像炸弹爆发似的，这书在中国的地位，相当于卢梭的《民约论》或洛克的《政府论》，因为它使中国人完全以新的眼光看政治问题。”（刘梦溪主编：《中国现代学术经典·张君劢卷》，石家庄：河北教育出版社1996年版，第448页。）

[4] 据朱维铮先生说，日本京都大学小野和子教授关注而遍搜日本藏书，发现《明夷待访录》在清末确有节刊本，但刊行者并非梁启超，而是孙中山和他的盟友。（朱维铮著：《求索真文明——晚清学术史论》，第355页。）我以为，从张君劢和梁启超的师友关系来看，对于重印书一事，张君劢不能说不知晓，而且重印书一事在当时的影响也许是很大的，所以认为没有找到重印本，就否认梁启超所从事的这一事实，是值得商榷的。另外，根据李滋然的《〈明夷待访录〉纠谬》一文，我们也可以直接判断梁氏所说绝非捏造。

夷待访录》是禁书，而是因为一起散布的《扬州十日记》属军机处奏准全毁书[1]。梁启超大概想当然地以为《明夷待访录》如同《扬州十日记》一样，在乾隆朝被列为禁书了。总之，毕竟加有案语的节钞本尚未发现，所以我们对于梁启超此说只能采取存疑的态度，留待实物的发现或更有力的资料出现，再做定论。

其三，吴光先生的“不禁之禁书”的看法似乎亦可作为解释梁启超误认为《明夷待访录》是禁书的可能性证据。吴光先生认为：“《明夷待访录》书之未列禁书而得以流传下来，虽然可谓侥幸，但也可证明文化的软实力是专制暴力所无法摧毁的。《明夷待访录》书虽未正式遭禁，但清代康、雍、乾时期，在浙江发生了多起文字狱案，尤以康熙二年的归安（今湖州）庄廷鑨‘史案’、雍正七年的石门（今桐乡）吕留良文字狱案最为惨烈，不但主角被剖棺戮尸，而且株连颇广，死者数十。故乾隆时期查缴‘禁书’以浙江最严。黄宗羲也有四种著作被四库馆臣列为‘禁毁书’，其《南雷文定》被列为‘全毁书’，因‘内有《钱肃乐传》及诗，均有违碍，并多钱谦益名’，其《南雷文约》被列为‘荒诞悖逆、语多狂吠’之书，其《明文案》被称‘中间多有干碍字面，应请销毁’。在这种背景下，《明夷待访录》也就成了‘不禁之禁书’而鲜为人知。后世学者误以为此书与《南雷文定》《行朝录》同列禁书也是可以理解的了。”[2]

毕竟，梁启超所说目前尚未发现相关证据，我们只能存疑，但对于孙中山及其盟友也曾利用《明夷待访录》节钞本和其他书一起作为革命宣传材料一事，就完全不同了。《孙中山年谱长编》载：孙中山及其盟友确曾秘密翻印了数万本《原君》《原臣》的小册子作为革命宣传品，并

[1] 姚觐元编：《清代禁毁书目四种》，《续修四库全书》第 921 册，第 435 页。
[2] 吴光：《“〈明夷待访录〉是禁书”一说缺乏证据》，《北京日报·理论周刊》，2008 年 7 月 21 日。

随身携带这些小册子，寻找恰当时机在群众中散发。[1]《革命逸史》也载："兴中会初期，文人墨士极感缺乏，所用宣传工具，仅有《扬州十日记》《嘉定屠城记》及选录《明夷待访录》内《原君》《原臣》，单行本数种。"[2] 孙中山还曾将这些小册子赠送给日本朋友南方熊楠。[3] 这些史实说明，孙中山等将《明夷待访录》节钞本作为宣传材料确凿无疑。

孙中山先生在宣传革命时，曾遭到清廷的追捕，对于这样一位"危险人物"，其行动必将受到监视。在这种情况下，孙中山和他的盟友们无论用什么进行革命宣传，都可能被监视，用清廷禁书《扬州十日记》《嘉定屠城记》等书进行革命宣传，与梁启超所说之事一样，自然需要采用秘密形式，而《明夷待访录》的节钞本与之同发，不能采用公开的方式也是自然。

在当时，孙中山及其盟友用清廷"全毁书"《扬州十日记》《嘉定屠城记》等书进行宣传，其目的在于深刻揭露清朝建立政权之初在中原犯下的种种暴行，从而激起民众的"排满"情绪，进而起来革命，共同推翻清朝统治。不过，这些书只是记录了清廷的暴行等事实，并没有什么理论深度；相比较而言，《明夷待访录》的《原君》《原臣》等篇则主要从理论上论证了"为天下之大害者，君而已""天下为主，君为客""天下之治乱，不在一姓之兴亡，而在万民之忧乐"以及君臣"名异而实同"等颠覆君主专制的思想，这些思想更有深度，完全可以作为推动革命向前发展的思想指南。这可能是他们采用此书节钞本的主要用意。

当然，不管上述的史实到底是梁启超、谭嗣同所为，还是孙中山或

---

[1] 陈锡祺主编：《孙中山年谱长编》上册，北京：中华书局1991年版，第109页。朱维铮先生在《在晚清思想界的黄宗羲》一文中说：日本小野和子教授搜寻到《明夷待访录》在清末的一份节刊本，其刊行者并非梁启超，而是孙中山或他的盟友。（朱维铮　著：《求索真文明——晚清学术史论》，第355页。）

[2] 冯自由著：《革命逸史》初集，北京：中华书局1981年版，第10页。

[3] 陈锡祺主编：《孙中山年谱长编》上册，北京：中华书局1991年版，第133页。

他的盟友所为，抑或他们都曾如此，我们可以断定：在清朝末年，不论是维新派还是革命派，都认为《明夷待访录》已经具有了近代民主主义的思想。这说明在中国传统的民本主义思想中蕴含着向民主转化的契机。而这种转化的契机在明清之际就已经开始，它为鸦片战争以后中国人接受西方的民主思想奠定了自身的文化基础。难怪李存山先生在考察了《明夷待访录》的思想之后，得出了黄宗羲为"中国政治思想史上从民本走向民主的第一人"[1]的结论，由此看，真乃灼然之见。

[1] 李存山：《中国的民本与民主》，《孔子研究》1997 年第 4 期。

附录四：留书

自序

古之君子著书，不惟其言之，惟其行之也。仆生尘冥之中，治乱之故，观之也熟；农琐余隙，条其大者，为书八篇。仰瞻宇宙，抱策焉往？则亦留之空言而已。自有宇宙以来，著书者何限，或以私意搀入其间，其留亦为无用。吾之言非一人之私言也，后之人苟有因吾言而行之者，又何异乎吾之自行其言乎？是故其书不可不留也。

癸巳九月，梨洲老人书于药院。

文质

苏洵曰："忠之变而入于质，质之变而入于文，其势便也。及其文之变而又欲反之于忠也，是犹欲移江河而行之山也。人之喜文而恶质与忠也，犹水之不肯避下而就高也。"余以为不然。夫自忠而之于文者，圣王救世之事也；喜质而恶文者，凡人之情也。逮其相趋而之于质，虽圣贤亦莫如之何矣！

人徒见宫室棺椁舆服俎豆之制，吉凶相见馈食之礼，殷之时备于夏，周之时备于殷，遂以为自忠而入质，自质而入文，由人之喜恶而然也。人诚喜文而恶质与忠，则宫室棺椁舆服俎豆之制宜日趋于烦，吉凶相见馈食之礼宜有加而无已，何以皮弁废为巾帻，鼎彝废为陶旊，易车以乘马，易贽为门状？

古者天子之棺四重，诸公三重，诸侯再重，大夫一重，士不重。今天子之棺不重，则是古者士之制矣。古者设折俎，荐脯醢，酒清肴干，宾主百拜而后脱屦升堂乃羞。今宾至而羞，则是古者燕饮之事矣。古者设奠于奥，迎尸于前，谓之阴厌；尸谡之后，改馔于西北隅，谓之阳厌，殇则不备。今无尸而厌，则是古者祭殇之礼也。唐有孙昌胤者独行冠礼，明日造朝，至外廷，荐笏言于卿士曰："某子冠毕！"京兆尹郑叔则佛然曳笏却立，言曰："何预我耶？"廷中皆大笑。岂惟冠礼乎哉？凡礼之存于今者，皆苟然而已。是故百工之所造，商贾之所鬻，士女之所服者，日益狭陋。吾见世运未有不自文而趋夫质也。

当周之盛时，要荒之人，其文画革旁行，未尝有《诗》《书》《易》《春秋》也；其法斗杀，未尝有礼乐刑政也：其民射猎禽兽为生业，未尝有士农工贾也；其居随畜牧转移，未尝有宫室也；其形科头露纷，未尝有冕服也；其食污尊抔饮，未尝有俎豆也；其居处若鸟兽，未尝有长幼男女之别也。然则同是时也，中国之人既喜文而恶质与忠，要荒之人何独不然与？是故中国而无后圣之作，虽周之盛时，亦未必不如要荒；要荒之人而后圣有作，亦未必不如鲁、卫之士也。其谓喜文而恶质与忠者，然乎？否耶？以三代圣人相续而治，圣功不可为不久矣。其末王不能守圣教者，彼帝辛使男女裸逐，厉王发龙漦而使妇人裸而噪之，其非喜质之过乎？然则先王使忠之变而为质，质之变而为文，其势若此之难也！

昔者由余之语秦缪公曰："尧有天下，饭于土簋，饮于土铏，其地南至交趾，北至幽都，东西至日月之所出入者，莫不宾服。虞舜作为食器，国之不服者十三。禹作为酒器，缦帛为茵，蒋席颇缘，觞酌布采，而樽俎有饰，国之不服者三十三。殷人作为大辂而建九旒，食器雕琢，觞酌刻镂，四壁垩墀，茵席雕文，国之不服者五十三。君子皆知文章矣，而欲服者弥少。臣故曰“俭，其道也”。呜呼！此由余之所谓道，戎狄之道也，而缪公以为圣人。天下之为文者劳，而为质者逸，人情喜逸而恶劳，故其趋质也，犹水之就下。子游曰：“直情而径行者，戎狄之道也。”缪公之谥为“缪”，不亦宜乎！

封 建

自三代以后，乱天下者无如夷狄矣，遂以为五德沴眚之运。然以余观之，则是废封建之罪也。

秦未有天下，夷狄之为患于中国也，不过侵盗而已。至甚者，杀幽王于骊山，奔襄王于汜邑。然幽王之祸，申侯召之；襄王之祸，子带为内应。其时之戎狄，皆役属于申侯、子带，非自能为主者也。及秦灭六国，然后竭天下之力以筑长城，徙谪戍以充之，于是天下不胜其苦，起而亡秦。世皆曰“秦之天下已安已治矣，其为此者非也”，不知秦不并力于胡，即秦不以胜、广亡，而胡之所以患秦者，当不下于胜、广，彼秦王岂得已而为之乎？是故汉之天下，非武帝远略，破碎其种落，使十世之后不能复振，则怀、愍之祸不在易姓；唐之天下，非沿边尽为节度府，则衰弱之形不遗于宋。自秦至今一千八百七十四年，中国为夷狄所割者四百二十八年，为所据者二百二十六年，而号为全盛之时，亦必使国家之赋税十之三耗于岁币，十之四耗于戍卒，而又荐女以事之，卑辞以副之，夫然后可以仅免。乃自尧以至于秦二千一百三十七年，独无此事，此何也？岂夷狄怯于昔而勇于今哉？则封建与不封建之故也。

今以天下之大，使虏一人盗边，则征发之不暇，赋敛之无度。战国之时，三国边于匈奴，秦之志在灭六国，燕、赵之志在拒秦，而以其余力支匈奴，当是时，未闻秦调兵食于外，燕加赋于境内，赵乞师于与国也，则一国之足以自支一国，亦明矣。乃以天下守一隅而不足者，势使之然也。

若封建之时，兵民不分，君之视民犹子弟，民之视君犹父母，无事则耕，有事则战。所谓力役之征者，不用之于兴筑，即用之于攻守。故秦欲取荆，王翦度用六十万人，其汉兵以伏马邑旁者甚盛，乃三十余万。唐之兵不过百万，宋兵至庆历而极，亦一百二十五万。古今天下兵数如此。秦国虽大，非即民为兵，亦安能以六十万攻一国哉！赵至争上党之时，土宇狭矣，而赵括所将犹四十五万人。春秋，江、黄、陈、蔡之属各足自守，使其为兵者仰食于上，则国非其国矣。侯卫既罢，秦人犹循故法，发及闾左，而疆土广大，行戍塞下至数千里之远，于是戍卒变生。汉惩其失，谪发罪人，所谓力役者出钱以偿之，而行间之事遂不与焉。兵民为二，盖自汉始也。是故废封建则兵民不得不分，分兵民则不得不以民养兵，以民养兵则天下不得不困。贾谊曰："匈奴之众不过汉一大县，然匈奴之众皆兵也。以匈奴之民与汉较，不能当百之一；以匈奴之兵与汉较，则未始不可相若矣。"何也？汉欲聚一大县之兵，势不得不发天下之卒；欲养一大县之兵，势不得不征天下之赋，故曰其势然也。历观夷狄之取中国也，其平时累入以挠之，重构以瘠之，相与守之数十年，中国未有不困绌。乘其内忧，不过一战，而天下之郡县皆望风降附矣。向使列国棋置，一国衰弱，一国富强，有暇者，又有坚者，虏能以其法取彼，未必能以其法取此，岂有一战而得志于天下如此而易易乎？

呜呼！古之有天下者，日用其精神于礼乐刑政，故能致治隆平。后之有天下者，其精神日用于疆场，故其为治出于苟且。然则废封建之害至于如此，而或者犹以谓诸侯之盛强．使天子徒建空名于上。夫即不幸而失天下于诸侯，是犹以中国之人治中国之地，亦何至率兽而食人，为夷狄所寝覆乎！吾以谓恶伤其类者然且不为，况乎其不至于是乎！后之圣人复起，必将恸然于斯言。

卫所

有唐府兵之制，称为甚善，然本朝设立卫所，其意一也。内设五府七十二卫，犹唐之十六卫也；外设卫所于险厄之地，犹唐之折冲果毅府也。有事征伐，诏总兵官佩将印领之，犹唐缘部之兵被檄乃来也。既旋，则上佩印，官军各回本卫，犹唐所部之兵散舍诸府也。都司统摄屯田，计田授军，正粮十二石，收贮屯仓，听本军支用，余粮十二石。给本卫官军俸粮，犹唐更番入亩，士不失业也。

开元末，诏罢府兵，故天下之势外重内轻。今京军不历践更，未经战阵，有名无实，当其有事，选用战兵，求一二万而不足。唐以中虚而弱，今中实而亦弱。然唐自改为彍骑，诸府虽有兵额、官吏，而戎器、驮马、锅幕、糗粮并废。今京军不足用，征行屯戍，一切出于召募征发，而畿辅数十万之军，仰口徒食如故。然唐之十六卫虽废，其折冲果毅府尚得调遣入伍。今卫所不事征发，即郡县有警，亦驱乡兵、召民壮以当寇，有司舍其原设之兵，而不敢蒐牧卫所，一不与郡县之利害。

然则本朝兵制之弊，较之于唐为更甚也。当屯政举行之日，力耕积谷，其军不惟自足赡养，又以广县官之储。逮其衰也，计军九十四万，养于县官，于是战守之兵不得不加赋以食之，是以一天下养二天下之兵也。兵分于农，天下之势尚且困绌，乃又使军分于兵，为农者一，为兵者二，所谓国非其国矣。

是故天下之害，未有盛于卫所者也。宋艺祖都汴，叹曰："不及百年，东南之力竭矣！"本朝都燕二百九年，天下之财，近自淮甸，而远至吴楚，莫不尽取以归于京师，东南之力十困。夫宋，天下方安于贪猥愔弱之中，奉此蠹朽之余以相周旋，张而不弛，弛而不张，待其自张自弛而后已。或曰："畿辅之民大半为军，今计口而给之，故天下有荒岁，而畿辅不困，此知其无益而不可已者也。"曰："若是则非养兵也，养民也。天下之民不耕而待养于上，则天下之耕者当何人哉？东南之民奚罪焉！"

崇祯十四年，金陵大疫，孝陵卫军死者过半。当是时，东南之米暴贵，余谓当事曰："道路之人皆知卫军冗食之害，而不敢议罢者，恐其变也。今乘其消耗，听而不补，不亦可乎？"未逾月而额如故。呜呼，欲国之不亡得耶！

朋党

朋党之祸与国为终始，然未有本朝国统中绝，而朋党尚一胜一负，浸淫而不已，直可为一笑者也。

初，归德沈鲤、江夏郭正域为物望所归，沈一贯承王锡爵、赵志皋之后当国，布列其私人于要地，相与扼之。妖书事起，一贯乘上怒，欲陷鲤及正域，悉收其往来游客拷系之。正域几不免，部郎于玉立独左右之，亦被斥。会无锡顾宪成罢归，创东林书院讲学，讥切朝政，而玉立与焉。其后，一贯之败，攻者多讲学东林之徒也。

宪成死，方从哲入政府，凡附东林者皆以法谪之。当是时，神宗欲废太子，而立其爱妃郑氏之子福王。王锡爵、沈一贯暇豫之，而方从哲则郑氏之私人也，故一时言国本者俱谓之东林。光宗立，郑氏自危，乃献美人以结欢于上，于是官因郑氏者得不废。光宗既为郑氏所败，宫中多郑氏之党，而魏忠贤得权于熹宗。然其时，诸为从哲所谪者皆起，遂以为东林一时之盛矣。

魏忠贤用事，小人作《点将录》，进之忠贤，因之为《东林党人碑》，坐贬死者数百人。毅宗诛魏忠贤，凡官因魏忠贤者，定为逆案。逆案之人乃出奇计，导虏人入喜峰口，薄都城。时袁崇焕任边事，崇焕故附东林者也，因以计陷之，崇焕受诛。毅宗亦遂疑朝廷之上有所谓东林也者，思以抑之。杨嗣昌有宠于上，夺情入相，不为黄道周所容，上因不悦道周。道周故与周之夔交恶，娄人张溥为复社，之夔以其事上之，谓复社主自道周，收道周入狱。周延儒再相，其事乃解。

马士英立弘光，逆案之人阮大铖从中为之画计。弘光德之，且以为魏忠贤故郑氏之党，其附之者皆常欲立其父福王者也，于是在逆案者尽用之，而以降贼之名斩复社周钟，捕魏学濂、陈名夏，又作《蝗蝻录》，言复社为东林之孽。虏设伪朝，其相冯铨，故逆案人也，颇引用其类。及陈名夏亡命入虏，其酋听之，而汉人之仕于虏者，以为东林云。

欧阳子曰："小人无朋，惟君子有之。"吾于东林观之，以为不然。东林之起不过数人耳，未尝有名籍相标榜也。其后以言国本者归之，以劾阉人者归之。所谓党人者，乃小人妄指以实之耳。彼君子者未尝曰"吾约党人而言国本也，劾阉人也"。复社乃场屋人习气，于东林何与？而亦归之耶？宗庙亡矣，亡日尚矣，归于何党矣？使昔之为东林者果有门户，而在此为不仁之甚者也，是故君子必无朋者也。仁义何常之有？蹈之则为君子，违之则为小人。黄允称于郭泰，邢恕学于程氏，苟必曰吾党人也，则世无小人矣；程颐之于苏轼，文天祥之于李庭芝，苟必曰非吾党人也，则世无君子矣。魏忠贤既诛，凡官因魏忠贤者以国法斩之，可诛者半，可赦者半，其时之君子，居前不能令人轾，居后不能令人轩，徒以空文锢天下之小人，别小人为一朋，真若自以为一朋者，卒使其害至于亡国，则欧阳子之一言误之也。

史

孟子曰："孔子成《春秋》，而乱臣贼子惧。"吾谓使乱臣贼子得志于天下者，其后之作史者乎！

夫纪者，犹言乎统云尔。《晋书》变例载纪，同一四夷也，守其疆土者则传之，入乱中国者则纪之。后之夷狄，其谁不欲入乱中国乎？五代之君，其地狭，其祚促，与十国无以异也。守其疆土者则世家之，与于篡弑者则帝之，后之盗贼，其谁不欲与于篡弑乎？

宋之亡于蒙古，千古之痛也，今使史成其手，本朝因而不改。德祐君中国二年，降，书瀛国公，端宗、帝昺不列本纪，其崩也，皆书曰“殂”，虏兵入寇则曰“大元”。呜呼！此岂有宋一代之辱乎？而天下恬然不知为怪也。许衡、吴澄无能改虏收母篾丧之俗，靴笠而立于其朝，岂曰能贤？衡之言曰：“万世国俗，累朝勋旧，一旦驱之，下从臣仆之谋，改就亡国之俗，其势有所甚难。”夫三纲五常，中国之道，传自尧舜，非亡宋之私也，乃以为亡国之俗，虽曰异语，衡独不畏得罪于尧舜乎？澄之言曰：“近古之统，周子其元，程、张其亨也，朱子其利也，孰为今日之贞乎？”澄尝举进士于中国，变而为夷，贞者固如是乎？今传衡、澄者，一以为朱子，一以为陆子。后世之出而事虏者曰：“为人者得如许衡、吴澄足矣。”二子者尚然，则是竟不知其不可矣。

中国之与夷狄，内外之辨也。以中国治中国，以夷狄治夷狄，犹人不可杂之于兽，兽不可杂之于人也。是故即以中国之盗贼治中国，尚为不失中国之人也。徐寿辉改元治平，韩林儿改元龙凤，吾以为《春秋》之义将必与之。使天地亟去撑犁区脱之号，彼史臣从而贼之伪之，独不思为贼为伪有甚于蒙古者耶？

高皇帝平天下，诏修《元史》。当时之臣，使有识者而在，自宜改撰《宋史》，置辽、金、元于《四夷列传》，以正中国之统，顾乃帝之宗之以为一代乎！

难者曰：“若是则本朝不得正其始矣。”曰：尧舜相传之统，至元而绝，高皇帝驱毡裘之属，还衣裳之旧，是百王之嫡嗣也。犹祖传之父，父传之子，若孙不幸而有春申、不韦之事，祖父之不享久矣，子若孙复而嗣之，乃责其不从异姓以接夫本支乎？此愚儒之论也。难者又曰：“元之享国也久，其祖父皆尝为之民矣，胡得不帝之乎？”曰：元之法律曰“蒙古人殴汉人，汉人勿得还报，蒙古人殴死汉人者，断罚出征”。彼方以禽兽加之人类之上，何尝以中国之民为民乎？顾中国之人反群焉而奉之。吾闻猎者张机道旁，虎触机矢，贯心死。有僧道男女举群至，号哭曰：“杀我将军！”猎者叱之曰：“尔伥无知，生为虎食，死为虎役，今幸虎死，又哀哭之，何故哉？”于是诸伥奔散，不知将军者虎也。则夫史臣之帝元者，何以异于是！

嗟乎！为史而使乱臣贼子得志于天下，其不如无史之为愈也。

留书题辞

癸巳秋，为书一卷，留之箧中。后十年，续有《明夷待访录》之作，则其大者多采入焉，而其余弃之。甬上万公择谓尚有可取者，乃复附之《明夷待访录》之后，是非余之所留也，公择之所留也。癸丑秋，梨洲老人题。

附录五：黄宗羲年谱简编

1610年，黄宗羲生于浙江余姚通德乡黄竹浦。乳名叫“麟”，因他的母亲梦见有麒麟出现的祥瑞，故而得名。

1616年，七岁。春，其父黄尊素考中进士。七月三日，仲弟黄宗炎晦木生。

1617年，八岁。黄尊素授宁国府推官，黄宗羲随任。

1622年，十三岁。黄宗羲在乡考童子试，落榜。黄尊素考授御史，悬缺假归。

1623年，十四岁。黄宗羲补仁和博士弟子员。黄尊素授山东道监察御史后，黄宗羲随父定居北京。

1624年，十五岁。时逆阉窃政，党论方兴。杨涟、左光斗、魏大中等与黄尊素为同志，常夜过邸寓，屏退左右论时事，唯独黄宗羲在旁，故得尽知朝局清浊。

1625年，十六岁。十二月黄宗羲结婚，娶叶氏为妻。黄尊素弹劾宦官魏忠贤，被革职回乡。

1626年，十七岁。朝廷佞臣在宦官操纵下，诬陷黄尊素、周起元、周宗建、缪昌期、李应升、高攀龙及周顺昌七人“欺君蔑旨”，要逮捕回京，史称“七君子”之狱。黄尊素上京前，嘱咐儿子要努力钻研史书，并将其学业托付给刘宗周。黄尊素在狱中受尽折磨，六月死于狱中。

1628年，十九岁。本年即崇祯元年，黄宗羲拟就替父伸冤的草疏，赴京呼冤。当时，京师形势大变，熹宗于数月前去世，朱由检即位后立刻清算魏忠贤。魏忠贤在发配途中畏罪自杀，其爪牙不是被诛，就是入狱。朝廷为天启年间遇难的官员逐一平反。追赠黄尊素官加三品，特别给予祭葬。五月，刑部审讯宦官许显纯、崔应元等人，许显纯倚仗自己是孝定皇后的外甥，振振有辞地狡辩。黄宗羲取出藏在袖中的铁锥，把许显纯刺得遍体鳞伤，又挥拳痛击崔应元，拔掉他的胡须，拿回乡间拜祭父亲。

1629 年，二十岁。黄宗羲开始钻研史书。六月得长子，取名“弃疾”。是时，郡中刘念台先生与陶奭龄（号石梁）俱讲学。石梁之学术杂于禅学，含因果说。于是，黄宗羲讲学蕺山，邀吴、越知名之士六十余人，共侍讲席，力摧石梁之说，恶言不入耳。

1630 年，二十一岁。黄宗羲陪祖母到南京，寓居叔父黄等素的官邸。他时常与一班文士诗酒唱和。是年应考乡试，落榜。

1631 年，二十二岁。黄宗羲重返故乡黄竹浦，发愤研读史书。两年间尽览家藏的《献征录》、明十三朝《实录》及《二十一史》。

1632 年，二十三岁。黄宗羲成为东林党的活跃分子，与陆文虎及万履安等相交甚欢。

1633 年，二十四岁。黄宗羲在杭州南屏山的武林读书社念书。武林读书社成为青年学子聚首的地方，东林党人、复社的读书人和复社的成员相聚在此评论政事，吟诗作词，游山玩水。

1636 年，二十七岁。黄宗羲再考乡试，仍然落第。他与仲弟宗炎及叔伯弟宗会三人在文才上已有名声，合称“东浙三黄”。

1638 年，二十九岁。以黄宗羲、顾杲、吴应箕、陈贞慧及沈寿民为首，共计一百四十人，在南京联署《南都防乱揭》，抨击被东林视为阉党余孽的阮大铖。

1639 年，三十岁。黄宗羲在科举考试中再次落第。

1642 年，三十三岁。建忠端公祠。同邑在逆案以太常卿回籍者蒋某，嗾其党争争地，东浙士大夫皆为之不平。黄宗羲参加秋季考试，这是明代的最后一次乡试，在京师应考，同考者尚有好友陆文虎。他再次名落孙山，而陆文虎及第。从京师回乡后，黄宗羲与弟弟游山玩水，考察故乡周围地理形势，著《四明山记》。

1644 年，三十五岁。本年三月，崇祯自缢，明亡。五月，马士英等在南京拥立福王，推举阮大铖出任兵部要职。阮氏并未尽力巩固南明政权，反而伺机向东林复社人士狠狠报复，列出一百四十人的黑名单，名为《蝗蝻录》(东林为“蝗”，复社为“蝻”)，欲一网杀之。黄宗羲正在南京，原打算向福王献策，却发现处境极为危险，不少东林复社人已被杀害。

1645 年，三十六岁。清军兵临城下，黄宗羲死里逃生，回归故里，结束“党人”生活，开始游侠生涯。听闻刘宗周绝食，他徒步二百余里往绍兴探望，见老师心志已绝，也不多言，又徒步返家。有志之士为延续南明政权，在绍兴、福州分别建立鲁王朝、唐王朝。黄宗羲在故里毁家纾难，组织弟子三百多人，成立武装队伍，号称“世忠营”，投奔鲁王麾下。

1646 年，三十七岁。鲁王政权崩溃后，鲁王逃至海上，“世忠营”及其他反清义士覆没。

1647 年，三十八岁。黄宗羲出海寻觅鲁王，期间写成《避地赋》，似有日本岛屿及城镇风貌，由此推知他可能到过日本。

1648 年，三十九岁。黄宗羲在闽寻获鲁王，转至浙东，继续抗清。

1650 年，四十一岁。鲁王势孤力弱，上下不能同心，无所作为。清朝下令惩罚参与抗清的明朝遗臣。黄宗羲为避免连累家人，离开鲁王，潜返家中。

1651 年，四十二岁。黄宗羲多次躲避追捕，其弟黄宗炎在四明山诸山寨间活动，被清吏所捕。黄宗羲与好友冒死把他从刑场救出。

1652 年，四十三岁。清兵攻陷鲁王舟山群岛的大本营，鲁王政权名存实亡。黄宗羲以沉重的心情，写下《海外恸哭记》，记下这场悲剧的始末。其后他辗转奔走于不同的抗清山寨中，不断逃避清兵的追捕。

1653年，四十四岁。黄宗羲著《留书》，以“梨洲老人”署之。

1660年，五十一岁。黄宗羲用了三个月作《匡庐之游》，让庐山景色一解心中郁结，后又结交了抗清名士吕留良以及抗清遗民方以智等。这一年黄宗羲结束了游侠生活。

1662年，五十三岁。康熙元年。这一年，黄宗羲见反清复明无望，开始专心做学问。是年夏，他开始写《明夷待访录》，翌年冬完成。

1663年，五十四岁。应吕留良之邀，黄宗羲到语溪讲学，与一班志同道合之士畅论时势。

1667年，五十八岁。应宁波姜定庵邀请，黄宗羲到甬上讲学。在证人书院讲学时，有学生六十六人，其中有成就的有数人。在宁波讲学十载，期间他因在思想及对反清的态度等方面，与吕留良不和。

1668年，五十九岁。黄宗羲开始编撰《明文案》。

1675年，六十六岁。黄宗羲与吕留良全面决裂。《明文案》编撰完成，共二百一十七卷。

1676年，六十七岁。应海宁县令之邀，黄宗羲到海宁讲学。是年完成《明儒学案》，共六十二卷。开始编撰《宋元学案》。

1678年，六十九岁。诏征博学鸿儒。黄宗羲门人陈锡嘏代为力辞，乃止。

1680年，七十一岁。黄宗羲自订《南雷文案》，结束在海宁的讲学。

1688年，七十九岁。黄宗羲将《南雷文案》《吾悔集》《撰杖集》及《蜀山集》修订，删去重复的内容，辑为《南雷文定》。

1690年，八十一岁。康熙问徐乾学海内有博学洽闻、文章尔雅可备顾问者，乾学对曰：“以臣所知，止有浙江黄宗羲学问渊博，行年八十，犹手不释卷。”

1693 年，八十四岁。黄宗羲扩充《明文案》为《明文海》，共四百八十二卷。

1695 年，八十六岁。七月，黄宗羲寿终正寝，留下《葬制或问》。

参考文献

（汉）司马迁撰：《史记》，北京：中华书局 1959 年版。

（汉）班固撰：《汉书》，北京：中华书局 1962 年版。

（梁）沈约撰：《宋书》，北京：中华书局 1974 年版。

（唐）魏徵等撰：《隋书》，北京：中华书局 1973 年版。

（唐）房玄龄撰：《晋书》，北京：中华书局 1974 年版。

（唐）杜佑撰：《通典》，北京：中华书局 1988 年版。

（宋）司马光等编著：《资治通鉴》，北京：中华书局 1956 年版。

（宋）范晔撰：《后汉书》，北京：中华书局 1965 年版。

（宋）李昉等编：《文苑英华》，中华书局 1966 年版。

（元）脱脱等撰：《宋史》，北京：中华书局 1977 年版。

（明）宋濂撰：《元史》，北京：中华书局 1976 年版。

（清）张廷玉等撰：《明史》，北京：中华书局 1974 年版。

（清）纪昀、陆赐雄、孙士毅等著：《钦定四库全书总目》（整理本），北京：中华书局 1997 年版。

《辞源》，北京：商务印书馆 1996 年版。

黄炳垕著，王政尧点校：《黄宗羲年谱》，北京：中华书局 1993 年版。

黄金裕：《忠臣孝子的悲愿——明夷待访录》，海口：中国三环出版社 1992 年版。

李广柏注译：《新译明夷待访录》，台北：三民书局 1995 年版。

刘河注译简评:《明夷待访录注译简评》,贵阳:贵州人民出版社2001年版。

季学源、桂兴沅:《明夷待访录导读》,北京:中国国际广播出版社2008年。

李伟:《明夷待访录译注》,长沙:岳麓书社2008年版。

陈忠来主编:《蓝溪流翠映陆埠》,香港:华夏文化艺术出版社2006年版。

黄宗羲著,段志强译注:《明夷待访录》,北京:中华书局2011年版。

图书在版编目(CIP)数据

明夷待访录/(明)黄宗羲撰;孙卫华译注.—长沙:岳麓书社,2021.8

ISBN 978-7-5538-1239-7

Ⅰ.①明… Ⅱ.①黄…②孙… Ⅲ.哲学思想—中国—清代②《明夷待访录》—译文③《明夷待访录》—注释 Ⅳ.①B249.32

中国版本图书馆 CIP 数据核字(2019)第 283779 号

MINGYI DAIFANGLU

明夷待访录

著　　者:黄宗羲

导读注译:孙卫华

责任编辑:张丽琴

责任校对:舒　舍

封面设计:罗志义

岳麓书社出版发行

地址:湖南省长沙市爱民路 47 号

直销电话:0731-88804152　0731-88885616

邮编:410006

版次:2021 年 8 月第 1 版

印次:2021 年 8 月第 1 次印刷

开本:890mm×1240mm　1/32

印张:9.25

字数:258 千字

书号:ISBN 978-7-5538-1239-7

定价:30.00 元

承印:湖南省众鑫印务有限公司

如有印装质量问题,请与本社印务部联系

电话:0731-88884129

图书在版编目（CIP）数据

明夷待访录